ENTERPRISE
TAX
PLANNING

企业税收筹划

阮家福 ◎ 主 编
李波 杨雪 陈祎 ◎ 副主编

首都经济贸易大学出版社
Capital University of Economics and Business Pr
·北 京·

图书在版编目（CIP）数据

企业税收筹划/阮家福主编. --北京：首都经济贸易大学出版社，2022.7

ISBN 978-7-5638-3346-7

Ⅰ.①企… Ⅱ.①阮… Ⅲ.①企业管理—税收筹划 Ⅳ.①F810.423

中国版本图书馆 CIP 数据核字（2022）第 069218 号

企业税收筹划

QIYE SHUISHOU CHOUHUA

主　编　阮家福

副主编　李　波　杨　雪　陈　祎

责任编辑　彭伽佳

封面设计　砚祥志远·激光照排 TEL：010-65976003

出版发行　首都经济贸易大学出版社

地　　址　北京市朝阳区红庙（邮编 100026）

电　　话　（010）65976483　65065761　65071505（传真）

网　　址　http：//www.sjmcb.com

E- mail　publish@cueb.edu.cn

经　　销　全国新华书店

照　　排　北京砚祥志远激光照排技术有限公司

印　　刷　唐山玺诚印务有限公司

成品尺寸　170 毫米×240 毫米　1/16

字　　数　300 千字

印　　张　23.25

版　　次　2022 年 7 月第 1 版　2022 年 7 月第 1 次印刷

书　　号　ISBN 978-7-5638-3346-7

定　　价　49.00 元

前 言

在市场经济条件下，企业作为市场主体，在国家法律法规的范围内从事生产经营活动，必然追求税收利益的最大化。税收既是企业的一种缴纳义务，也是企业的一种成本支出，在遵从税法的前提下，企业一般会面对一个以上的纳税方案的选择，不同的方案，税负的轻重程度和税后利益往往不同。如果企业的纳税选择既符合政府税收政策导向，又能使税负最轻或税后利润最大，这对国家、对企业是一种双赢的选择，这就是企业税收筹划的价值所在。随着社会主义市场经济的发展以及税收法制化建设的不断完善，税收筹划已逐步成为企业财务活动的重要内容，企业税收筹划的基本理论和基本方法是经济类专业学生应当掌握的重要知识。教授这门知识有利于培养具有良好人文素养、扎实专业知识、较强实践能力、能解决问题的创业者、实业家、白领层。企业税收筹划是一门应用性很强的综合学科，它以经济学、管理学为基础，是税收学、会计学、财务管理学、金融学、投资学、法学等学科知识的综合运用。本教材借鉴国内外税收筹划理论研究成果与实践经验，系统阐明企业税收筹划的内涵、特点、原则等基本原理和基本理论，旨在提高学生对国家税收政策法规及其相关经济法规精神的理解和综合运用能力，掌握企业税收筹划的基本理论、基本知识和基本业务技能，踔厉奋发，笃行不怠，努力实现“有思想、有担当、有能力，实践、实用、实干”的“三有三实”人才培养目标。

本教材教学内容主要分为三大模块：

第一模块：企业税收筹划理论。该模块是整个课程的基础，要求在把握基本理论的基础上形成正确的税收筹划理念，并从理论上分析企业税收筹划存在的必然性、产生的条件以及影响税收筹划的因素，在方法与操作程序上形成正确的税收筹划思路。

第二模块：企业国内税收筹划。该模块围绕国家的减税降费政策和企业的节税活动，从企业会计政策选择、投资、筹资、销售决策、企业重组以及房地产行业几个角度来介绍企业税收筹划的内容，使学生懂政策、会理财。

第三模块：企业国际税收筹划。在企业的生产经营中，有许多活动常常跨越国界，涉及在多个国家缴纳税款的问题。国际税收筹划突破了国家界限，向国际领域延伸，具有不同于国内经营的税收筹划特征，因此有必要单独进行介绍。

本书共分七章，其中第一、第五章由李波编写，第二章由阮家福编写，第三章、第四章由陈祎编写，第六章、第七章由杨雪编写。研究生钟雯、管偲偲、张津、付秋涵帮助完成了部分资料的收集和文字修改工作，全书由阮家福提出编写大纲并主审。

本书参考引用了部分国内外有关税收筹划的研究资料，在此谨向国内外从事税收筹划相关工作的同行们致以崇高的敬意和谢意。由于作者能力有限，疏漏之处在所难免，敬请读者批评指正。

阮家福

2022 年 1 月

目　录

人们安排自己的活动以达到低税负的目的，是无可指责的。每个人都可以这样做，不论他是富翁还是穷光蛋，而且这样做完全是正当的，因为他无须超过法律的规定来承担国家赋税。税收是强制课征的，而不是靠自愿捐款，以道德的名义来要求税收，不过是奢谈。

——勒尼德·汉德（美国知名大法官）

第一章 税收筹划认识

本章导读：

税收筹划是实现低税负的一项专业活动，逐渐被政府和企业所接受，受到社会各界的广泛关注。本章主要探讨以下五个问题：认识税收筹划、税收筹划的分类、税收筹划的基本方法、税收筹划的步骤、税收筹划的目标。

第一节　税收筹划概述

一、税收筹划的界定与特征

（一）税收筹划的界定

税收筹划，英文为tax planning，是纳税人在法律许可的范围内，根据政府的税收政策导向，通过经营活动的事先筹划或安排优化纳税方案的选择，以尽可能地减轻税收负担、获得税收利益的合法行为。由于税收筹划在客观上可以降低税收负担，因此税收筹划又被称为“节税”。

举一个简单的例子：企业要走出国门，进行跨国投资，在哪个国家办企业，就应了解哪个国家的税收政策，以决定是办分公司还是子公司。如果这个国家税率较低，就可以设立子公司；如果税率较高，则可以考虑办分公司，这就是税收方案的选择问题，实际上也是一项税收筹划活动。

（二）税收筹划的发展历程

税收筹划起源于 19 世纪中叶的意大利，当时意大利的税务咨询业务中已经有税收筹划行为。后来在发展过程中出现了两个里程碑式的涉税诉讼案例。一是 1935 年英国税务局长诉温斯特大公案，英国上议院议员汤姆林爵士做了关于税收筹划的声明：任何人都有权安排自己的事业，如果依据法律这样做可以少缴税……那就不能强迫他多缴税。二是 1945—1947 年美国税务委员会诉纽曼案中，美国知名法官勒尼德·汉德在陈述时有一句名言：人们安排自己的活动以达到低税负的目的，是无可指责的。每个人都可以这样做，不论他是富翁还是穷光蛋，而且这样做完全是正当的，因为他无须超过法律的规定来承担国家赋税。税收是强制课征的，而不是靠自愿捐款，以道德的名义来要求税收不过是奢谈。这两个案例不仅对英国、美国自身产生了重要影响，而且在世界范围内奠定了税收筹划的合法地位。目前，税收筹划在发达国家已成为令人羡慕的工作，在会计师事务所、律师事务所有专门人员从事这项工作。

在我国，税收筹划只有短短三十年的历史。随着我国社会主义市场经济体制的确立，税收筹划作为西方舶来品，直到 20 世纪 90 年代才逐渐被社会理解和接受。这里有几个标志性的事件：1994 年，我国出版第一部税收筹划专著——《税务筹划》（唐腾祥、唐向著）；2000 年起，《中国税务报》开设"筹划专栏"，刊登一些市场主体微观筹划的方法和案例；进入 21 世纪，国内越来越多的包括"四大"在内的会计师事务所、律师事务所、税务师事务所开始从事税务咨询和税收筹划业务。

（三）税收筹划的特征

从税收筹划的产生及其定义来看，税收筹划具有以下几个主要特征：

第一，合法性。税收筹划是根据现行法律法规的规定进行的选择行为，是完全合法的。不仅是合法的，在很多情况下，税收筹划的结果也是国家税收政策所希望的行为。税收筹划在法律许可的范围内进行，纳税人不能通过违法活动来减轻税负。

第二，选择性。企业的经营、投资和理财活动是多方面的，如针对某项经济行为，税法有两种以上的规定可选择时，或者完成某项经济活动有两种以上的方案供选用时，就存在税收筹划的可能。通常税收筹划是在若干方案中选择税负最轻或整体效益最大的方案。例如，企业对于存货的计价有先进先出法、加权平均法、零售价法等，企业应对物价因素、税法规定进行综合考虑和权衡，以确定最佳纳税效果。

第三，筹划性。税负对于企业来说是可以控制的，在应税义务发生之前，企业可以通过事先的筹划安排，如利用税收优惠规定等，适当调整收入和支出，对应纳税额进行控制。从税收法律主义的角度来讲，税收要素是由法律明确规定的，因此，从理论上讲，应该纳多少税似乎也应当是法律所明确规定的。但法律所规定的仅仅是税收要素，即纳税主体、征税对象、税基、税率、税收减免等，而无法规定纳税人的应税所得，也就是说，法律无法规定纳税人税基的具体数额，这样就给纳税人通过适当安排自己的经营活动来减少税基提供了可能。由于纳税人所筹划的仅仅是应税事实行为，并不涉及法律规定的税收要素，因此，税收筹划与税收法律主义是不矛盾的。

第四，目的性。企业进行税收筹划的目的，就是要在法律允许的范围内最大限度地减轻税收负担，降低税收成本，从而增加资本总体收益。具体又可分为两层：一是要选择低税负，低税负意味着低成本、高资本回报率；二是推迟纳税时间，取得迟延纳税的收益。尤其需要注意的是，税收筹划不能仅考虑某一个税种，而要考虑企业的总体税负，否则就可能出现在某一个税种上减轻了负担而在另外一个税种上增加了负担的情况。企业总体上没有获得任何税收利益，甚至还加重了税收负担，因此，企业从整体角度进行税收筹划是非常必要的。

第五，风险性。税收筹划是一种事先安排，涉及较多的不确定性因素，蕴含一定的风险；同时，税收筹划的经济效益也是一个预估的范围，不是绝对数字，因此，企业在进行税收筹划时一定要充分考虑其风险性。从地域范围来看，税收筹划可以分为国内税收筹划和国际税收筹划。国内税收筹划是针对本国税法进行的，主要考虑的因素有税种的差别、税收优惠政策、成本费用的列支等。国际税收筹划则要考虑不同国家、国际组织的税法规定，相关国家的税收协定等。在税收筹划实务中，纳税人还应关心一些法律前沿和技术前沿问题，以更好地设计企业的税收筹划活动。

二、税收筹划的前提

税收筹划并不是在任何条件和环境下都可以进行的。我国在很长一段时间内没有税收筹划，就是因为尚不具备税收筹划的条件。然而，随着税收法治的逐步完善以及对纳税人权利保护的不断增强，我国已初步具备了税收筹划的条件。

（一）税收法治的完善

税收法治是实现了税收法律主义以及依法治税的一种状态。税收法治完善的基本前提是税收立法的完善。因为税收筹划是在法律所允许的范围内进行的，如果没有完备的法律，一方面无法确定自己所进行的筹划是否属于法律所允许的范围，另一方面，纳税人往往通过钻法律的漏洞来达到减轻税收负担的目的，而没有必要耗费人力、物力进行税收筹划。

（二）纳税人权利的保护

权利保护也是税收筹划的前提。因为税收筹划本身就是纳税人的基本权利——税负从轻权的体现。税收是国家依据法律的规定对具备法定税收要素的人所作的强制征收，税收不是捐款，纳税人没有缴纳多于法律所规定的纳税义务的必要。纳税人在法律允许的范围内选择税负最轻的行为是纳税人的基本权利，也是法治国家“法不禁止即可为”原则的基本要求。如果对纳税人权利都不承认或者不予重视，那么作为纳税人权利之一的税收筹划权当然也得不到保障。世界税收筹划比较发达的国家都是纳税人权利保护比较完备的国家，反之，纳税人权利保护比较完备的国家也都是税收筹划比较发达的国家。

税收筹划作为纳税人的一项基本权利，应当得到法律的保护，得到整个社会的鼓励与支持。应当看到，我国纳税人权利保护的水平在不断提高，因此，税收筹划也必将在纳税人行使自己权利的过程中不断发展壮大。

三、税收筹划的基本原则

税收筹划是一项经济价值巨大、技术层次较高的业务。开展税收筹划工作，政府与企业均能从中受益。对企业而言，有可能实现税后利润最大化，对政府来讲，则有助于体现税收法律及政策的导向功能，促进税收法律法规的完善。

尽管税收筹划是一项技术性很强的综合工作，但在筹划过程中还应遵循一些基本原则。

（一）账证完整原则

完整的账簿凭证是税收筹划是否合法的重要依据。如果企业账簿凭证不完整，甚至故意隐藏或销毁账簿凭证，就有可能演变为偷税行为。保证账证完整是税收筹划最基本的原则。

（二）综合衡量原则

企业税收筹划要从整体税负的角度来考虑，应同时衡量“节税”与

“增收”的综合效果。税收筹划的本意在于企业在生产经营过程中把税收成本作为一项重要的成本予以考虑，而不是一味强调降低企业税收负担，不考虑因此有可能导致的企业其他成本的增加。因此，如果某项税收筹划方案降低了税收负担，但增加了其他成本，比如工资成本、原材料成本或基本建设成本等，则这种方案就不一定是最理想的方案。

（三）所得归属原则

企业应对应税所得实现的时间、来源、归属、种类以及所得的认定等做出适当合理的安排，以达到减轻所得税税负的目的。税法对于不同时间实现的所得、不同来源的所得、不同性质的所得所征收的税款往往是不同的，如果企业能在法律所允许的范围内适当进行所得的安排，就有可能实现降低所得税负担的目标。

（四）充分计列原则

但凡税法规定可列支的费用、损失及扣除项目，应充分列扣。充分列扣一般有四种途径：一是适当缩短以后年度必须分摊的费用的期限，如可对某些设备采用加速折旧法，缩短无形资本摊销期限；二是以公允的会计方法增加损失或费用，如在通货膨胀较严重时期，可对原材料的成本采用加权平均法计价；三是改变支出方式以增加列支损失和费用；四是增加或避免漏列可列支扣除项目。充分计列原则所减轻的主要是企业所得税税负，因为企业所得税是对净所得征税，充分计列了各种费用、损失和扣除项目，就相应降低了应税所得和企业所得税，也就达到了税收筹划的目的。当然，这里所谓的“充分”是指在法律允许的限度内，而不是说企业可以任意地“充分”，否则就可能演变为违法避税或者偷税。

（五）利用优惠原则

利用各种税收优惠政策和减免规定进行税收筹划，所达到的节税效果很好，而且风险很小，甚至没有风险。因为税收优惠政策都是国家所鼓励的行为，是符合国家税收政策的，其合法性没有问题。比如，当前税法中有关于扶贫、乡村振兴方面的税收优惠，企业可以充分利用这些税收优惠，获得税收收益。

（六）优化投资结构原则

企业投资资金来源于负债和所有者权益两部分。税法对负债的利息支出采用从税前利润中扣除的办法，而对股息支出则采用从税后利润中扣除的办法。合理地组合负债和所有者权益资金在投资中的结构，可以降低企业税负，最大限度地提高投资收益。

（七）选择机构设置原则

不同性质的机构由于纳税义务的不同，税负轻重也不同。税收筹划要考虑企业的组织形态。如总公司和分公司之间的亏损可以相互抵减，而母公司和子公司之间的亏损则不可以相互抵减。企业拟在某地投资，是设立总公司还是分公司，是母公司还是子公司，需要慎重考虑。

（八）选择经营方式原则

经营方式不同，适用税率也不一样。企业可灵活选择批发、零售、代销、自营、租赁等不同的经营方式，以降低税负。

以上基本原则需要在税收筹划过程中综合考虑、综合运用，不能只关注某一个或某几个原则，而忽略了其他原则，否则就可能顾此失彼，达不到税收筹划的目的。另外必须强调的是，以上基本原则都必须在法律允许的限度内，也就是说，合法性原则是最根本的原则。

四、税收筹划与偷、避税的关系

（一）税收筹划与偷税的关系

税收筹划与偷税存在本质的区别：前者是合法的，后者是违法的。偷税是有意采取欺骗手段违反税法来逃避应缴税款，采取的手段有伪造、变造、隐匿、擅自销毁账簿、记账凭证，在账簿上多列支出或不列、少列收入等，这种行为违背了税收法律主义，是税法所禁止的行为，偷税者应承担相应的法律责任。而税收筹划是在法律许可的范围内，对多种纳税方案（其中任何一个方案都是法律允许的，起码是法律没有明确禁止的）进行比较，按税负最轻择优选择，不仅符合纳税人的利益，也体现了政府的政策意图，是税法所鼓励与保障的。

（二）税收筹划与避税的关系

税收筹划与避税的关系则复杂一些。我们认为，避税和税收筹划是一种从属关系，即避税包括税收筹划。避税可以分为合法避税和非法避税两类。合法避税是指符合政府税收立法意图，以合法的方式比较决策，避重就轻，减少其纳税义务的行为。判断避税是否合法的依据就在于政府是否承认纳税人有权对自己的纳税义务、纳税地点进行选择。合法避税即税收筹划。非法避税就是指偷税、骗税等违法行为，是不合法的。因此，避税包括了税收筹划。

五、税收筹划不慎可能承担的法律责任

税收筹划涉及许多不确定因素，这使得税收筹划具有一定的风险。筹划者如有不慎，就会使筹划活动由合法走向非法，从而造成偷税漏税、欠税及骗税行为，并要承担法律责任。根据非法税收筹划行为的性质，违法者承担的法律责任可分为刑事责任和行政责任两种。

刑事责任是指因违法筹划而导致的税收犯罪行为所应承担的法律责任，主要是指《刑法》第三章第六节“危害税收征管罪”中所确定的各种法律责任。本节从第二百零一条起至第二百一十二条，共 12 个条文，规定了 17 个罪名。这些犯罪包括偷、抗、欠、骗税方面的犯罪和增值税专用发票方面的犯罪，其中大多数犯罪主体可以由单位构成。在对此类犯罪进行

处罚时，刑法除规定了对犯罪者处从拘役到有期徒刑、无期徒刑直至死刑的主刑外，还无一例外地规定了可处以罚金或没收财产的附加刑。

行政责任是指筹划者在筹划过程中因违反税收行政法规而应承担的法律责任，这种违法行为违反了行政法规，但还没有达到触犯刑法的程度，主要指《中华人民共和国税收征收管理法》第五章、《中华人民共和国税收征收管理法实施细则》第七章以及有关单行税法中所规定的各种责任。从这些规定来看，行政责任的承担方式主要有两种，即罚款和加收滞纳金。

相关链接1-1

郑爽偷税被罚 2.99 亿元

2021 年 4 月初，上海市税务局第一稽查局依法受理了关于郑爽涉嫌偷逃税问题的举报。

2021 年 8 月 27 日，轰动一时的郑爽偷税案公布的处理结果。

上海市税务局第一稽查局已查明郑爽 2019 年至 2020 年未依法申报个人收入 1.91 亿元，偷税 4 526.96 万元，其他少缴税款 2 652.07 万元，并依法作出对郑爽追缴税款、加收滞纳金并处罚款共计 2.99 亿元的处理处罚决定。

国家税务总局坚决支持上海市税务局第一稽查局对郑爽偷逃税案件依法严肃进行处理，要求各级税务机关对各种偷逃税行为，坚持依法严查严处，坚决维护国家税法权威，促进社会公平正义。

主播薇娅偷逃税被追缴并处罚 13.41 亿元

2021 年 12 月 20 日，税务部门发布通报，头部网络主播黄薇（网名：薇娅）偷逃税被罚共计 13.41 亿元。

调查显示，黄薇在2019年至2020年期间，通过隐匿个人收入、虚构业务转换收入性质、虚假申报等方式偷逃税款6.43亿元，其他少缴税款0.6亿元，依法对黄薇作出税务行政处理处罚决定，追缴税款、加收滞纳金并处罚款，共计13.41亿元。

同日，薇娅在其官方微博发布道歉信，表示将完全接受有关部门的处罚决定。薇娅丈夫董海锋在其官方微博亦发布致歉信，信中表示：自2020年11月至今，我们终止了所谓的税务规划统筹，按照45%的个人所得税率全额缴纳薇娅的相关税款，并主动补缴在此之前的不合规的相关税款。

第二节　税收筹划的分类

根据不同的划分标准，税收筹划可以分为不同的种类。下面介绍几种主要的分类方法。

一、按节税原理进行分类

按节税的基本原理进行分类，税收筹划可分为绝对节税和相对节税。

（一）绝对节税

绝对节税是指纳税人直接或间接使纳税绝对总额减少。绝对节税的原理很简单，在各种可供选择的纳税方案中，选择缴纳税收最少的方案。绝对节税又分为直接节税和间接节税。

1. 直接节税

直接节税是指直接减少某个纳税人税收绝对额的节税。在进行方案比较时，要以不同方案下的净节税额为标准，因为筹划方案可能会使某些税种的应纳税额减少，同时也可能会使某些税种的应纳税额增加。

案例1-1

（1）基本案情

某生产加工型企业年不含税销售额在400万元左右，每年购进货物所产生的进项税额在30万元左右。在增值税纳税人的身份上，该企业有两种方案可供选择：一是申请作为增值税一般纳税人，适用税率为13%，进项税额可以进行抵扣；二是作为小规模纳税人，适用征收率为3%，进项税额不能进行抵扣。请问：哪个方案更节约增值税?

（2）税收筹划思路

我国增值税的纳税人分为一般纳税人和小规模纳税人，其中，增值税纳税人的进项税额是可以抵扣的，可以通过计算两种不同方案后的应纳增值税税额进行比较，选择税负更低的方案。

（3）税收筹划方案

在这两种方案下的应纳税额为：

方案一：应纳增值税税额$=400\times13\%-30=22$（万元）。

方案二：应纳增值税税额$=400\times3\%=12$（万元）。

在上面两种方案中，由于税率的降低，方案二可以节税40万元［$=400\times(13\%-3\%)$］，但由于小规模纳税人不能抵扣进项税额，因而增加税负30万元，所以净节税效果只有10万元（$=40-30$）。

（4）税收法律依据

根据《中华人民共和国增值税暂行条例》和《中华人民共和国增值税暂行条例实施细则》的规定，我国增值税的纳税人分为两类：一般纳税人和小规模纳税人。增值税纳税人的进项税额可以进行抵扣，小规模纳税人的进项税额不能抵扣。

2. 间接节税

间接节税是指某纳税人的税收绝对额没有减少，但间接减少了其他关联纳税人的税收绝对额。

案例1–2

（1）基本案情

假设一个老人有财产 2 000 万元，现有两种遗产继承方案可供选择（假设遗产税税率为 50%）：

方案一：老人将财产遗赠给儿子，儿子再遗赠给孙子。

方案二：老人直接将财产遗赠给孙子。

请问哪个方案更节税？

（2）税收筹划思路

可以通过在家族中减少遗赠的环节，将本来缴纳两次的遗产税变为缴纳一次的遗产税。

（3）税收筹划方案

方案一：共计应纳遗产税＝2 000×50%＋(2 000－2 000×50%)×50%＝1 500（万元）。

方案二：共计应纳遗产税＝2 000×50%＝1 000（万元）。

方案二与方案一相比，虽然老人遗赠时所纳的遗产税相同，均为 1 000 万元，但由于方案二减少了遗赠环节，所以从家庭角度考虑减少了遗产税 500 万元。

（4）若十思考

在不减少税收绝对额的情况下，间接减少其他关联纳税人的税收绝对额也可以达到间接节税的目的。

（二）相对节税

相对节税是指纳税人一定时期内的纳税绝对总额并没有减少，但因各个纳税期纳税额的变化而使税收的相对总额（即现值）减少。相对节税主要考虑的是货币的时间价值。货币的时间价值是指货币在周转使用中因时间因素而形成的增值，又称资金的时间价值。

案例1-3

（1）基本案情

假设企业的固定资产折旧既可以采用直线折旧法，也可以采用加速折旧法。请问企业应选择哪种固定资产折旧方法？

（2）税收筹划思路

在不同的折旧方式下，企业的年度折旧费用不同，进而影响到各年度的利润额以及各年度的所得税税额。需要注意的是，这一影响只是年度之间的分布不同，影响的只是相对额，但从整个固定资产折旧期来看，并不影响费用、利润及所得税绝对总额。两种不同折旧方法下的年度折旧费用、利润及所得税情况见表 1-1（假定固定资产原价 300 万元，折旧不考虑净残值，不考虑折旧情况下的利润均为每年 300 万元，所得税在年末缴纳）。

表 1-1　折旧费用、利润、所得税比较表　（单位：万元）

折旧方法	年度	折旧费用	利润	税率	所得税	贴现率	所得税现值
直线折旧	1	100	200	25%	50	10%	45.45
	2	100	200		50		41.32
	3	100	200		50		37.57

续表

折旧方法	年度	折旧费用	利润	税率	所得税	贴现率	所得税现值
合计		300	600		150.0		124.34
加速折旧	1	150	150	25%	37.5	10%	34.09
	2	100	200		50.0		41.32
	3	50	250		62.5		46.96
合计		300	600		150.0		122.37

(3) 税收筹划方案

不论采用直线折旧法还是加速折旧法，企业在三年内的应纳所得税总额相同，均为150万元，但考虑了货币的时间价值后，加速折旧法可实现相对节税1.97万元（=124.34-122.37）。

(4) 税收法律依据

根据《企业会计准则——固定资产》，企业应当根据与固定资产有关的经济利益的预期实现方式，合理选择固定资产折旧方法。可选用的折旧方法包括年限平均法、工作量法、双倍余额递减法和年数总和法等，其中，双倍余额递减法和年数总和法是加速折旧法。固定资产的折旧方法一经确定，不得随意变更。

(5) 若干思考

有时，通过相对节税的税收筹划，一定时期内的纳税绝对总额并没有减少，但因各个纳税期纳税额的变化而使税收的相对总额（即现值）减少，从而获得了资金的时间价值，依然可以实现节税目标。

二、按税收筹划区域进行分类

按税收筹划所涉及的区域，可将税收筹划分为国内税收筹划和跨国税收筹划。

国内税收筹划是指国内企业在本国范围内，通过对投资、生产经营等的安排，以降低企业税收负担的税收筹划行为。国内税收筹划主要立足于国内税制，通过对不同经营方式、组织方式、投资方式所带来的税收差异进行比较，尽可能寻求纳税最少、税后利益最大化的方案。

跨国税收筹划是指跨国纳税人利用各国之间的税收差异，对跨国经营活动所做的税收筹划安排。随着经济全球化的深入，跨国经营活动日趋频繁，跨国税收筹划已成为跨国纳税人进行跨国经营活动时所考虑的主要问题之一。跨国投资者在进行跨国投资的可行性研究或选择最优投资方案时，通常要把有关国家（或地区）的税负作为确定其资本投向的一个重要因素。另外，各国（或地区）政府通常给予跨国投资活动某些特殊的税收优惠待遇。因此，各国（或地区）在征税范围、税率以及征管水平上的差异有可能为跨国投资者进行国际税收筹划提供机会。

三、按企业不同的阶段进行分类

按企业不同的阶段进行分类，可以将税收筹划分为企业设立阶段的税收筹划、企业筹资阶段的税收筹划、企业投资阶段的税收筹划、企业采购阶段的税收筹划、企业生产经营阶段的税收筹划、企业销售阶段的税收筹划、企业成果分配阶段的税收筹划、企业重组阶段的税收筹划。一般而言，企业侧重投资阶段、生产经营阶段、成果分配阶段的税收筹划。

企业投资阶段的税收筹划是指企业在投资活动中充分考虑税收的影响，从而选择税负最轻的投资方案的行为。企业为了获得更多的利润，总会不断地扩大再生产，进行投资，而不同的投资方案显然会面临不同的税收待遇，因此，企业就有了对多种投资方案进行选择比较的机会。具体地说，企业投资决策中的税收筹划包括企业组织形式的选择、投资行业和投资地区的选择、投资规模的确定等。

企业生产经营阶段的税收筹划是指企业在生产经营过程中充分考虑税

收因素，从而选择最有利于自身生产经营方案的行为。企业生产经营中的税收筹划主要是通过产品价格的确定、产业结构的决定、生产经营方式的选择来达到生产经营效果最理想的状态。在生产经营过程中，企业要事先预计各种经营方式所承担的税收负担，再做出生产经营决策。

企业成果分配阶段的税收筹划是指企业在对经营成果进行分配时，应充分考虑各种方案的税收影响，选择税负最轻的分配方案的行为，它主要通过合理归属所得年度来进行。合理归属所得年度是指利用合理手段，将所得归属在税率最低的年度里，从而达到减轻税负或延期纳税的目的。

案例1–4

（1）基本案情

某企业准备投资500万元用于中药材的种植或香料作物的种植，预计种植中药材每年可以获得利润总额500万元，种植香料每年可以获得利润总额560万元。假设无纳税调整事项，从税收策划的角度出发，企业应选择哪个项目？

（2）税收筹划思路

该企业拟进行投资的中药材可以享受免税优惠政策，香料作物可以享受减半征税的优惠政策。故可据此进行税收筹划。

（3）税收筹划方案

中药材种植可以享受免税优惠政策，企业投资中药材每年可以获得净利润500万元。香料作物种植可以享受减半征税的优惠政策，企业每年需要缴纳企业所得税和所获净利润为：

$$企业所得税=560\times25\%\times50\%=70（万元）$$

$$净利润=560-70=490（万元）$$

种植中药材的利润总额低于种植香料的利润总额，但种植中药材的净利润（税后利润）高于种植香料的净利润，故企业应选择种植中药材。

（4）税收法律依据

根据《企业所得税法》和《企业所得税法实施条例》，企业从事中药材的种植，免征企业所得税。企业从事花卉、茶以及其他饮料作物和香料作物的种植，减半征收企业所得税。

（5）若干思考

在企业的不同阶段，可以利用相关的税收优惠政策进行税收筹划。

四、按不同的税种进行分类

按税种进行分类，可将税收筹划分为增值税的税收筹划、消费税的税收筹划、企业所得税的税收筹划、个人所得税的税收筹划、关税的税收筹划、资源税的税收筹划、城市维护建设税的税收筹划、土地增值税的税收筹划、城镇土地使用税的税收筹划、车船使用税的税收筹划、车辆购置税的税收筹划、房产税的税收筹划、印花税的税收筹划、契税的税收筹划等。

在分税种税收筹划中，应针对每一税种的计税特点及特殊的减免税规定，寻求各自的税收筹划空间，进而做出相应的税收筹划方案。比如对于增值税来说，由于该税种的特点是普遍征收、多环节征收，只要产品的最后售价相同，无论中间经过多少环节，该产品所缴纳的增值税都是相同的，因此，关联企业之间转让定价的税收筹划方案只会实现相对节税，绝对税额是保持不变的。针对消费税选择性征收及一次性征收的特点，通过降低出厂销售环节的价格便可以实现绝对节税。

五、按不同的行业进行分类

按企业所处行业的不同进行分类，可以将税收筹划分为制造业税收筹划、建筑业税收筹划、流通行业税收筹划，餐饮业税收筹划、金融保险业税收筹划、交通运输业税收筹划、房地产业税收筹划等。

案例1-5

（1）基本案情

某房地产开发企业建造一批普通标准住宅，取得不含税销售收入2 500万元，根据税法规定，允许扣除的项目金额为2 070万元。该项目的增值额：2 500－2 070＝430（万元）；该项目增值额占扣除项目的比例：430÷2 070＝20.77%。根据税法的规定，应当按照30%的税率缴纳土地增值税：430×30%＝129（万元）。请提出纳税筹划方案。

（2）税收筹划思路

该项目增值额占扣除项目的比例20.77%，接近20%。可以通过筹划，将增值额占扣除项目的比例降低到20%以下，达到免征土地增值税的目的。

（3）税收筹划方案

如果该企业能够将不含税销售收入降低为2 480万元，则该项目的增值额：2 480－2 070＝410（万元）；该项目增值额占扣除项目的比例：410÷2 070＝19.81%。增值率没有超过20%，可以免征土地增值税。该企业可通过降低不含税销售收入20万元，少缴土地增值税129万元，增加税前利润109万元。

（4）税收法律依据

根据《中华人民共和国土地增值税暂行条例》第八条的规定，纳税人建造普通标准住宅出售，增值额未超过扣除项目金额20%的，免征土地增值税。

(5) 若干思考

企业处在不同的行业，都有相适应的税收政策，应利用相关的税收优惠政策进行税收筹划。

相关链接1-2

税收筹划想有效　必须把握关键点

自1978年确立改革开放的发展方针后，历经多年的发展，内地经济水平显著提升，居民生活水平大幅提高。改革开放也将国外先进的企业管理理念引入内地，催生了大批有国际竞争力的企业。在这些企业管理理念中，应用最广泛的无疑就是企业节税和避税的理念。由于跨境避税操作的收效极为明显，因此也更为人所知。但由于共同申报财产准则（Common Reporting Standard，CRS）协议的实施和全球反避税风潮的兴起，令跨境避税难以为继，也让税收筹划逐渐站上前台。

由于内地客商对税收筹划并不十分了解，因此对于内地企业来说，税收筹划有巨大的发展潜力。其实，税收筹划近些年出镜率颇高，其中最广为人知的，就是前段时间沸沸扬扬的在霍尔果斯大量注册影视公司事件。该事件就是运用税收筹划，有效降低企业税赋的典型应用。但想要做好企业的税收筹划，则必须把握好三个结合点：单项筹划与综合筹划相结合、微观筹划与宏观筹划相结合、项目筹划与经营筹划相结合。

第三节　税收筹划的基本方法

通过合理的税收筹划，不仅能够帮助企业在一定程度上节约纳税支出，同时还能够帮助企业巧妙化解税务方面的风险。那么，企业税收筹划的基本方法有哪些呢？

一、纳税人筹划法

纳税人筹划法是进行纳税人身份的合理界定和转化，使纳税人承担的税负尽量降到最低，或直接避免成为某类纳税人。采用纳税人筹划法进行税收筹划，可以合理降低税收负担，并且方法简单、易于操作。

（一）纳税人不同类型的选择

现阶段我国有多种不同性质的纳税人，如个体工商户、个人独资企业、合伙企业和公司制企业等。不同性质的纳税人所适用的税收政策存在很大差异，这给税收筹划提供了广阔空间。

个体工商户、独资企业和合伙企业的经营所得，以每一纳税年度的收入总额减除成本、费用以及损失后的余额为应纳税所得额，计算缴纳个人所得税而不需要缴纳企业所得税。

法人企业按照税法要求需要就其经营利润缴纳企业所得税，若法人企业对自然人股东实施利润分配，还需要缴纳20%的个人所得税。

案例1–6

（1）基本案情

张某拟成立一家企业，预计每年生产经营所得为40万元。在考虑企业组织形式的时候，张某有两个方案可以选择，方案一是投资成立一家一人有限责任公司，方案二是投资成立一家个人独资企业。一人有限责任公司和个人独资企业在所得税方面是否存在区别呢？

（2）税收筹划思路

一人有限责任公司和个人独资企业在所得税的征收上有一定的区别，张某可以利用政策的差异进行税收筹划，选择最优方案。

（3）税收筹划方案

自2000年1月1日起，对个人独资企业停止征收企业所得税，其投资者的生产经营所得，比照经营所得征收个人所得税。将个人独资企业每一纳税年度的收入总额减除成本、费用以及损失后的余额，作为投资者个人的经营所得，比照《中华人民共和国个人所得税法》的“经营所得”应税项目，适用5%~35%的五级超额累进税率计算征收个人所得税。因此，

每年应缴纳的个人所得税=(400 000-60 000)×30%-40 500=61 500（元）

税后净利润=400 000-61 500=338 500（元）

张某如果选择投资成立一家一人有限责任公司，就需要缴纳企业所得税，但根据最新小微企业所得税优惠政策，2019年1月1日至2021年12月31日，对小微企业年应纳税所得额不超过100万元的部分，减按25%计入应纳税所得额，按20%的税率缴纳企业所得税，故：

每年应缴纳的企业所得税=400 000×5%=20 000（元）

需要注意的是，成立一人有限责任公司还涉及个人所得税问题，当一人有限责任公司将税后净利润分配给投资者时，还需要缴纳个人所得税。这意味着如果张某投资成立的是一家一人有限责任公司，那么，当公司将缴纳企业所得税之后的利润分配给张某的时候，还需要代扣代缴个人所得税。假设公司将所有税后利润都分配给张某，那么应当缴纳的个人所得税为76 000元［=(400 000-20 000)×20%］。综合来看，成立一人有限责任公司应当缴纳的所得税合计96 000元（=20 000+76 000），张某最终获得的收益为304 000元（=400 000-96 000），小于成立个人独资企业的税后净收益338 500元。

（4）税收法律依据

按照《中华人民共和国公司法》的规定，一人有限责任公司是指只有一个自然人股东或者一个法人股东的有限责任公司。一人有限责任公司作为一种特殊的有限责任公司，是企业法人，有独立的法人财产，享有法人财产权。

按照《中华人民共和国企业所得税法》的规定，在中华人民共和国境内，企业和其他取得收入的组织为企业所得税的纳税人，应当依照规定缴纳企业所得税。因此，一人有限责任公司属于企业所得税的纳税人。

根据最新小微企业所得税优惠政策，2019 年 1 月 1 日至 2021 年 12 月 31 日，对小微企业年应纳税所得额不超过 100 万元的部分，减按 25%计入应纳税所得额，按 20%的税率缴纳企业所得税。

根据《中华人民共和国个人所得税法》的规定，投资者从被投资企业分得的股息、红利所得属于个人所得税的应税所得，适用 20%的比例税率缴纳个人所得税。

（5）若干思考

不同性质的纳税人所适用的税收政策存在很大差异，这给税收筹划提供了很大的筹划空间。

（二）不同纳税人之间的转化

由于不同纳税人之间存在税负差异，因而可以采取转变纳税人身份的办法合理节税。

根据税法的规定，增值税纳税人分为一般纳税人和小规模纳税人。这两类纳税人在征收增值税时，其计税方法和征管要求不同。现行税法规定，年应税销售额超过小规模纳税人标准的其他个人按小规模纳税人纳税，对于非企业性单位以及不经常发生应税行为的企业，可以选择按小规模纳税人纳税。年应税销售额未超过标准的，从事货物生产或提供应税劳务、应税服务的小规模纳税人，若账簿健全，能准确核算并提供销项税额、进项税额，并能按规定报送有关税务资料的，可作为一般纳税人。一般纳税人可以实行进项税额抵扣制，而小规模纳税人必须按照适用的征收率计算增值税，不实行进项税额抵扣制。

一般情况下，小规模纳税人的税负略重于一般纳税人，其原因是选择一般纳税人可以抵扣进项税额，尤其是当应税销售额增值率较小时，一般纳税人的税负明显低于小规模纳税人。但这也不是绝对的，小规模纳税人的税负不一定在任何情况下都比一般纳税人重，这需要比较两类纳税人的应税销售额增值率与税负平衡点的关系，合理合法地选择税负较轻的纳税人身份。

（三）避免成为法定纳税人

纳税人可以通过灵活运作，使得企业不符合某税种纳税人的条件，从而彻底规避税收。例如，在企业内部设立的一些内部组织或附属组织不属于纳税人，不具有独立法人资格的分公司或分支机构也不是企业所得税的纳税人，但具备独立法人资格的子公司则属于企业所得税的纳税人。

避免成为法定纳税人的另一种办法是，通过税收筹划安排，使纳税人发生的经济业务不属于某些税的征税范围，因而该经济业务就无须纳税。我国税法对征税范围有明确的界定，在一定条件下，合理安排经营活动和纳税事项，避免其进入征税范围，就可以彻底免除纳税义务。

我国税法规定，房产税的征税范围是城市、县城、建制镇和工矿区的房产，而对于房产界定为房屋，即有屋面和围护结构，能够遮风挡雨，可供人们在其中生产、学习、娱乐、居住或者储藏物资的场所；独立于房屋之外的建筑物，如围墙、停车场、室外游泳池、喷泉等，不属于房产，若企业拥有以上建筑物，则不成为房产税的纳税人，不需要缴纳房产税。

企业在进行税收筹划时，可将停车场、游泳池等建成露天的，并且把这些建筑物的造价同厂房和办公用房等分开，在会计中单独核算。按照税法的规定，这部分建筑物的造价不计入房产原值。

案例1–7

（1）基本案情

A 公司是一家餐饮店，主要为 B 公司提供餐饮服务。A 公司每年的营业额（不含税）为 400 000 元，发生的总费用为 100 000 元。请问：A 公司如何避免缴纳增值税?

（2）税收筹划思路

A 公司可以通过避免业务属于征税范围来进行筹划。

（3）税收筹划方案

由于 A 公司的年销售额低于 500 万元，符合小规模纳税人的标准。

在现方案下，A 公司缴纳的增值税为：

$$400\,000 \times 3\% = 12\,000 \text{（元）}$$

如果 A、B 双方进行税收筹划，由 B 公司对 A 公司进行兼并，那么，兼并之后双方之间原本存在的服务行为就变成了企业内部行为，而内部行为是不需要缴纳增值税的。因此，A 公司的该项业务就不再属于增值税的征税范围，从而节约了税金 12 000 元。

（4）税收法律依据

根据《中华人民共和国增值税暂行条例实施细则》，企业内部行为不属于增值税的征税范畴。

（5）若干思考

进行税收筹划，使企业不符合某税种纳税人的条件，就能避免其进入征税范围，可以彻底免除纳税义务。

二、税基筹划法

税基就是计税依据，是计算税金的基本依据。不同税种的税基计算与确认方法不同。

（一）控制或安排税基的实现时间

1. 税基推迟实现

推迟税基实现时间可以获得递延纳税的效果，获取货币的时间价值，等于获得了一笔无息贷款的资助。在通货膨胀的环境下，税基推迟实现的效果更为明显，实际上是降低了未来支付税款的购买力。

2. 税基均衡实现

税基均衡实现即税基总量不变，在各个纳税期间均衡实现。在使用累进税率的情况下，税基均衡实现可实现边际税率的最小化，从而大幅降低税负。

3. 税基提前实现

提前实现税基即税基总量不变，税基合法提前实现。在减免税期间，税基提前实现可以享受更多的税收减免额。

（二）分解税基

合理分解税基是指对税基进行合理分解，实现税基从税负较重的形式向税负较轻的形式转化。

（三）税基最小化

税基最小化即通过合法降低税基总量，减少应纳税额或者避免多缴税。在增值税、企业所得税的筹划中经常使用这种方法。

案例1-8

（1）基本案情

某科技公司拟将某项专利技术转让给某海洋石油企业，签订协议共收取1 500万元。

税法规定，一个纳税年度内居民企业的技术转让所得不超过500万元的部分，免征企业所得税，超过500万元的部分减半征收企业所得税。请问：该企业要如何转让？如何进行税收筹划？

（2）税收筹划思路

该科技公司可以利用税法的规定，将1 500万元分3年收取，使每年的所得都不超过500万元，从而免征企业所得税。

（3）税收筹划方案

方案一：与客户的协议确认为一次性转让并收取1 500万元，其所缴纳的企业所得税为：

$$企业所得税=(1\ 500-500)\times25\%\times50\%=125（万元）$$

方案二：与客户协议确定为每年收取500万元，则企业所得税为：

$$企业所得税=(500-500)\times12.5\%+(500-500)\times12.5\%+(500-500)\times12.5\%=0（万元）$$

方案三：与客户协议确定为第一年收取700万元，第二年收取600万元，第三年收取200万元，企业所得税为：

$$企业所得税=(700-500)\times12.5\%+(600-500)\times12.5\%+0\times12.5\%=37.5（万元）$$

根据以上三个方案，应该选择方案二。此方案就是运用了税基均衡实现原理。

（4）税收法律依据

为了促进技术创新和科技进步，《企业所得税法》规定了多个方面的税收优惠，实施条例分别做了具体规定：一个纳税年度内，居民企业技术转让所得不超过500万元的部分，免征企业所得税；超过500万元的部分，减半征收企业所得税。

（5）若干思考

根据税基均衡实现原理，在专利技术转让各个纳税期间均衡实现，从而大幅降低税负。

三、税率筹划法

税率是征税额与计税依据之间的比例，是计算应纳税额的尺度，体现了税收的深度。税法明确规定了各个税种适用的税率。在计税依据一定的情况下，纳税额与税率呈正向关系，即降低税率就等于减轻了税收负担，这就是税率筹划法的原理。在现实经济生活中，税率的类型主要有比例税率、累进税率、定额税率三种。以下分别介绍比例税率筹划法和累进税率筹划法。

（一）比例税率筹划法

比例税率是对同一征税对象或税目，不论其数额大小，都规定按同一比例计算应纳税额的税率。目前，我国绝大部分税种都采用比例税率，如企业所得税的税率为25%，增值税的税率为13%、9%、6%，车辆购置税的税率为10%等。

针对同一税种对不同征税对象实行不同的税率政策，分析产生差距的原因及对税后利益的影响，可以寻找实现税后利益最大化的最低税负点或最佳税负点。例如，我国增值税有13%、9%和6%多档税率，对小规模纳税人规定的征收率为3%。对上述比例税率进行筹划，可以寻找到最低税负点或最佳税负点。消费税、个人所得税、企业所得税等税种都存在多种不同的比例税率，纳税人可以通过筹划，尽量使用较低的税率实现节税。

（二）累进税率筹划法

累进税率是随着征税对象或税目数额的增大逐级递增的税率。

各种形式的累进税率都存在一定的筹划空间，累进税率筹划的主要目标是防止税率的爬升。其中，适用全额累进税率的纳税人的税率筹划效果最佳。

我国个人所得税中的“工资、薪金所得”及“劳务报酬所得”等多个项目的所得分别适用不同的超额累进税率，采用税率筹划方法可以取得较好的筹划效果。

四、税收优惠筹划法

（一）税收优惠

税收优惠政策是指国家为了支持某个行业或针对某一特殊时期，经常出台一些包括免税在内的优惠性规定或条款。税收优惠政策是一定时期国家的税收导向，纳税人可以充分利用这些税收优惠政策来依法节税。

（二）税收优惠的形式

1. 免税

免税是国家对特定的地区、行业、企业或特定的纳税人、应税项目等给予完全免税的照顾或奖励措施。免税属于国家税收照顾方式，同时也是国家出于政策需要的一种税收奖励方式。它是贯彻国家政治、经济和社会政策的重要手段，也是采用免税政策依法节税的法律依据。我国对从事农、林、牧、渔业生产经营的企业给予免税待遇，就属于一种行业性照顾或激励。

对于免税优惠，纳税人应考虑以下操作技巧：第一，在合理合法的前提下，尽量争取更多的免税待遇。免征的税收越多，节减的税收也越多。第二，在合理合法的情况下，尽量使免税期最长。许多免税优惠都有期限规定，免税期越长，节税越多。

2. 减税

减税是对某些纳税人或征税对象给予鼓励或照顾的一种特殊措施。减税与免税类似，实际上也相当于一种财政补贴。政府主要给予纳税人两类减税办法：一是出于税收照顾目的的减税。例如，国家对遭受自然灾害地区的企业、残疾人企业等的减税。这类减税是一种税收照顾，是国家对纳税人因各种不可抗力造成的损失进行补偿。二是出于税收奖励目的的减税。例如，对产品出口企业、高科技企业、环境保护项目等的减税。这类减税是一种税收奖励，是政府对纳税人贯彻国家政策的一种奖励。

3. 免征额

免征额又称扣除额，是指在征税对象全部数额中免予征税的数额。它是按照一定标准，从征税对象全部数额中预先扣除的数额。免征额部分不征税，只对超过免征额的部分征税。

4. 起征点

起征点又称征税起点，是根据征税对象的数量规定一个标准，达到这个标准就征税，未达到这个标准就不征税。

5. 退税

退税是指国家按规定对纳税人已纳税款的退还，即国家为鼓励纳税人从事或扩大某种经济活动而给予的税款退还。在国际贸易中，退税是鼓励出口的一种有效措施。

6. 优惠税率

优惠税率是指对符合条件的产业、企业或项目课以较低的税率。优惠税率有利于吸引外部投资、加快该优惠产业、企业或项目的发展。

7. 税收抵免

国家在对纳税人的境内外全部所得计征所得税时，准予在税法规定的限度内以其国外已纳税款抵减其应纳税款，避免重复课税。

（三）创造条件适用优惠政策

案例1-9

（1）基本案情

全民关注的电影《战狼 2》2017 年票房高达 54.6 亿元，雄踞票房榜首。导演兼主演吴某在新疆霍尔果斯成立了一家文化公司，即登峰国际文化传播有限公司，是一家法人企业。而霍尔果斯是目前为止税收优惠最全面的地方，最大的优惠就是文化业公司的企业所得税五年之内全免。

（2）税收筹划思路

导演吴某通过在税收优惠最全面的地方成立公司，主动创造条件适用优惠政策，可使得企业所得税全免。

（3）税收筹划方案

按照《战狼 2》54.6 亿元的总票房来算，根据协议，吴某分得 18.4 亿元，如果没有享受税收优惠，那么本例按照 25%的企业所得税税率缴纳税款，企业所得税税前可扣除项目金额为 2.7 亿元。

根据税法规定，企业所得税应纳税款为：

$$(18.4-2.7)\times 25\% = 3.93\ （亿元）$$

而注册在霍尔果斯的企业应纳税款为：

$$(18.4-2.7)\times 0\% = 0$$

吴某通过在霍尔果斯成立文化公司节省了 3.93 亿元的企业所得税。

提示：通过以上安排，纳税人确实可以实现节税的目的，但要注意的是，纳税人在进行税收筹划的过程中要尽量做到实质与形式相吻合，否则可能会面临更大的税务风险。

（4）税收法律依据

2010 年 1 月 1 日至 2020 年 12 月 31 日，对在霍尔果斯开发区内新办的属于《新疆困难地区重点鼓励发展产业企业所得税优惠目录》范围内的企业，自取得第一笔生产经营收入所属纳税年度起，企业所得税五年免征。

（5）若干思考

纳税人可以充分利用各种税收优惠政策来依法节税。

五、会计政策筹划法

会计政策是在会计核算时所遵循的基本原则以及所采纳的具体处理方法和程序，不同的会计政策必然会形成不同的财务结果，也必然会导致不同的税收负担。

会计政策在形式上表现为会计核算过程中的一种技术规范，其本质是社会经济和政治利益的博弈及制度安排。企业选择不同的会计政策，会导致不同的财务结果和纳税结果，同时也会对利益相关者产生不同的影响。当企业存在多种可供选择的会计政策时，选择税后收益最大化的会计政策也是税收筹划的基本方法。

（一）分摊筹划法

对于一项费用，如果涉及多个分摊对象，那么，分摊依据的不同就会造成分摊结果的不同。对于一项拟摊销的费用，如果摊销期限和摊销方法不相同，摊销结果也不相同。分摊的处理会影响企业损益计量和资产计价，进而影响企业的实际税负。

分摊筹划法涉及的主要会计事项有无形资产摊销、待摊费用摊销、固定资产折旧、存货计价方法选择以及间接费用的分配等。例如，存货计价方法会对企业纳税造成影响。在会计实务中，存货计价方法主要有先进先出法、月末一次加权平均法、移动加权平均法、个别计价法等。在不同的经济形势下，应根据存货市场价格的变动趋势合理选择存货计价方法。表 1–2 给出了不同情况下选择存货计价方法的基本规律。

表 1–2　存货计价方法的选择

项目	比例税率			累进税率
价格变动趋势	物价上涨	物价下跌	物价波动	物价波动
存货计价方法	加权平均法	先进先出法	加权平均法	加权平均法
选择理由	多计发出存货成本，少计期末存货成本，减少当期所得税支出	提高本期发出存货成本，减少当期收益，减轻所得税负担	避免各期利润忽高忽低及企业各期应纳所得税上下波动，有利于企业资金的安排与管理	使计入成本的存货价格比较均衡，进而使各期利润比较均衡，避免因适用较高的税率而加重税负

（二）会计估计筹划法

在企业生产经营中存在诸多不确定因素，一些项目不能精准计算，而只能加以估计，因此，在会计核算中，对尚在延续中而结果未确定的交易或事项需要估计入账。这种会计估计会影响计入特定时期的收益或费用的数额，进而影响企业的税收负担。

会计估计筹划法涉及的主要会计事项有折旧年限估计、固定资产净残值估计、无形资产使用寿命估计等。

六、税负转嫁筹划法

在市场经济环境下，由于利益机制的驱动，纳税人会通过各种途径和方式将税负部分或全部转移给他人，税负转嫁行为可视为市场主体之间的一种博弈行为。

税负转嫁筹划的基本操作原理是利用价格浮动、价格分解来转移或规避税收负担。税负转嫁筹划能否通过价格浮动实现，关键取决于商品的供给弹性与需求弹性的大小。

税负转嫁意味着税负的实际承担者不是直接纳税人，而是背后的隐匿者或潜在的替代者。在不违法的情况下，税款的直接纳税人通过将税负转嫁给他人，自己不承担纳税义务，充当了税务部门与实际纳税人之间的桥梁。由于税负转嫁并没有损害国家利益，也不违法，因此，税负转嫁筹划受到纳税人的普遍青睐，利用税负转嫁筹划减轻纳税人税收负担已经成为一种普遍的经济现象。

（一）税负前转筹划法

纳税人将其负担的税款通过提高商品或生产要素价格的方式转移给购买者或最终消费者承担，是最典型、最具普遍意义的税负转嫁形式。例如，对于在生产环节课征的税收，生产企业可以通过提高商品出厂价格而把税负转嫁给批发商，批发商再以类似的方式转嫁给零售商，零售商将税负转嫁给最终消费者。税负前转筹划法一般适用于市场紧俏的生产要素或知名品牌的商品。

（二）税负后转筹划法

税负后转筹划法多与商品和劳务有关，纳税人通过降低生产要素购进价格、压低工资或其他转嫁方式，将其负担的税收转移给提供生产要素的企业。纳税人已纳税款因种种原因不能转嫁给购买者和消费者，而是转嫁给货物的供给者和生产者。例如，一个批发商纳税后，因为商品价格下降，已纳税款难以加在商品价格上转移给零售商，于是批发商就要向厂家退货或要求厂家承担全部或部分已纳税款，此时就会发生税负逆转。税负后转筹划法一般适用于生产要素或商品积压时的买方市场。

案例1-10

（1）基本案情

白酒厂商生产的白酒产品是一种特殊的消费品，需要缴纳消费税。白酒厂商为了保持适当的税后利润，通常的做法是相应提高出厂价，但这样做一方面会影响市场，另一方面也会导致从价定率消费税与增值税的攀升。请问有没有实现税负转嫁的筹划办法呢？

（2）税收筹划思路

白酒厂商可以利用税负转嫁筹划法转移或规避税收负担。

（3）税收筹划方案

酒厂设立独立的销售公司，利用增加流通环节的办法转嫁税负。由于酒类产品的消费税仅在出厂环节计征，即按产品的出厂价计征消费税，后续的分销、零售环节不再缴纳。这种情况下，引入独立的销售公司便可以采取“前低后高”的价格转移策略，先以相对较低的价格卖给自己的销售公司，然后再由销售公司以合理的高价进行层层分销，这样便可在确保总体销售收入的同时降低消费税负担。

（4）税收法律依据

根据《消费税暂行条例》，酒类产品的消费税仅在出厂环节计征。

（5）若干思考

在不违法的情况下，税款的直接纳税人可以通过将税负转嫁给他人，降低自己承担的纳税额。

七、递延纳税筹划法

递延纳税可以获取资金的时间价值，相当于获得了一笔无息贷款的资助，这给纳税人带来的好处是不言而喻的。《国际税收词汇》对延期纳税条目做了精辟的阐述：递延纳税有利于资金周转，节省利息支出，以及由于通货膨胀的影响，延期以后缴纳的税款币值下降，从而降低了实际纳税额。

纳税环节、抵扣环节、纳税时间、纳税地点是递延纳税的关键。纳税人可以通过合同控制、交易控制及流程控制延缓纳税时间，也可以合理安排进项税额的抵扣时间，企业所得税预缴、汇算清缴的时间及额度，从而合理推迟纳税。

由于税收的重点是流转税以及所得税，而流转税的计税依据绝大部分是收入，所得税的计税依据是应纳税所得额，即纳税人的收入减去费用后的余额。所以，递延纳税的本质是推迟收入或应纳税所得额的确认时间，可以采用的筹划方法很多，概括起来主要有两类：一是推迟收入的确认；二是及时确认收入、费用。

税法对不同销售行为的纳税义务发生时间做出了明确的规定。对于纳税人采用的不同收款方式，纳税义务发生时间差别很大。如果纳税人合理利用这些具体规定，就可以签订对自己有利的销售合同。例如，企业可采取委托代销方式实现递延纳税。在委托代销方式下，委托方先将商品交给受托方，受托方应根据合同要求，将商品出售后给委托方开具代销清单，而委托方收到代销清单后才确认销售收入的实现。按照这一原理，如果企业的产品销售对象是商业企业，并且产品以销售后付款结算方式销售，则可以采用委托代销结算方式，根据实际收到的货款分期计算销项税额，从而延缓纳税时间。

案例1–11

（1）基本案情

某造纸厂7月份向汇文文具店销售白纸113万元（含税价格），货款结算采用销售后付款的方式，汇文商店10月份只汇来货款33.9万元。对此类销售业务，该造纸厂该如何进行税收筹划呢？

（2）税收筹划思路

关于此笔业务，由于购货方是商业企业，并且货款结算采用销售后付款的方式，因此可以选择委托代销模式。

（3）税收筹划方案

按委托代销结算方式进行税务处理：该造纸厂7月份可以不计算销项税额，10月份按收到代销单位的销货清单后确认销售额，并计算销项税额：

$$销项税额=[33.9\div(1+13\%)]\times13\%=3.9\ （万元）$$

对尚未收到销货清单的货款可以暂缓申报、计算销项税额。如果不按委托代销结算方式处理，则应计提销项税额：

$$应计销项税额=[113\div(1+13\%)]\times13\%=13\ （万元）$$

对此类业务，选择委托代销结算方式可以实现递延纳税。

（4）税收法律依据

根据《增值税暂行条例》，委托其他纳税人代销货物的增值税纳税义务发生时间为收到代销单位的代销清单或者收到全部或者部分货款的当天。未收到代销清单及货款的，为发出代销货物满180天的当天。

（5）若干思考

如果纳税人合理利用不同收款方式的具体规定，就可以签订对自己有利的销售合同，筹划自己的纳税义务发生时间。本案例中的企业就是采取委托代销方式实现递延纳税。

八、规避平台筹划法

在税收筹划中，常常把税法规定的若干临界点称为规避平台。规避平台建立的基础是临界点，因为临界点会由于“量”的积累而引起“质”的突破，是一个关键点。当突破某些临界点时，由于所适用的税率降低或优惠增多，从而获得税收利益，这便是规避平台筹划法的基本原理。

（一）税基临界点筹划法

税基临界点筹划法主要是寻找税基临界点。税基临界点主要有起征点、扣除限额、税率跳跃临界点。税基相对于临界点的变化会引起税负的巨大波动，即临界点边际税率出现递增或递减的变化态势。

增值税的起征点、企业所得税的税前扣除限额、个人所得税税率跳跃点等都是典型的税基临界点。

（二）优惠临界点

优惠临界点筹划法主要着眼于优惠政策所适用的前提条件，只有在满足前提条件的基础上才能适用税收优惠政策。一般优惠临界点包括以下三种情况：一是绝对数临界点；二是相对比例临界点；三是时间临界点。

案例1-12

（1）基本案情

李先生在北京市拥有一套普通住房，已经居住满 1 年 10 个月，这时他在市区找到一份薪水很高的工作，需要出售该住房，请问李先生应该如何筹划呢？

（2）税收筹划思路

根据税法中有关增值税的规定，李先生的住房在北京，此住房若满 2 年再对外销售，可以免征增值税。李先生可以筹划满 2 年后再出售。

(3) 税收筹划方案

如果李先生再等2个月出售该住房，便可以适用购买满2年享受增值税免征待遇，而如果马上出售，须按照5%的征收率缴纳增值税。因此，李先生最好是将住房在2个月后再转让。

当然，如果这时遇到合适的买主，也可以出售，即变通处理，利用时间临界点筹划方法，可以采取和买主签订两份合同：一份是远期合同（2个月之后正式交割房产）；另一份是为期2个月的租赁合同。这样买主可以马上住进去，房主也可以享受增值税免税待遇。

(4) 税收法律依据

税法中有关增值税规定为：个人将购买不足2年的住房对外销售的，按照5%的征收率全部缴纳增值税；个人将购买2年以上（含2年）的普通住房对外销售的，免征增值税（适用北上广深四个城市）。

(5) 若干思考

合理利用税法规定的税收临界点可以降低税负，从而获得税收收益。

九、资产重组筹划法

（一）合并筹划法

企业合并是实现资源流动和有效配置的重要方式，在企业合并过程中，不可避免地会涉及企业的税收负担及筹划节税问题。企业合并筹划是指企业利用并购及资产重组手段，改变其组织形式及股权关系，实现税负降低的筹划方法。

合并筹划法一般应用于以下五个方面：

第一，企业合并可以进入新领域、新行业，享受新领域、新行业的税收优惠政策。

第二，并购大量亏损的企业，可以盈亏补抵，实现成本扩张。

第三，企业合并可以实现关联性企业或上下游企业流通环节减少，合理规避流转税和印花税。

第四，企业合并可能改变纳税主体的性质，比如，由小规模纳税人变为一般纳税人。

第五，企业合并可以利用免税重组优惠政策，规避资产转移过程中的税收负担。

（二）分立筹划法

分立是指一家企业将部分或全部资产分离转让给现存或新设立的企业，被分离企业股东换取分立企业的股权，实现企业的依法拆分。分立筹划法利用拆分手段，可以有效地改变企业规模和组织形式，降低企业整体税负。

分立筹划法一般应用于以下四个方面：

第一，分立为多个纳税主体，形成有关联关系的企业群，实施集团化管理和系统化筹划。

第二，企业分立将兼营或混合销售中的低税率或零税率业务独立出来，单独计税，降低税负。

第三，企业分立使适用累进税率的纳税主体分化成两个或多个适用低税率的纳税主体，税负自然降低。

第四，企业分立增加了一道流通环节，有利于流转税抵扣及转让定价策略的运用。

十、业务转化筹划法

业务转化筹划法手段灵活。例如，注入购买、销售、运输、建房等业务，无形资产转让可以合理转化为投资或合营业务等。

案例1-13

（1）基本案情

科研人员张某发明了一种新技术，该技术申请了国家技术专利。由于该专利实用性强，许多企业拟出高价购买。其中，甲公司开出了 100 万元的最高价。这种情况下，张某是否应该转让其技术专利呢？

（2）税收筹划思路

如果采用业务转化筹划技巧，张某不转让技术专利使用权，而是进一步开发技术专利，以技术服务的形式将专利技术应用于甲公司的生产经营中。按甲公司的经营状况测算，张某每年预计可从甲公司获取 10 万元技术服务收入。

（3）税收筹划方案

张某取得该笔收入应预交的个人所得税为：

$$100\times(1-20\%)\times20\%=16\text{（万元）}$$

若张某愿意采取技术服务形式，则其所负担的个人所得税实现递延缴纳：

①纳税人提供技术开发以及与之相关的技术服务，免征增值税。

②按照个人所得税法的有关规定，个人取得的技术咨询、技术服务所得，应于取得所得的当月按照 20%的比例税率预缴个人所得税，同时并入综合所得于年终汇算清缴。张某应预交个人所得税 2 万元（=10×20%）。这种筹划法主要的好处在于可以递延纳税。

可选择采用技术投资入股形式。技术投资入股的实质是转让技术成果和投资同时发生。按照财政部财税〔2016〕36 号文的相关规定，转让技术成果是销售无形资产，免征增值税。根据财政部〔2016〕101 号文，个人技术投资入股，被投资企业支付的对价全部作为股票（权）的，企业或个人可选择适用递延纳税优惠政策。经主管税务机关备案，投资入股当期可暂不纳税，允许递延至转让股权时，按股权转让收入减去技术成果原值和合理税费后的差额计算缴纳个人所得税。

（4）税收法律依据

根据《财政部　国家税务总局关于全面推开营业税改征增值税试点的通知》（财税〔2016〕36 号）的相关规定，转让专利技术是销售无形资产，免征增值税。这里所说的“技术”，包括专利技术和非专利技术。申请免征增值税合同须经所在地省级科技主管部门认定并出具审核意见证明文件，报主管税务机关备查。

根据新个人所得税的相关规定，转让专利使用权属于转让特许权，转让专利使用权收入属于特许权使用费收入，应计入综合所得，参与年终汇算清缴。

（5）若干思考

企业可以灵活运用业务转化筹划法进行税收筹划。

相关链接1–3

英国历史上的“窗户税”

英国历史上曾经征收过特别的税——“窗户税”，征收起来特别方便，根据窗户的多少收取。为了少交“窗户税”，很多老百姓把门做大，从而减少窗户的数量。更有一些人为了减轻负担，索性将一些窗户封起，因此，时至今日，英国到处仍可见到一些窗户被封起的历史建筑。

"窗户税"早已废除，但老百姓为了少缴"窗户税"而减少窗户数量甚至把窗户封起，也可以算得上无可奈何的税收筹划了。

第四节　税收筹划的步骤

税收筹划的步骤是指在设计税收筹划过程中所采取的基本步骤和方法。制定科学、合理的税收筹划方案设计工作流程是顺利开展筹划活动的首要条件和重要保证。

一、纳税人涉税情况与需求分析

纳税人是税收筹划的主体，在进行税收筹划前，对纳税人的情况进行全面的了解和收集必需的信息十分必要。

不同企业的基本情况及纳税要求有所不同，在实施税收筹划活动时，首先要了解企业以下基本情况：企业组织形式、经营范围、筹划主体的意图、经营状况、财务状况、投资意向、管理层对风险的态度、企业的需求和目标等。其中，筹划主体的意图是税收筹划中最根本的部分，是税收筹划活动的出发点。只有了解了纳税人的基本情况，才可以更好地按纳税人的要求进行税收筹划方案的选择。

二、纳税人相关税收政策和法律

全面了解与纳税人相关的行业、部门税收政策，理解和掌握国家税收政策及精神，争取税务机关的帮助与合作，对成功实施税收筹划尤为重要。有条件的还可以建立纳税人税收信息资源库以备使用。同时，纳税人必须了解政府的相关涉税行为，就政府对税收筹划方案可能的行为反应做出合理的预期，以增强筹划成功的可能性。

进行税收筹划是在税法允许的范围内，选择少缴、免缴或递延缴纳税款的行为。由于税法的内容相当复杂又经常修订，而纳税人自身的条件也在不断发生变化，要想有效的运用税收筹划策略实现节税目标，必须了解并熟练掌握税收法规。除此之外，纳税人还要具备投资、生产、销售、财务、会计等方面的法律知识，懂得合法与违法的界限，确保税收筹划行为的合法性。

三、分析纳税人的现行纳税情况

在全面了解纳税人情况的基础上进一步分析其现行纳税情况，对于发现税收筹划空间和设计税收筹划方案而言是至关重要的。企业的纳税情况主要包括涉及的税种、纳税人的类型、计税方式、适用税率、纳税申报、纳税金额、税负情况、减免税情况以及历史上是否存在违反税法的情况等，这对税收筹划方案的制定具有很大的借鉴意义。

四、确定税收筹划的具体目标

税收筹划的最终目标是企业价值最大化。在对上面已经收集的信息进行分析后，便可以确定税收筹划的各个具体目标，并以此为基准来设计税收筹划方案。税收筹划的具体目标主要有：实现税负最小化；实现税后利润最大化；获取资金时间价值最大化；实现纳税风险最小化。

五、设计备选的税收筹划方案

在掌握相关信息和确立目标之后，税收筹划的决策者可以着手设计税收筹划的具体方案。税收筹划方案的设计一般按以下步骤进行：首先，对涉税问题进行认定，即涉税项目的性质、涉及哪些税种等；其次，对涉税问题进行分析，即涉税项目的发展态势、引发的后果，税收筹划空间的大小，需解决的关键问题等；最后，设计多种备选方案，即针对涉税问题，设计若干可选方案，包括涉及的经营活动、财务运作和会计处理。

六、评价各个备选方案，选择最佳方案

税收筹划方案是多种筹划技术的组合运用，同时需要考虑风险因素。列示企业税收筹划备选方案以后，必须进行一系列的分析，主要包括：一是合法性分析。税收筹划的首要原则是合法性原则，对设计的方案首先要进行合法性分析，规避法律风险。二是可行性分析。税收筹划的实施需要多方面的条件，企业必须对方案的可行性做出评估，包括实施时间的选择、人员素质以及未来趋势的预测。三是目标分析。每种设计方案都会产生不同的纳税结果，这种纳税结果是否符合企业既定的目标，是筹划方案选择的基本依据。对多种方案进行分析、比较和评估后，选择一个最佳方案。

七、实施税收筹划方案并进行监控、评估和改进

税收筹划方案选定之后，经管理部门批准，即进入实施阶段。企业应当按照选定的税收筹划方案，对自己的纳税人身份、组织形式、注册地点、所从事的产业、经济活动以及会计处理等做出相应的处理或改变，同时记录筹划方案的收益。

在税收筹划方案的实施过程中，应及时监控出现的问题，运用信息反馈制度对筹划方案的效果进行评价，考核其经济效益与最终结果是否实现税收筹划目标。在实施过程中，可能因为执行偏差、环境改变或者由于原有方案的设计存在缺陷，从而与预期结果产生差异，这些差异要及时反馈给税收筹划的决策者，并对方案进行改进。

相关链接1–4

从多角度看税收筹划：空间与风险

经济形势日趋严峻，企业利润空间被压缩，税收成了影响企业利润的重要因素，节税也就成了广大企业的“硬需求”，一时间，各种税收筹划产品和服务应运而生，各展身手，好不热闹。

然而，表面繁荣掩盖不了税收筹划市场良莠不齐的现实，很多所谓税收筹划顶着“合规”之名，行虚开、偷税之实，违法违规，很多企业受惑于宣传，缘木求鱼，反受其害。

那么，该如何认识筹划？什么才是合法合规、可接受的筹划？税收筹划事前需要准备什么？事中事后又该如何执行和监督？

第五节　税收筹划的目标

税收筹划的直接目标是降低企业税负，减轻纳税负担。具体而言，税收筹划的目标可以归纳为以下几个方面。

一、减轻税收负担

税收筹划首先要帮助纳税人减轻税负，这是税收筹划的根本目标。直接减轻税收负担是企业税收筹划所要实现的目标之一。纳税人是税收义务的承担者。企业作为市场经济的主体，在产权界定清晰的前提下，总是致力于追求自身经济利益的最大化。要实现经济利益的最大化，就要使得总成本最小化。

二、实现涉税零风险

所谓涉税零风险，是指纳税人账目清楚，纳税申报正确，缴纳税款及时、足额，不会出现任何关于税收方面的处罚，即在税收方面没有任何风险，或风险极小甚至可以忽略不计的一种状态。实现涉税零风险是税收筹划的最低目标，而实现最低目标是实现最高目标的基础。纳税人纳税首先要做到合法，在涉税上不出现法律风险；其次才是在合法的基础上运用各种筹划方法，实现最轻税负。

实现纳税人涉税零风险，可以使纳税人避免发生不必要的经济损失和名誉损失，也有利于纳税人进行财务管理。

三、获取资金的时间价值

资金是有时间价值的，纳税人通过一定的手段，将当期应缴纳的税款延缓到以后年度缴纳，从而获得资金的时间价值，这是税收筹划目标体系的有机组成部分之一。

既然资金具有时间价值，企业就应该尽量减少当期的应纳税所得额，以延缓当期的税款缴纳。纳税人在生产经营决策中只有重视资金的时间价值，才能使税收筹划方案更具有科学性。

四、维护企业自身的合法权益

维护自身合法权益是企业进行税收筹划必不可少的一环，借以从依法纳税的角度对权力和权利的失衡进行调整，以实现税收与经济的良性互动，促进经济的长期持续发展。依法纳税，不仅要求纳税人依照税法规定及时足额地缴纳税款，还要求税务机关依照税法规定合理合法地征收税款。对应缴纳的税款，企业负有及时足额缴纳的义务，不能偷税漏税和逃税；但对不应缴纳的税款，企业可以拒绝缴纳，维护自己的合法权益。

五、实现企业价值最大化

企业从事经济活动的最终目的是使总体的经济效益最大化，而不仅仅是少缴税款。如果纳税人从事经济活动的最终目的仅定位于少缴税款，那么，纳税人最好不要从事任何经济活动，如果这样，其应负担的税款数额就会很少。经济效益的最大化应该从长远来看，企业进行税收筹划，应服从企业的长远目标，以实现可持续发展，从而在相当长的时段里实现利润最大化目标。

相关链接1–5

税负考量：跳出局部看整体

管理学大师赫伯特·西蒙有一句名言："管理就是决策。"面对税收选择权，企业权衡利弊做出最佳决策并非一件简单的事，需要不断提升"选择"能力。

企业在面临选择时，应将业、财、税等各项关键要素进行统筹考量，详细分析测算每种选择可能给税负成本、财务资金、商业合作、生产经营等带来的影响，然后立足企业整体经营发展的角度对比分析利弊得失，进而选出最合适的"选项"。同时，企业应当结合商业模式、业务流程等展开系统性分析，其中尤其要注意分析不同税收政策之间的相互联系和彼此影响。例如，实务中，高新技术企业取得的政府补助款是否应当选择作为不征税收入，就需要结合其他税收政策进行系统分析。如果选择作为不征税收入，最直接的好处就是可以减少补助收入对应的企业所得税税款成本。

面对税收选择权，企业往往首先想到的就是降低税负，但是税负最优不一定意味着税负最低，最适合自身的才是最优的。比如，有些企业一味追求自身税负最低，却忽略了上下游产业链上其他合作伙伴的感受，未能在税收利好的享受和税负的承担方面做出合理的让步，最终有可能失去重要的合作机会。

思考题

1. 税收筹划有哪些特征？

2. 税收筹划应遵循的基本原则有哪些？

3. 税收筹划与偷税、避税之间的关系是什么？如何区分？

4. 如何认识税收筹划的分类？

5. 企业采用在前期多计提折旧额的加速折旧法是否会起到绝对节税的效果？

6. 税收筹划有哪些方法？举例说明？

7. 我国现行税法中属于“免征额”的税收优惠政策有哪些？

8. 怎样进行税收筹划？税收筹划的步骤有哪些？

9. 纳税人进行税收筹划的目标是什么？

避税与逃税的区别就是监狱围墙的厚度。

——丹尼斯·黑勒

第二章

税收筹划策略

本章导读：

研究大量的税收筹划案例可以发现，企业应用的具体税收筹划方案是形形色色、千变万化的。也就是说，具体税收筹划方案具有差异性和可变性，因而企业仅仅使用现有的筹划方法是不够的，更重要的是，必须能根据不同情况和税收政策的变化提出新的有效的税收筹划方案。本章将根据税制要素提出税收筹划的六个基本策略，作为寻求税收筹划具体方案的基本思路和基本框架，企业可以利用这六个基本策略，结合企业内部环境和外部环境的特点，设计出有效的税收筹划具体方案。

第一节　税制要素与税收筹划策略

一、税收筹划方案的差异性

从本质上说，税收筹划方案就是综合考虑了税收、财务、市场、技术等诸多因素的企业经营方案，只不过它侧重于税收成本方面的考虑。由于不同企业的内部环境和外部环境是千差万别的，如企业所处的地区不同，企业经营发展所处的阶段不同，企业财务管理的目标定位不同，企业内部管理人员的素质不同，即使假定企业所涉及的税种相同，企业使用的税收筹划方案也会不同。更何况不同的企业经营范围不同、性质不同，所涉及的税种也不同，而不同税种的特定征收范围和征税方法决定着不同税种的筹划方法必然各具特点，这势必会进一步加剧企业间税收筹划方案的差异性。

此外，一个成功的税收筹划方案对于同一个企业来说也不会是一成不变的。因为国家会根据经济发展的变化和宏观经济政策的需要对税收政策进行调整，税收法律法规与政策的变动势必会影响税收筹划的方式、方法。要保证筹划方案的时效性，就要根据国家税收政策的调整或新政策的出台，及时提出新的税收筹划方案。

由此可知，一个企业成功的税收筹划方案放到另一个企业，也许筹划效果会大打折扣，甚至根本无法实施；而一个时期成功的税收筹划方案到了下一个时期或许就不再有效，甚至变为偷税行为。因此，真正的税收筹划是随时都能根据企业的不同情况和税收政策的变化提出新的有效的税收筹划方案，税收筹划作为一门课程，必须以培养和训练学生具备这种能力为目标。如果仅仅局限于介绍具体的筹划方法，那么无论分析多少成功的案例，都不可能实现这个目标。

因此，有必要从成千上万的案例中归纳出若干最基本的规律、思路或策略，当面临的情况不同于以往案例时，能够运用这些基本策略设计出新的行之有效的税收筹划方案。众所周知，一个企业缴纳哪些税、税负有多重，原则上完全取决于现行的税收制度，这就意味着税收筹划的基本策略还应该从税收制度中寻找。

二、税制的概念

税制是国家各项税收法规和征收管理制度的总称，是国家向纳税人征税的法律依据和纳税人向国家纳税的法律准则。税收制度作为税收的具体表现形式，是由各个税种的税法、条例、细则、规定等组成的，因此税收制度也称为税收法律制度。

政府开征一个税种，其实质就是制定一系列税收法规文件，而这一系列税收法规文件就组成了税制。例如，我国的第一大税种增值税的开征，就是从国务院发布《增值税暂行条例》开始的，它与其后财政部颁发的《增值税暂行条例实施细则》，财政部、国家税务总局颁布的一系列通知、批复等补充文件，共同构成了增值税的税收法律制度，成为政府征收和纳税人依法缴纳增值税的法律准则。类似的是，新的企业所得税法的实施也是随着《企业所得税法》《企业所得税法实施条例》及一系列通知的下发而展开的。

研究这些税收法规，可以发现它们有不同于其他法律文件的特点。尽管每一个税种都包含一系列复杂的税收法规，但究其根本，所有这些税收法规都是围绕税制要素展开的。税制要素是构成税收制度的基本要素，是规范征纳双方权利与义务的法律规定的具体表现。税收制度是通过对税收要素的具体规定来体现的，对每一个税制要素给出不同的定义，就形成了不同的税种，而税制要素本身作为税制的基本构成单元，在不同税种中却是固定不变的。

三、税制要素的内容

税制要素一般包括纳税人、征税对象、税率、税目、计税依据、纳税环节、纳税期限、减免税和违章处理等。纳税人，又称纳税义务人，是税法规定直接负有纳税义务的单位和个人，包括法人、自然人及其他组织。征税对象主要是指税收法律关系中征纳双方权利义务所指向的物或行为，是课税的客体。税率是对征税对象的征收比例和征收额度，体现着征税的深度。税目是税法中对征税对象分类规定的具体征税物品、行业或项目，是征税对象的具体化。计税依据是计算应纳税额的根据，是征税对象的量的表现。纳税环节是税法规定的征税对象在从生产到最终消费的整个流转过程中应当交纳税款的环节。纳税期限是指纳税人按照税法规定交纳税款的期限。减免税是指税法对某些纳税人和征税对象采取减少征税或免予征税的特殊规定。违章处理是指对纳税人不按照税法规定办事、逃避纳税义务，以及违反税务管理规定的行为和事项采取的处罚措施。

并非每一个税种都要定义上述所有税制要素，但即使最简单的税种，也需对纳税人、征税对象、税率、计税依据等税制要素做出规定。对于一个给定的税种而言，企业缴不缴税、缴多少税，取决于企业的经营行为与税制要素的规定是否相符，因此，考虑任何一种具体的税收筹划方法时，都要从税制要素出发。根据这种认识不难知道，税收筹划的基本策略也应该以税制要素为主要线索来寻求。

四、税收筹划策略

税制要素中首先要考虑的是纳税义务，纳税义务是通过税制要素中的纳税人和征税对象来界定的。如果企业不符合既定税种纳税人的定义，或者企业的经营范围不落在征税对象之内，企业就无须缴纳这种税。因此，企业税收筹划的第一个策略就是规避纳税义务，即设法避免成为某种税的纳税人或落入该税种的征税对象范围内。例如，消费税的征税对象是在我国境内生产、委托加工和进口的特定消费品，其中一次性木筷就属于特定消费品，如果一个纳税人生产的是一次性竹筷，则不在特定消费品的范围之内，就不是消费税的纳税义务人。

纳税人还存在名义纳税人和实际负税人的差别。名义纳税人是税法上规定的直接负有纳税义务的单位和个人，而实际负税人是指税款的实际承担者或负担税款的经济主体，是税收的最终负担者。每一个税种都有实际负税人，如增值税理论上的负税人即名义负税人是购买者，而实际负税人是最终消费者，那么，在我国境内销售货物的增值税纳税人可以通过提高产品售价的方式将税负转嫁给消费者。因此，当某税种的纳税义务难以规避时，可以考虑通过税负转嫁的方式达到实际上未负担或少负担税负的目的。税负转嫁就是税收筹划的第二个基本策略。

当企业无法规避某税种的纳税义务，又无法转嫁税负时，税收筹划的目的就是尽量减少纳税额。纳税人应纳税款的多少主要取决于两个税制要素，即计税依据的多少和税率的高低。当税率一定时，纳税人通过缩小税基，可以减少应纳税款；当税基一定时，适用低税率同样能使纳税负担减轻。例如，企业所得税的税基是应纳税所得额，即收入总额减去成本和费用等，如果企业通过合理方式扩大成本或费用列支，则可以减轻纳税负担。又如，高新技术企业可以享受15%的企业所得税优惠税率，企业可以创造条件，满足高新技术企业的认定要求来适用低税率。因此，缩小税基和适用低税率是税收筹划的第三个和第四个基本策略。

当应纳税额确定之后，企业进行税收筹划要考虑的就是何时进行纳税申报及何时纳税，这就是税制要素中纳税环节和纳税期限的相关规定。由于纳税义务发生时间与税款上缴时间可能存在差别，而资金存在时间价值，所以对企业来说，尽可能地延迟纳税时间虽然不能减少纳税额，但可以获得这笔资金的时间价值，且有利于充实流动资金。故延迟纳税是税收筹划的第五个基本策略。

从税制要素考虑筹划方案的最后一个基本策略是充分利用税收优惠政策。税收优惠是国家在税收方面给予纳税人和征税对象的各种优待的总称，是政府减除或减轻纳税人税收负担的政策规定。税收优惠可以表现为减税、免税、出口退税、优惠税率、起征点、税收豁免、先征后退、加速折旧、亏损弥补、税收抵免等多种形式。这些规定可以在各税种的基本法中以减免税条款列举，也可以在一系列补充税收法规文件中以阶段性鼓励政策的形式出现。纳税人通过改变经营策略，用好用足这些税收优惠政策可以降低税收负担，而这样的税收筹划方案也是明显符合国家立法意图的。

相关链接2-1

优化税务执法方式　推进未来税收事业发展

《关于进一步优化税务执法方式的意见》是我们深化税收征管制度改革的顶层设计；大幅提高税法遵从度和社会满意度，明显降低征纳成本，是我们推进未来税收事业发展的行动指南。“十四五”规划提出建立现代财税金融体制，完善现代税收制度，健全地方税、直接税体系，优化税制结构，适当提高直接税比重，深化税收征管制度改革，这些关键点都为未来指明了方向。

第二节　纳税义务规避

当纳税人希望减轻税收负担的时候，最先想到的应该是规避纳税义务。规避纳税义务是指纳税人通过避免成为一个税种的纳税人或征税对象，免除该税种的纳税义务，无须再承担该税种的税收负担。如果能规避纳税义务，则不论税基、税率等如何变化，都能最大幅度地减轻税收负担。理解和运用规避纳税义务策略，需要掌握该策略以下三个方面的含义或表现形式。

一、规避纳税义务的两种途经

任何税种的纳税义务都是通过对纳税人和征税对象的同时确认构成的，所以实施规避纳税义务策略时，可以从避免成为纳税人和避免成为征税对象两种途径展开。

在税法中，每个税种都对纳税人的确认做出了明确规定。如果能使自身的条件不符合税法关于某税种纳税人的规定，就不会成为该税种的纳税人，从而可以规避该税种的纳税义务。比如，我国增值税法规定，个人发生应税行为的销售额未达到增值税起征点的，免征增值税；达到起征点的，全额计算缴纳增值税。根据财政部财税〔2019〕13 号文的规定，自 2019 年 1 月 1 日至 2021 年 12 月 31 日，对主要包括小微企业、个体工商户和其他个人的小规模纳税人，将增值税起征点提高到 10 万元。因此，小规模纳税人需要注意让自己的月不含税销售额低于起征点，以享受增值税免税政策；不含税销售额超过起征点的，可以考虑将企业分拆。《企业所得税法》对哪些组织形式的企业属于企业所得税的纳税人做出了明确具体的规定，如果是规定中没有列出的企业组织形式，就不属于企业所得税的纳税人，如合伙企业，即使取得收入，也不用缴纳企业所得税。消费税等其他税种也是如此，因此都存在通过避免成为纳税人而规避纳税义务的可能性。

（一）避免成为纳税人

纳税人可以通过灵活运作，使得企业不符合某税种纳税人的条件，从而彻底规避税收。

例如，甲公司是一家餐饮店，主要为乙公司提供餐饮服务。甲公司每年的营业额（不含税）为 50 万元，发生的总费用为 20 万元。请问如何避免缴纳增值税？

分析：

由于甲公司的年销售额低于500万元，因而符合小规模纳税人的标准。

在现方案下，甲公司缴纳的增值税为：

$$50\times3\%=1.5\text{（万元）}$$

如果甲、乙双方进行税收筹划，由乙公司对甲公司进行兼并，那么兼并之后双方之间原本存在的服务行为就变成了企业内部行为，而这种内部行为是不需要缴纳增值税的。因此，甲公司的该项业务就不再属于增值税的征税范围，从而节约了税金1.5万元。

根据增值税法及“营改增”税收政策的规定，凡在中华人民共和国境内销售或者进口货物、提供应税劳务及销售服务、无形资产、不动产的单位和个人，都是增值税的纳税人。只要应税行为发生在中华人民共和国境内，就需要缴纳增值税。境外单位或者个人向境内单位或者个人销售的未完全在境外发生的服务，属于在境内销售服务，因而属于增值税的征税范围，应缴纳增值税。如果纳税人销售或者进口货物、提供应税劳务和销售服务、无形资产、不动产不发生在境内，则不属于我国增值税的纳税人。

例如，境外一咨询公司与境内某公司签订咨询合同，就这家境内公司开拓境内、境外市场进行实地调研并提出合理化管理建议，境外咨询公司提供的咨询服务同时在境内和境外发生，属于在境内销售服务。如果分别就境内、境外市场实地调研签订咨询合同，则境外咨询合同收入属于境外发生的服务，不属于我国增值税的征收范围。

案例2-1

（1）基本案情

刘先生是美国华裔，退休后定居中国上海，自2014年来华，已经在中国境内居住满五年。每年刘先生都会因为休假、处理个人账务等原因离华。2020 年其出入境记录为：1 月 31 日离华；3 月 1 日第二次来华，5 月 20 日离华；6 月 18 日第三次来华，6 月 30 日离华；7 月 15 日第四次来华，10 月 25 日离华；11 月 6 日第五次来华。当年其出租在美国的房产全年取得租金折合人民币 12 万元，获得在美国投资的股票分红共计人民币 30 万元。刘先生应如何向中国政府缴税？

（2）税收筹划思路

根据刘先生的出境记录，判断刘先生的纳税人身份，其从美国取得的租金收入和股票分红收入是否应当在中国缴纳个人所得税，然后判断通过什么方法能够进行合理避税。

（3）税收筹划方案

根据刘先生的离境记录，刘先生应当属于我国的居民纳税人，其从美国取得的租金收入和股票分红收入应当缴纳个人所得税。那么，刘先生是否可以通过避免成为我国个人所得税的居民纳税人从而规避纳税义务呢？本案例中的情形是比较容易实现这一目的的，刘先生只需将第一次离华时间提前 2 天，或者第二次来华推迟 2 天，或者将累计离华时间延长 8 天，即可避免成为我国居民纳税人，其来源于美国的收入就无须承担中国的纳税义务。

（4）税收法律依据

《中华人民共和国个人所得税法实施条例》(以下简称《个人所得税法实施条例》)第六条规定：在中国境内无住所，但是居住 1 年以上 5 年以下的个人，其来源于中国境外的所得，经主管税务机关批准，可以只就由中国境内公司、企业，以及其他经济组织或者个人支付的部分缴纳个人所得税；居住超过 5 年的个人，从第六年起，应当就其来源于中国境外的全部所得缴纳个人所得税。《个人所得税实施条例》还指出，“在境内居住满 1 年”是指在一个纳税年度中在中国境内居住 365 天，临时离境的，不扣减日数。这里所说的临时离境，是指在一个纳税年度中一次不超过30天或多次累计不超过90天的离境。其间，入境、离境、往返或多次往返境内外的当日，均按1天计算在华实际逗留天数。

（二）避免成为征税对象

避免成为征税对象同样可以规避纳税义务。征税对象即纳税客体，是税收征收的标的物，也是区别不同税种的主要标志。避免成为征税对象是指纳税人通过改变自己的经营产品、行为或对物品的所有权方式，避免自己的产品、行为属于某个税种的征税范围。

案例2-2

（1）基本案情

计西科技发展有限公司经过几位股东的共同努力，逐步走上了良性发展轨道。为了适应公司业务发展的需要，公司董事会决定给一名总经理、两名副总经理（三人均为公司股东）在当年12月各配一辆价值80万元的高档商务车（增值税10.4万元）。该高档商务车预计可使用10年，残值按原价的10%估计，按直线法计算折旧。公司为增值税一般纳税人，适用的所得税税率为25%。该公司有以下两种方案可以选择：

方案一：公司将车辆的所有权办到三位总经理个人名下，购车款240万元由公司支付。

方案二：公司将车辆的所有权办到公司名下，作为企业的固定资产，但购进的三部高档车固定由三位总经理使用。

每辆汽车一年的固定使用费用为2万元，1年的油耗及修理费含税价为 4 万元（均取得了增值税专用发票）。

（2）税收筹划思路

公司将购买的高档商务车作为企业的固定资产和办公用车。由于此时三位总经理仍拥有商务车的使用权，但商务车不再属于红利性质的实物分配，也不再是个人所得税的征税对象，三位总经理都无须再缴纳个人所得税。

（3）税收筹划方案

方案一：

三位总经理应按照“利息、股息、红利所得”项目征收个人所得税。三位总经理应纳个人所得税合计为：

$$(80+10.4)\times3\times20\%=54.24\text{（万元）}$$

方案二：

公司将购买的高档商务车作为企业的固定资产和办公用车这种方法不仅规避了个人所得税的纳税义务，而且公司商务车每年可以计提折旧，日常费用可以税前扣除，油耗及修理费的增值税还可作进项税额抵扣。公司由此每年产生的总税收收益为：

$$\text{折旧额}=(80-80\times10\%)\div10\times3=21.6\text{（万元）}$$

$$\text{费用抵税额}=(2+4\div1.13)\times3=16.62\text{（万元）}$$

$$\text{可减少企业所得税额}=(21.6+16.62)\times25\%=9.56\text{（万元）}$$

$$\text{增加的增值税进项税额}=4\div1.13\times13\%\times3=1.38\text{（万元）}$$

$$\text{总税收收益}=9.56+1.38=10.94\text{（万元）}$$

从筹划效果来看，采用第二种方案时，三位总经理虽然不拥有小汽车的所有权，但可少缴个人所得税 54.24 万元，规避了个人所得税的纳税义务，10 年中每年还可为企业获得抵税利益 10.94 万元，在第一年还可抵扣购车的增值税进项税额 31.2 万元（=10.4×3）。

(4) 税收法律依据

根据财政部财税〔2016〕36号文件的规定，企业购买汽车并将车辆所有权办到股东个人名下，其实质为企业对股东进行了红利性质的实物分配，应按照我国《个人所得税法》第二条的规定，按"利息、股息、红利所得"项目征收个人所得税。而我国《企业所得税法》第二章第十条规定，对与企业取得收入无关的其他支出，在计算应纳税所得额时不得扣除。因为企业为股东个人购买的车辆不属于企业的资产，所以不得在企业所得税前扣除折旧及相关费用。

(5) 若干思考

针对上述个人所得税和企业所得税有关政策的规定，纳税人可考虑在不改变有关资产使用权的条件下，将部分资产所有权转到企业名下，这样可以降低纳税人个人所得税税收负担。从税法的相关规定中还可以发现，很多税种对征税对象的规定都存在税收筹划的空间。例如，城镇土地使用税规定只对城市、县城、建制镇、工矿区范围内使用的土地征税，对其他地方使用的土地则不征税。

二、应纳税种的减少

运用规避纳税义务策略并不是企图完全不承担纳税义务，在很多情形下，其目的只是由缴纳多个税种变为缴纳相对较少的税种，以减少纳税人所承担的税收负担。

案例2-3

(1) 基本案情

王某承包经营了一家公司制企业。合同规定：王某平时不领取工资，从企业净利润中上缴承包费 100 000 元，其余经营成果全部归王某个人所有。王某的生产经营所得当年为 400 000 元（已扣除相关费用）。假设王某没有其他的劳务收入，他应该如何利用不同的企业性质进行税收筹划？

（2）税收筹划思路

目前，个人可以选择的企业组织形式主要有：作为个体工商户从事生产经营和对企事业单位实行承包、承租经营业务；成立个人独资企业；组建合伙企业；设立公司制企业（企业所得税纳税人）。对这些投资方式进行比较，如果其他因素相同，投资者应承担的税收尤其是所得税便成为决定投资决策的关键。在上述几种投资方式中，通常在收入相同的情况下，个体工商户、个人独资企业、合伙企业、公司制企业的税负是不一样的。

需要注意的是，财政部财税〔2019〕13 号文规定，2019 年 1 月 1 日至 2021 年 12 月 31 日，对小型微利企业引入超额累进计算方法，年应纳税所得额不超过 100 万元的部分，减按 25%计入应纳税所得额，按 20%的税率缴纳企业所得税；对年应纳税所得额超过 100 万元但不超过 300 万元的部分，减按 50%计入应纳税所得额，按 20%的税率缴纳企业所得税，因此，企业在选择组织形式时，还应根据业务规模来判断应该选择哪种形式。

（3）税收筹划方案

在企业性质上，王某面临两种选择：一是仍使用原企业的营业执照；二是将原企业的工商登记改为个体工商户。

方案一：如果王某仍使用原企业的营业执照，则按税法规定，其经营所得应缴纳企业所得税，而且王某的税后所得还要再按经营所得缴纳个人所得税。在不考虑其他调整因素的情况下，该企业的纳税情况如下：

$$企业所得税=400\ 000\times25\%\times20\%=20\ 000\ （元）$$

王某的承包经营所得=(400 000-20 000)-100 000=280 000（元）

王某应缴纳的个人所得税=(280 000-60 000)×20%-10 500=33 500（元）

王某实际获得的税后利润=280 000-33 500=246 500（元）

方案二：如果王某将原企业的工商登记改为个体工商户，则其承包经营所得应缴纳个人所得税。在不考虑其他调整因素的情况下，王某的纳税情况如下：

应纳个人所得税=(400 000-100 000-60 000)×20%-10 500=37 500（元）

王某获得的税后利润=400 000-100 000-37 500=262 500（元）

通过比较，王某采用方案二可以多获利16 000元（=262 500-246 500）。

（4）税收法律依据

个人对企事业单位实行承包、承租经营的形式较多，分配方式也不尽相同。《国家税务总局关于个人对企事业单位实行承包经营、承租经营取得所得征税问题的通知》对此做了适当分类并规定了相应的税务处理方法：

个人对企事业单位实行承包、承租经营后，工商登记变更为个体工商户的，应依照“经营所得”项目计征个人所得税，不再征收企业所得税。

个人对企事业单位实行承包、承租经营后，工商登记仍为企业的，不论其分配方式如何，均应先按照企业所得税的有关规定缴纳企业所得税，然后将承包、承租人按合同（协议）规定取得的所得，依照《个人所得税法》的有关规定缴纳个人所得税。具体内容为：

①承包、承租人对企业经营成果不拥有所有权，仅按合同（协议）规定取得一定所得的，应按“工资、薪金所得”项目征收个人所得税，适用3%~45%的七级超额累进税率。

②承包方、承租人按合同（协议）的规定只向发包方、出租人缴纳一定费用，缴纳承包、承租费后的企业经营成果归承包方、承租人所有，其

取得的所得，按“经营所得”项目征收个人所得税，适用5%~35%的五级超额累进税率。

也就是说，个人对企事业单位实行承包、承租经营，就所得税而言，工商登记如果仍为企业的，就需要承担企业所得税与个人所得税两种税负，工商登记如果改变为个体工商户的，则只需承担个人所得税一种税负。

三、应纳税种的替换

运用规避纳税义务策略的最终目的是降低实际税负。在很多情形下，运用该策略的结果是从整体税负的角度，在不同税种之间进行纳税义务的再调整。在规避原有税种的纳税义务的过程中，需要缴纳的税种并没有减少，但由于税收负担降低了，相应的筹划方案当然也是有效的。

案例2-4

（1）基本案情

王某与四位朋友投资组建了一家商贸公司，每人投资20%。该公司共有员工20人，实际支付工资600 000元。5位股东均在企业任职，每人每月工资8 000元。假设当年该公司预计实现税前会计利润500 000元，企业所得税的适用税率为25%，税后利润全部按投资比例分配，没有其他纳税调整项目。该公司应如何进行所得税的税收筹划？

（2）税收筹划思路

不同应税项目适用的税率不同，导致在相同收入规模下，不同应税项目所缴纳的个人所得税存在较大差异，因此，利用不同应税项目之间税率的差异是税收筹划的一个重要思路。综合所得的最高边际税率是45%，经营所得的最高边际税率是35%，其他收入的税率一般为20%。一般来说，个人收入越高，比例税率会带来相对税负下降，而累进税率则不同。如果所得规模较大，则可以考虑将高税率的工资、薪金所得，劳务报酬所得等综合所得转换为较低税率的股息、红利所得或者股权转让所得等。

（3）税收筹划方案

该公司应纳企业所得税＝500 000×25%＝125 000（元）

5位股东的月工资为8 000元，则：

缴纳工资、薪金所得的个人所得税＝(8 000－5 000)×3%×12×5＝5 400（元）

5位股东的股息所得应缴个人所得税＝(500 000－125 000)×20%＝75 000（元）

经过专业人士的筹划，他们将预计分配的股利375 000元平均增加到5位股东各月的工资当中，也就是每人每月增加6 250元工资。

实际发放工资总额＝600 000+375 000＝975 000（元）

由此可知，他们可多扣除的工资、薪金支出为375 000元，可多扣除的职工福利费为52 500元（＝375 000×14%），可多扣除的工会经费为7 500元（＝375 000×2%），可多扣除的职工教育经费为30 000元（＝375 000×8%），在筹划方案实施后，共计多扣除费用465 000元。

应缴纳企业所得税＝(500 000－465 000)×25%＝8 750（元）

5位股东每月实发工资＝8 000+6 250＝14 250（元）

工资、薪金个人所得税＝[(14 250－5 000)×10%－210]×12×5＝42 900（元）

股息个人所得税＝(500 000－465 000)×(1－25%)×20%＝5 250（元）

筹划前的企业所得税和个人所得税＝125 000+5 400+75 000＝205 400（元）

筹划后的企业所得税和个人所得税＝8 750+42 900+5 250＝56 900（元）

因此，实现节税148 500元（＝205 400－56 900）。

（4）税收法律依据

我国个人所得税制度采取综合与分类相结合的征收模式，对其中两个应税税目（即综合所得与经营所得）采取超额累进税率。其他的应税税目基本上都采取比例税率的形式。综合所得（包括工资、薪金所得，劳务报酬所得，稿酬所得和特许权使用费所得）适用七级超额累进税率，税率为3%~45%，经营所得（包括个体工商户、个人独资企业、合伙企业的生产经营所得）适用5%~35%的五级超额累进税率，利息、股息、红利所得，财产租赁所得，财产转让所得，偶然所得适用20%的比例税率。

（5）若干思考

对税率的筹划是基于累进税率的特点，收入高时应税项目适用的税率水平也高。税收筹划的基本原理就是通过收入的合理安排，避免适用高税率。

相关链接2-2

对税法普适性的认识

一般认为，法律的普适性其实就是法治的基本要求。从制度经济学的研究来看，尽管绝对的普适性不存在，但一项有效的制度必须具备相对的普适性，这种普适性应具备三个方面的特征，即普遍性、确定性和开放性。其中，普遍性或称一般性，按照哈耶克的说法，就是指制度应“适用于未知的、数目无法确定的个人和情境”；而确定性，则强调制度必须是可以被认识的，是一般人容易清晰地认知和辨识的，因此各种秘而不宣的“内部文件”或含糊、多变的规定都不符合确定性的要求；此外，开放性是指制度应当具有较大的包容性，以使主体可以通过创新行动来对新环境做出反应和调适。上述普适性的三个特征实际上也是在保障制度的有效性方面应当遵循的准则。

第三节　税负转嫁

税负转嫁是指纳税人设法将税收负担转嫁给他人的行为。尽管法律规定纳税人需要承担纳税义务，但经过税负转嫁后，纳税人并没有承担实际税负，承担实际税收负担的是负税人。在存在税负转嫁的情形下，纳税人和负税人是不一致的。此时，纳税人只是法律意义上的纳税主体，负税人才是经济意义上的承担主体，纳税人承担的实际税收负担将全部或部分转移。

税负转嫁的基本形式主要有前转、后转和散转。前转又称顺转，是指纳税人通过交易活动，将税款附加在价格之上，顺着商品运动方向向前转移给购买者负担的过程。前转是税负转嫁的基本形式，也是最典型和最普遍的转嫁形式，这种转嫁可能一次完成，也可能多次方能完成。当购买者属于消费者时，转嫁会一次完成；当购买者属于经营者时，则会发生辗转向前、多次转嫁的现象。后转也称为逆转，是指纳税人通过压低购进商品（或劳务）的价格，将其缴纳的税款冲抵部分价格，逆着商品运动方向，向后转移给销售者承担的过程，属于由买方向卖方的转嫁。后转同前转一样，可能一次完成，也可能多次完成。散转也称为混合转嫁，是指纳税人将其缴纳的税款一部分前转，一部分后转，使税负分散转嫁给多人负担，属于纳税人分别向卖方和买方的转嫁。散转除了其转嫁的次数可能为一次或多次外，还会由于供求关系的变化或纳税人对商品及原材料市场的垄断、控制状况的改变而出现比较复杂的局面。在多数散转过程中，前转或后转税收负担的比例以及总体转移额度都是不稳定的。

税负转嫁策略来源于名义纳税人与实际负税人的区别和关系，几乎是经营者出于本能的选择。许多纳税人在做出产品定价、确定经营模式等经营决策时，往往采用了税负转嫁策略，尽管纳税人可能并没有意识到其行为实质上就是税负转嫁。比如，某件商品通常的销售价格是 100 元，销售商的毛利为每件 20 元，现在对这种物品要征收 10%的消费税，为保证自己的利润，销售商自然就会想到将商品的销售价格提高到每件 110 元；如果不行，自然又会尝试能否将进价压低 10 元。

由于税负转嫁主要是通过影响价格决策来体现的，大体上就是增加销售价格前转，或者压低进价后转，所以影响这一策略能否顺利实施的因素基本上与影响商品价格的因素相同。也就是说，税收负担是否能够转嫁、如何转嫁，以及能够转嫁的程度有多大，取决于应税商品的供求弹性、市场结构和税种性质等因素。本节将具体介绍这些因素对税负转嫁的影响。

一、供求弹性

税负是否能够转嫁及如何转嫁，主要受制于商品需求和商品供给的相对弹性。商品供求弹性一般包括供求的价格弹性、交叉弹性和收入弹性等。为了分析方便，本书中，商品供求弹性主要是指商品供求的价格弹性。

当实施前转时，主要应该考察需求弹性。依据需求弹性的差异，税负转嫁可以分以下三种情形进行考察。

1. 需求完全无弹性，即需求弹性系数等于 0

需求完全无弹性，说明当某种商品或生产要素因政府课税而导致企业加价出售时，购买者对价格的变动毫无反应，其购买量不会因为价格的提高而受到影响。在这种情况下，企业可以通过提高商品或生产要素价格的方式，将税负全部前转给购买者。

2. 需求缺乏弹性，即需求弹性系数大于0小于1

需求缺乏弹性指购买者或消费者对提供商品或生产要素的企业进行税款加价的行为反应较弱，即随着价格增加，购买量将减少，但购买量下降的幅度低于价格提高的幅度。此时，因价格提高的阻力较小，企业便可以比较容易地将所纳税款通过前转的方式实现转嫁，但难以全部转嫁。

3. 需求富有弹性，即需求弹性系数大于1

需求富有弹性意味着当企业把所缴纳的税款附加于商品或生产要素价格之上时，会诱发购买者强烈反应。此时，如果价格提高，购买者的购买欲望将会大幅度降低，从而导致有关商品或生产要素购买量的下降幅度超过价格上涨的幅度。出现这种情形时，表明企业提价得到的边际效益抵补不了销量减少的边际损失。一旦出现这种情形，企业所缴纳的税款便无法进行前转，而只能谋求后转给前面的供应者负担。倘若后转不能实现，企业在作为直接纳税者的同时，又不得不成为最终的负税者。

例如，家乐有限责任公司是一家销售计算机外设的企业。由于对税法了解不深，公司总经理方平从来没有想过要对公司的税收进行筹划。公司刚起步时，每年缴纳的税款微乎其微，即使不筹划也不会给公司带来太大影响。但随着公司规模不断扩大，方平开始觉得公司的税收负担越来越重。在朋友的建议下，方平决定提高商品出售价格，通过税负转嫁的方法将税款转移到消费者身上。公司讨论后，决定将产品价格提高2%，但调价之后，公司的产品销售数量大幅度下降，反而导致公司的实际收益减少。看到这种情况，方平立刻将价格调回。可尽管价格调回，但公司已经流失了大量客户，销售额在价格调回之后也只是有小额回升，公司业绩大不如前。

家乐有限责任公司税负转嫁不成功的主要原因就是忽略了计算机外设的需求弹性。对于家乐公司来说，由于销售计算机外设的公司较多，其商品的需求弹性非常大，所以难以通过税负前转来降低税收负担。

而实施后转时，主要考虑的是供给弹性，其原理和考虑需求弹性时是完全一样的，也可分为供给完全无弹性、缺乏弹性和富有弹性三种情形，只是税负转嫁的方向和前转相反，是转嫁给生产要素的供应商。当供给富有弹性时，某个纳税人由于希望转嫁税收负担而降低生产要素采购价格时，生产要素供应者将会对价格的相对下降做出强烈的反应，使得其生产要素供应量的下降幅度大于价格相对下降幅度。这种情形下，纳税人难以实现税收负担的后转。

二、市场结构

纳税人所处的市场结构不同，利用税负转嫁进行税收筹划的难易程度也不同。市场结构一般有完全竞争、垄断竞争、寡头垄断和完全垄断四种。

完全竞争市场是一种不受任何外部力量控制和干扰、完全自由化的市场。它具有以下四个显著特点：①市场上有众多生产者和消费者；②同一行业中的厂商生产的产品是无差别的；③厂商进入或退出某一行业是完全自由的；④厂商、消费者都可以获得完整而迅速的市场供求信息。在完全竞争市场中，单个厂商不能通过提高价格的方法把税负转嫁给购买者或消费者，因为购买者或消费者会因厂商产品价格的提高而转向购买其他厂商的产品。

垄断竞争市场是指既有竞争又有垄断的市场结构，具有以下三个特点：①同一行业众多厂商生产有差别的产品；②同一行业中有数目较多的厂商；③资源流动比较自由。在垄断竞争市场结构中，各个厂商的产品性质是有区别的。因此，在垄断竞争条件下，纳税人税收筹划的主要思想是突出自己生产的产品与同行产品的差异，利用相对垄断优势对产品价格进行适当调整，将税负部分向前转嫁给消费者。由于没有形成垄断市场，税负不能完全转嫁。

寡头垄断市场介于垄断竞争市场和完全垄断市场之间，是由少数几家大型厂商控制某种商品的绝大部分乃至整个市场的一种市场结构。一般来说，寡头垄断市场具有以下几个基本特征：行业内厂商数目很少；各寡头之间相互依存；厂商不能自由进出市场。我国的彩电市场、小轿车市场、钢铁市场、石油产品市场，国际上的电脑芯片市场、航空运输市场等，都属于这种市场类型。在寡头垄断市场条件下，厂商的产品具有同质性或差异性很小的特点，这种产品属性决定了寡头垄断厂商不能采用垄断竞争厂商的方法进行税负转嫁筹划，而只能采用同盟、联盟的形式，对产品价格的调整采取一致行动，把税负转嫁给消费者。

完全垄断市场是指一家或极少数厂商控制了某种产品全部市场供给的市场结构。完全垄断市场具有以下特点：行业只有一家或极少数厂商；厂商所提供的产品没有直接的替代品；厂商不是价格的接受者，而是价格的制定者；其他厂商进入该行业极其困难或几乎不可能。在完全垄断市场条件下，厂商主要根据商品的需求弹性来决定价格。如果完全垄断厂商提供的产品为生活必需品，缺乏弹性，则厂商可以提高产品价格，把全部税收负担转嫁给购买者或消费者。例如，如果国家宣布对自来水公司提高增值税征收率，则自来水公司完全可以调高自来水价格，把全部税负转嫁给消费者。如果完全垄断厂商的产品为非必需品，需求弹性较大，则厂商也只能把部分税负转嫁给消费者，自己仍需承担部分税负。

其实，市场结构对税负转嫁的影响仍然是通过商品的需求弹性来实现的。在完全竞争市场，无论商品自身的市场需求弹性是怎样的，销售商所面临的需求弹性是无限大的，所以不能实现税负转嫁。而在完全垄断市场，销售商所面临的需求弹性就是商品自身的市场需求弹性，因此，能否顺利实现税负转嫁取决于商品自身的需求弹性。

三、税种性质

应税税种的性质也会影响税负转嫁的难易。例如，课税范围广的，税负转嫁较易。所谓课税范围广，是指所征税种遍及某一大类商品，如对汽车、摩托车、烟酒等征收的税。这些对一大类的商品普遍适用的税种实际上忽略了具体不同产品的生产经营状况，忽略了不同产品承受税负和转移税负的能力，因而为生产经营者转嫁税负创造了条件。以汽车生产为例，汽车品种有很多，但是当对所有品种的汽车都征收一种税时，消费者缺乏选择，需要购买汽车的消费者不得不接受价格上涨的现实，因此，汽车生产厂商可以通过提高价格转嫁企业的税负。

课税范围狭窄且课税商品有替代品的，其税负转嫁就较难。例如，如果仅对大排量的汽车征税，当生产厂商由于税负转嫁而提高价格时，消费者可以转而购买排量较小的汽车，所以难以进行税负转嫁。再如牛奶和豆奶同属饮品，如果对牛奶课税而对豆奶免税，则牛奶价格上升时，牛奶消费者就会改饮豆奶，以致牛奶的消费减少。此时牛奶供应商就不敢将全部税款加于牛奶的价格之上，亦即较难转嫁。

再比如，对商品交易行为课征的间接税较容易转嫁，而对收入或财产课征的直接税则较难转嫁。如消费税、增值税和关税等间接税，税负可由最初的纳税人向前转嫁给消费者，还可以向后转嫁给生产要素的提供者；而个人所得税、公司所得税、财产税等直接税，税负转嫁比较困难。

案例2-5

（1）基本案情

潜江永安药业有限公司是一家集科、工、贸于一身的综合性集团公司，主要从事医药原料及中间体、食品添加剂等医药化工产品的生产与销售，其中牛磺酸年产10 000吨，质量标准采用JP8USP26，产品80%出口到欧洲、美国、日本、韩国及东南亚地区。在牛磺酸产品的成本构成中，产品出口运输代理业务费用占总成本的40%左右，因此，产品出口运输代理业务费用能否作为增值税进项税额进行抵扣，对公司的经营效益有着重要影响。

（2）税收筹划思路

一方面，由于公司是行业类的大型生产企业之一，是周边原材料供应商的主要销售对象，所以公司在材料采购中具有较强的话语权，可以略微压低材料的采购价格。另一方面，由于公司在产品质量、销售信誉及市场占有率方面具有雄厚的竞争实力，所以即使稍微提价，也不会对销售量造成太大影响。权衡之下，公司决定同时实施两个方案，分别向供应商和购买者转嫁税负，这样可以将大部分税负转嫁而不至于引起供应商或购买者的剧烈反应。

（3）税收筹划方案

方案一：税负后转。把公司进项税额减少额平摊到原材料中，向原材料供应商相应压价，将全部进项税额减少额转嫁给原材料供应商。

方案二：税负前转。把公司进项税额减少额平摊到产品中，向购买者提高销售价格，将全部进项税额减少额转嫁给产品购买者。

（4）税收法律依据

2015年1月18日，国家税务总局下发文件规定，增值税一般纳税人支付的包括运费、代理费及其他所有费用在内的国际货物运输代理费用不得作为运输费用抵扣进项税额。

（5）若干思考

在本案例中可以发现，无论公司是前转还是后转，都是在商品交易中利用商品价格的变动来转嫁税负。而直接税由于不涉及商品流通过程，所以难以进行税负转嫁。我国目前以流转税为主体，税负转嫁具有更广泛的应用范围。当然，直接税的税负只是难以转嫁，在适当情形下也是可以转嫁的。例如，公司可以将企业所得税负担通过降低员工工资、减少职工福利等方式转嫁给员工。

需要指出的是，虽然税负转嫁策略在实际经营决策中应用得最广泛，但由于一般说来具体方法比较简单，大多不涉及利用税种具体法规的技巧，而更多地体现为一种筹划思路，因而在本书以后各章，对这一基本策略的具体讨论并不多。

相关链接2-3

整合税收报表　优化办税流程

附加税费是随增值税、消费税附加征收的，附加税费单独申报易产生与增值税、消费税申报不同步等问题，整合主税附加税费申报表，按照“一表申报、同征同管”的思路，将附加税费申报信息作为增值税、消费税申报表附列资料（附表），实现增值税、消费税和附加税费信息共用，提高申报效率，便利纳税人操作。

整合主税附加税费申报表，对原有表单和数据项进行全面梳理整合，减少了表单数量和数据项。新申报表充分利用部门共享数据和其他征管环节数据，可实现已有数据自动预填，从而大幅减轻纳税人、缴费人的填报负担，降低申报错误概率。

第四节　缩小税基

税基即计税依据。不同的税种，其计税依据是不同的。例如，增值税的计税依据是货物和应税劳务的增值额，企业所得税的计税依据是企业的所得额，而城市维护建设税的计税依据则是纳税人实际缴纳的增值税、消费税税额。计税依据分为从价计征与从量计征两种类型。从价计征的税收，以征税对象的自然数量与单位价格的乘积作为计税依据。从量计征的税收，以征税对象的自然实物量作为计税依据，该项实物量以税法规定的计量标准为准。例如，消费税中的黄酒、啤酒的计量标准为“吨”，摩托车车船税的计量标准为“辆”。当然，有些税种既要从价征收，也要从量征收。例如，白酒的消费税从价比例税率为20%，消费税定额税率为0.5元/斤。

现代税收一般都是从价计征，从量计征的税较少，中国的现行税制也是如此。而且缩小从量税税基十分困难，所以，缩小税基策略主要应用于从价税的税收筹划。

任何一个税种都有关于税基如何认定的规定，这就是说，对于同一笔业务，如果经营方式不同或企业形式不同，又或者适用税种不同，其被认定的税基是不同的。这就为利用缩小税基策略来进行税收筹划提供了广阔的空间。此外，税基通常是收入或收入总值减去可扣除项的余额，绝大部分税种都是从收入和可扣除项目这两个方面来规定税基的，所以，从减少应税收入和加大可扣除额这两个方面都有可能缩小税基。

案例2-6

（1）基本案情

飞跃摩托车有限公司当月对外销售同型号的摩托车时共有三种价格，以5 000元的单价销售50辆，以5 500元的单价销售10辆，以6 000元的单价销售5辆。该公司一直从辉煌马达公司购买发动机，当月一笔应付账款到期，该公司和辉煌马达约定以20辆摩托车抵债，每辆摩托车作价5 500元。该型号摩托车的消费税税率为10%。飞跃公司认为，抵债的摩托车应按协议实际价格计算缴纳消费税。

（2）税收筹划思路

企业用自产的应税消费品进行对外投资，换取生产资料、消费资料及抵偿债务，应当视同销售应税消费品计算缴纳消费税。

（3）税收筹划方案

方案一：

$$销售额=5\,000\times50+5\,500\times30+6\,000\times5=445\,000（元）$$

$$消费税=445\,000\times10\%=44\,500（元）$$

方案二：

$$销售额=5\,000\times50+5\,500\times10+6\,000\times25=455\,000（元）$$

$$消费税=455\,000\times10\%=45\,500（元）$$

飞跃公司需要补缴消费税1 000元。

（4）税收法律依据

根据税法规定，企业用自产的应税消费品进行对外投资，换取生产资料、消费资料及抵偿债务，虽然没有直接发生销售行为，但仍是一种有偿转让应税消费品所有权的行为，应当视同销售应税消费品计算缴纳消费税，并且应当以纳税人销售同类应税消费品的最高销售价格作为计税依据计算缴纳消费税。

（5）若干思考

之所以会出现两种不同的结果，显然在于消费税对同类不同价商品的计税价格有两种不同的规定：一种是对于在市场销售的，按实际销售价格计税；另一种是对于用以换取生产资料和消费资料，以及抵偿债务的，按同类应税消费品的最高销售价格计税，而这两种规定对应了不同的税基，前者小，后者大。

如果飞跃公司事先进行税收筹划，选择认定税基较小的抵债方式，即先将20辆摩托车销售给辉煌马达，在收到货款后再偿还辉煌马达的相应账款，就可以按照5 500元的价格来计算消费税，也就不必补缴这1 000元消费税了。

案例2-7

（1）基本案情

太行公司是一家医疗仪器生产企业，是增值税一般纳税人。该公司去年实现产品销售收入6 500万元，管理费用中列支的业务招待费有90万元，营业费用中列支的广告费为900万元，业务宣传费100万元，会计利润为100万元。假设太行公司无其他纳税调整事项。

（2）税收筹划思路

业务招待费、广告费和业务宣传费都有扣除限额，超过的部分不允许抵扣。

（3）税收筹划方案

筹划前企业所得税的纳税情况如下：

业务招待费扣除限额为min｛90×60%，6 500×5‰｝，即32.5万元，因此，

业务招待费超支额=90-32.5=57.5（万元）

广告费和业务宣传费当年不允许扣除额=(900+100)-6 500×15%=25（万元）

企业所得税=(100+57.5+25)×25%=45.625（万元）

接着，税务顾问给出了具体方案：太行公司先将产品以5 000万元的价格全部销售给销售公司，销售公司再以6 500万元的价格对外销售，因此，太行公司及其销售公司的销售收入总额将达到11 500万元(=5 000+6 500)。而公司和客户之间的招待费用、公司的广告费用等不会增加，因此，可以将以上三项费用在太行公司与销售公司之间进行合理分配，以便充分地利用各项费用的扣除限额。

筹划后企业所得税的纳税情况变为：

业务招待费扣除限额为min {90×60%，11 500×5‰}，即54万元。

业务招待费超支额=90−54=36（元）

广告费和业务宣传费当年允许扣除额=11 500×15%=1 725（万元）

因此，实际发生的1 000万元广告费和业务宣传费当年允许全额扣除。

企业所得税=(100+36)×25%=34（万元）

可见，筹划后比筹划前可少负担企业所得税11.625万元（=45.625−34)。

（4）税收法律依据

按照《企业所得税法实施细则》的规定，企业发生的与生产经营活动有关的业务招待费支出按照发生额的60%扣除，但最高不得超过当年销售(营业）收入的5‰。企业发生的符合条件的广告费和业务宣传费支出，除国务院财政、税务主管部门另有规定外，不超过当年销售（营业）收入15%的部分准予扣除；超过部分准予在以后纳税年度结转扣除。

（5）若干思考

销售额如果能够重复计算两次，就能够增加计算扣除费用的标准。因此，如果公司将销售部门分离出来，设立一个独立核算的销售公司，然后将产品先销售给销售公司，再由销售公司对外销售，这样就增加了一次销售收入，扩展了费用扣除空间。当然，销售公司必须申请成为增值税一般纳税人，这样，只要公司最终的销售额不变，则公司内部的增值额也不变，增值税负担不会增加，而业务招待费、广告费和业务宣传费等费用的扣除额度会大幅度增加。本案例就是通过设立销售公司来增加可扣除额度，从而缩小了税基，减轻了税收负担。

相关链接2-4

税收饶让的认识

税收饶让亦称“虚拟抵免”和“饶让抵免”，是指居住国政府对其居民在国外得到减免税优惠的那一部分视同已经缴纳，同样给予税收抵免待遇，不再按居住国税法规定的税率予以补征。税收饶让是配合抵免方法的一种特殊方式，是税收抵免内容的附加，它是在抵免方法的基础上，为贯彻某种经济政策而采取的优惠措施。税收饶让这种优惠措施的实行，通常需要通过签订双边税收协定的方式予以确定。目前税收饶让抵免的方式主要有差额饶让抵免和定率饶让抵免两种。

第五节　税率转换

税率是税收制度的核心要素，体现了征税的深度。按照税收制度的规定，应纳税额等于计税依据乘以适用的税率。在税基一定的情况下，税率越高，应纳税额越多；反之，税率越低，则应纳税额越少。因此，在税基既定时，如何降低适用税率就成为纳税人税收筹划的基本思路。我国现行税制是复合税制，不同的税种不但征税对象不同，税率也不同。对于任何一个税种而言，基本上都是实行差别税率，这些差异就为税收筹划提供了可操作的空间。

适用低税率的含义就是指纳税人应通过“避重就轻”的方式，尽量使自己的经营属于低税率计税对象。低税率是相对而言的，明显的含义当然是指较低的名义税率，但从根本上说是指有效税率较低，即实际承担的综合税率较低。

适用低税率在具体应用时主要有以下三种表现形式：

第一，在一个税种中适用低税率。在我国税制中，完全只采用单一税率的税种较少。如增值税尽管对绝大多数商品都采用13%的比例税率，但仍对有关农业生产、居民日常使用的少部分商品采用9%的税率，如农药、化肥、自来水等。另外，如企业所得税，尽管和外商投资企业所得税合并后，统一采用25%的税率，但仍有对小型微利企业适用20%的税率、对国家需要重点扶持的高新技术企业适用15%的税率等差异。其他税种中类似的差异更多，因此，采用适用低税率策略时，比较直观的情形是针对一个具有差别税率的税种，通过筹划来适用低税率。

案例2-8

（1）基本案情

北京天鹏房地产开发公司去年开发了一个楼盘，该楼盘分为两个部分，东区为普通住宅，西区邻近城市公园，天鹏公司拟开发成豪华住宅。预计2018年商品房销售收入为2亿元，其中普通住宅的销售额约为1.2亿元，豪华住宅的销售额约为8 000万元。根据税法规定，可扣除项目金额约为1.4亿元，其中普通住宅的可扣除项目金额约为9 000万元，豪华住宅的可扣除项目金额约为 5 000 万元。

(2) 税收筹划思路

分析分开核算和合并核算应纳的土地增值税额，比较两个方案的应纳土地增值税负担。

(3) 税收筹划方案

方案一：作为两个项目分开核算，则普通住宅和豪华住宅分别应缴纳的土地增值税为：

普通住宅增值率 = (12 000−9 000) ÷9 000×100% = 33%

应适用 30%的税率，因而其应纳土地增值税为：

(12 000−9 000)×30% = 900 (万元)

豪华住宅增值率 = (8 000−5 000) ÷5 000×100% = 60%

应适用 40%的税率，速算扣除系数 5%，应纳土地增值税为：

(8 000−5 000)×40%−5 000×5% = 950 (万元)

应缴纳的土地增值税合计为 1 850 万元 (=900+950)。

方案二：作为一个项目合并核算，该企业应缴纳土地增值税为：

增值率 = (20 000−14 000) ÷14 000×100% = 42. 9%

应适用 30%的税率，因而应缴纳的土地增值税为：

(20 000−14 000)×30% = 1 800 (万元)

比较两个方案的应纳土地增值税，可知分开核算比合并核算多支出税金 50 万元。天鹏公司于是决定将东区和西区合为一个项目开发。

(4) 税收法律依据

对同一开发项目或同一分期项目中既建有普通标准住宅又建有非普通标准住宅（其他类型房地产）的，纳税人在清算报告中就其普通标准住宅申请免征土地增值税的，应分别核算其增值额、增值率以及应缴的土地增值税。

根据《中华人民共和国土地增值税暂行条例》，纳税人建造普通标准住宅出售，增值额未超过扣除项目金额20%的，免征土地增值税，而“非普通标准住宅”则没有相应的免征政策。

(5) 若干思考

本案例中，由于豪华住宅的增值率较高，适用的税率也就较高，但由于它的销售额不大，并且增值率又不是高很多，所以在合并计算后总体增值率提高得不太多，总体适用30%的税率。这样，纳税人全部的税基都适用较低的税率，于是减少了应纳税总额。

案例2–9

(1) 基本案情

张先生在大峡谷花园小区旁开了一家经营各种百货商品的超市，并在店内安置了几十部电话，提供公用电话服务。预计其每年销售百货商品的应纳税所得额为30 000元，电话服务收入的应纳税所得额为10 000元。

(2) 税收筹划思路

分别计税使得两部分税基的适用税率都降低，从而综合税率下降，应纳税额当然会减少。

(3) 税收筹划方案

$$\text{应纳所得税额}=(30\,000+10\,000)\times20\%-3\,750=4\,250\ (\text{元})$$

因为百货商品的销售收入和电话服务收入统一核算，并且都属于王先生一个人的收入，所以汇总计算缴纳所得税不仅税基较大，而且适用的税率也较高。如果王先生及其妻子分别负责百货商品的销售和电话业务，各自申报缴纳税款，则

王先生应纳所得税=30 000×10%-750=2 250（元）

王先生妻子应纳所得税=10 000×5%=500（元）

这样，将收入分开核算计缴所得税，使30 000元和10 000元所得分别得以适用低税率，从而在总收入不变的情况下，计算缴纳的所得税款减少了1 500元（=4 250-2 250-500）。

（4）税收法律依据

按照我国《个人所得税法》的规定，王某的经营所得属于个体工商户生产、经营所得，应汇总缴纳个人所得税。

第二，在多个税种中适用较低的税率。适用低税率策略无须局限于单个税种。我国目前适用的税种中，一些税种的征税范围存在重叠或界限相对模糊的情况。比如，在企业所得税和个人所得税的征税范围中，经济性重叠征税表现突出，因此纳税人存在适用低税率进行税收筹划的空间。

比如，王先生自办企业，年应纳税所得额为300 000元（假设其不满足小微企业的相关规定），王先生应如何进行税收筹划？

如果该企业按个人独资企业或者合伙企业缴纳个人所得税，依据现行税制，王先生的税收负担实际为：

300 000×20%-10 500=49 500（元）

若该企业为公司制企业（未上市），其适用的企业所得税税率为25%，企业实现的税后利润全部作为股利分配给投资者，则该投资者的税收负担为：

300 000×25%+300 000×（1-25%）×20%=120 000（元）

由此可知，投资于公司制企业比投资于个人独资企业或合伙企业多承担企业所得税税种，而且税负增加70 500元（=120 000-49 500）。在进行公司组织形式选择时，应在综合权衡企业的经营风险、经营规模、管理模式及筹资额等因素的基础上，选择税费较小的组织形式。

第三，名义税率提高但实际税率降低。名义税率是税法中规定的税率，实际税率是实纳税额占征税对象数额的比重。在实纳税额与应纳税额相等、征税对象的全部数额与应税的征税对象数额相等时，实际税率与名义税率相等。但税率制度、计税依据、减税、免税、加成征税等因素会造成纳税人的实际税率与名义税率并不相等。

案例2-10

（1）基本案情

某市永基有限公司是一家以生产机械加工工具为主要业务的制造企业，为增值税小规模纳税人，年均销售额为90万元左右，每年购入的钢材等原材料价值在75万元左右，试计算该公司每年缴纳的增值税。

（2）税收筹划思路

转变永基公司的纳税人性质，将小规模纳税人转变为一般纳税人，适用增值税低税率。

（3）税收筹划方案

$$增值税=90\times3\%=2.7\ （万元）$$

其实，永基公司规范财务制度后，可以向税务机关申请成为一般纳税人。如果作为一般纳税人，则公司缴纳增值税数额为：

$$增值税=90\times13\%-75\times13\%=1.95\ （万元）$$

本案例中，当永基公司成为一般纳税人时，适用的名义税率为13%，而作为小规模纳税人，适用的税率为3%。但是公司作为一般纳税人税收负担更低，因为此时的增值税实际税率仅为2.93%，低于3%的征收率。因此，该公司从小规模纳税人转变为一般纳税人的过程同时也是一个适用低税率以减轻税收负担的过程，而不论名义税率是否增加。

（4）税收法律依据

国家税务总局于2020年4月26日发布《关于明确二手车经销等若干增值税征管问题的公告》（国家税务总局公告2020年第9号），公告明确了多个增值税征管事项，其中第六条明确规定：一般纳税人符合以下条件的，在2020年12月31日前，可选择转登记为小规模纳税人：转登记日前连续12个月（以1个月为1个纳税期）或者连续4个季度（以1个季度为1个纳税期）累计销售额未超过500万元。一般纳税人转登记为小规模纳税人的其他事宜，按照《国家税务总局关于统一小规模纳税人标准等若干增值税问题的公告》（2018年第18号）、《国家税务总局关于统一小规模纳税人标准有关出口退（免）税问题的公告》（2018年第20号）的相关规定执行。

（5）若干思考

适用低税率策略关注的是实际税率的降低。而实际税率的降低可以在一个税种中实现，也可以在多个税种之间实现，还可以通过增加应税税种实现，甚至可能表现为名义税率的提高。无论如何，只要能使实际税率降低，就可以减轻最终的税收负担，就是有效地应用了适用低税率策略。

相关链接2-5

资本弱化寻求利益最大化

资本弱化，又称资本隐藏、股份隐藏或收益抽取，是指企业和企业的投资者为了最大化自身利益或其他目的，达到减少纳税的目的，在融资和投资方式的选择上，降低股本的比重、提高贷款的比重而造成的企业负债与所有者权益的比率超过一定限额的现象。根据经济合作与发展组织的解释，企业权益资本与债务资本的比例应为1：1，当比值小于1时，即为资本弱化。

第六节　延迟纳税

税法构成要素中的纳税环节和纳税期限，对纳税人应在什么环节缴纳税款、缴纳的具体期限都做出了明确规定。纳税环节是指征税对象在从生产到消费的流转过程中应当缴纳税款的环节。例如，在商品流通过程中，纳税环节多发生在商品的生产、批发和零售环节；所得在其产生、支付和收受的环节发生纳税义务；财产在其买卖、租赁、使用或转让环节缴纳税款。根据各税种的不同特点，我国税法规定了相应的纳税环节。纳税期限是指纳税人按照税法规定缴纳税款的期限。纳税期限的规定使得纳税义务发生的当时并不是说马上就得缴纳税款，即纳税义务的发生时间与税款缴纳的时间是有差异的。如果有效地延迟了纳税的时间，从资金的时间价值来考虑，相当于取得了一笔政府的无息贷款，或者说节省了企业的利息支出。从企业的财务情况来看，延迟缴纳税款的时间可以增加流动资金，有利于资金的周转，特别是对一些新办企业缓解资金压力非常有利。

延迟纳税策略就是尽量将缴纳税款的时间延后，以获得相应税款的时间价值的税收筹划思路。从税法的相关规定中我们可以发现，缴纳税款的时间和纳税期限、纳税义务发生时间、纳税环节等因素密切相关，因此，通过改变纳税期限、纳税义务发生时间、纳税环节等都有可能实现延迟纳税。

最简单的延迟纳税方式就是直接将纳税时间尽可能推迟。以增值税为例，纳税期限有1日、3日、5日、10日、15日、1个月或1个季度，以1个月或1个季度为一期纳税的，自期满之日起15日内申报纳税。而税法规定，当纳税期限正好是节假日时，纳税最终期限可以顺延，因此可以利用顺延的规定来延迟纳税。

案例2–11

（1）基本案情

东明科技发展股份有限公司（以下简称东明公司）从德国进口了一套生产流水线设备，总价值人民币12 000万元。该套设备于2018年9月4日星期二到达上海港，但由于设备安装配套的因素，该套设备在10月初才能开始安装。根据《中华人民共和国进出口关税条例》第二十九条的规定，进口货物的纳税义务人应当自运输工具申报进境之日起14日内向海关申报。因此，东明公司可选择当日报关，也可最晚于9月17日报关。上海海关从接受纳税人申报，进行货物监管、查验到填发税款缴款书一般需要两天时间。税法规定，进口货物的收、发货人或他们的代理人，应当在上海海关签发税款缴款书之日起15日内向指定银行交纳税款。

（2）税收筹划思路

货物销售行为已发生，但还不到纳税义务发生时间。对于这一类的货物销售行为，也可以选择延迟纳税的税收筹划方法。

（3）税收筹划方案

选择一：东明公司于星期二，即9月4日报关，星期四，即9月6日填发税款缴款书，则东明公司从9月6日星期四起，15日内交纳税款，即9月21日星期五前缴纳税款。否则，从9月21日起，按日加收滞纳税款万分之五的滞纳金。

选择二：因为东明公司不必急于安装该套设备，可以推迟到9月17日，即星期一报关。9月19日星期三，上海海关填发税款缴款书，则东明公司从9月19日起，15日内向指定银行缴纳税款，即2018年10月4日前缴纳税款。而10月4日为国庆假期，因此可以顺延到10月8日。

通过对两个方案的比较分析，可以看出选择二比选择一延迟缴纳税款近20天。从事进口业务的企业，其纳税义务时间与报关时间紧密相连，通过灵活运用报关时间，能够延迟纳税义务的发生时间。特别是对于进口价值大的企业，千万元的税款迟交一日，多占用一天，就可获得可观的时间收益，有时还能解决企业遇到的流动资金周转困难。

(4) 税收法律依据

增值税的纳税期限分别为1日、3日、5日、10日、15日、1个月或者1个季度。纳税人的具体纳税期限由主管税务机关根据纳税人应纳税额的大小分别核定；不能按照固定期限纳税的，可以按次纳税。

纳税人以1个月或者1个季度为1个纳税期的，自期满之日起15日内申报纳税；以1日、3日、5日、10日或者15日为1个纳税期的，自期满之日起5日内预缴税款，于次月1日起15日内申报纳税并结清上月应纳税款。

(5) 若干思考

影响最终纳税期限的因素除了纳税期限，还有对纳税义务发生时间的确认。譬如，我国的增值税、消费税等税种都对赊销、分期收款、预收货款等结算方式下的销售货物纳税义务发生时间进行了详细说明，从这些规定中可以看到：某些货物销售行为已发生，但还不到纳税义务发生时间。因此，对于这一类货物的销售行为，也可以考虑延迟纳税的税收筹划方法。

案例2-12

（1）基本案情

丽莎集团股份有限公司（以下简称“丽莎公司”）是一家从事高档食品生产与加工的中型企业，为增值税一般纳税人。由于市场定位准确，该公司生产的产品销售状况良好。但公司股东发现，企业去年的经营效益与同行相比反而有一定差异。于是，公司聘请了有关的财务、税务专家，对公司的财务与税收问题进行了诊断。原来是公司销售结算方式引起的税收问题造成的。有问题的几笔业务如下：

①2019 年 5 月，与上海某商场签订了一笔食品销售合同，销售金额为 800 万元，商品于去年 5 月、6 月、9 月和 2019 年 2 月，分四批发给该商场。公司的财务人员在 2019 年 5 月底，就该笔销售行为，将 800 万元的销售额计算缴纳了增值税。

②2019 年 7 月，与广州某出口贸易公司签订了一笔价值达 2 000 万元的食品销售合同。合同规定：丽莎公司于 2019 年 10 月发出商品，出口贸易公司在收到货物 3 个月内一次性支付货款。公司的财务人员在 2019 年 10 月商品发出时就计算并申报缴纳了增值税。

③2019 年 11 月，向郑州某商场提供了价值 700 万元的货物。由于此次销售是公司产品首次进入河南市场，公司管理层对此极为重视，故货款结算采用先销售后付款的形式。2020 年 4 月公司才收到该笔款项，但公司会计人员在 2019 年 11 月就计算缴纳了增值税。

④2019 年 12 月 5 日，与武汉某进出口贸易公司签订了一笔销售合同，该合同所订的产品将全部出口欧美市场，其货款共计 620 万元。由于丽莎公司的商品在市场上有较好的信誉，货源比较紧张。进出口贸易公司为了

保证2020年4月准时拿货，在合同签订的第二天就支付了全部货款。而公司会计于当月计算并缴纳了增值税。

(2) 税收筹划思路

在本例中，丽莎公司只要按照税法规定的不同结算方式下纳税义务发生时间进行申报并缴纳税款，就可以避免提前缴税的损失。丽莎公司与上海某商场签订的经济业务，其结算方式应属于分期收款，只要在合同中明确这一结算方式，按照增值税的纳税义务发生时间的相关规定，其纳税义务实现的时间就可以推后到“销售合同规定的收款日期的当天”。同理，丽莎公司与广州某出口贸易公司签订的经济业务，可以采用赊销方式销售，赊销方式下，增值税纳税义务发生时间为书面合同约定的收款日期的当天；公司与郑州某商场的经济业务，可以采用委托代销方式结算，委托代销方式下，增值税纳税义务发生时间为收到代销清单的当天；公司与武汉某进出口贸易公司签订的经济业务，可以采用预收货款方式销售，预收货款方式下，增值税纳税义务发生时间为发出货物的当天。

(3) 税收筹划方案

根据上述业务情况，丽莎公司2019年计算并缴纳增值税为：

$$(800+2\ 000+700+620)\times13\%=4\ 120\times13\%=535.6\ (\text{万元})$$

在采用直接收款方式结算的情况下，这样对2019年4 120万元的销售额计算增值税当然没有错，但是其中有3 500万元（=800+2 000+700）属于应收账款项目，620万元属于预收账款项目，这样就出现了货款尚未收到，增值税却要提前缴纳的无奈情况。如果不按章申报纳税，就会被税收征管部门认定为偷税行为。

(4) 税收法律依据

按照我国税法的规定，不同的税种有不同的纳税环节。例如，消费税的纳税行为发生在生产领域（包括生产、委托加工和进口），而非流通领域或终极的消费环节。与消费税的纳税环节不同，增值税的纳税环节在商品生产过程的各个环节、商业批发和零售环节，以及工业性加工、修理修配环节；印花税的纳税环节是贴花环节等。不同税种的纳税环节与纳税人的经营活动密切相关。纳税环节在生产、销售过程中处于越靠后的阶段，则缴纳税款的时间越晚。因此，纳税人也可以通过对经营活动的调整，推迟纳税环节，从而延迟纳税。

(5) 若干思考

在现实的纳税过程中，企业所涉及的结算方式并不局限于本案例中的四种。纳税人只要在计算缴纳相关的税种时，留意不同的结算方式和相应的纳税义务发生时间，就可以为其税收筹划、推迟纳税时间提供空间。

案例2-13

(1) 基本案情

天喻车桥有限公司（以下简称“天喻公司”）属于某汽车集团公司控股的中外合资企业，具有独立的法人地位，其产品除供给本集团其他所属公司外，还大量供给集团以外的公司。天喻公司下辖具有法人地位的甲、乙、丙、丁四厂，这四厂实质上是天喻公司内部生产车间，分别生产车桥的各个部件，四厂生产的全部产品由总公司汇总进行安装后，统一对外进行销售。由天喻公司财务工作部提供的有关数据显示：甲、乙、丙、丁四厂每月缴纳的增值税分别为 1 000 万元、1 200 万元、1 500 万元和 1 300 万元，公司本部每月缴纳的增值税为 1 000 万元。此外，四厂与公司签订合同导致每年的印花税为 800 多万元。

(2) 税收筹划思路

根据我国税法的相关规定，天喻公司的增值税纳税环节为其产品销售环节，包括甲、乙、丙、丁四厂对公司的销售环节和公司对外的销售环节。如果天喻公司将下属四厂改组为内部生产车间，它们与公司之间的业务往来就属公司内部业务往来，不存在视同销售问题，则甲、乙、丙、丁四厂把产品交给天喻公司时就没有了纳税环节，也就不存在缴纳增值税问题。虽然，甲、乙、丙、丁产品增值额会在天喻公司对外销售时体现出来，但从整个公司来看，明显推迟了纳税，获得了货币的时间价值。此外，甲、乙、丙、丁改成车间后，与公司的内部往来不用签订供销合同，整个公司还可以省下每年800多万元的印花税。

(3) 税收法律依据

增值税纳税环节是指增值税应税货物从生产、批发到零售过程中，税法规定发生纳税义务的环节。主要包括：①货物的生产销售或移送使用环节；②货物的批发环节；③货物的零售环节；④货物的进口环节；⑤提供加工、修理修配劳务的环节。生产环节本身不需要纳税，但货物进入移送使用环节需要纳税。如工厂将自产的货物用于职工福利等。

(4) 若干思考

需要指出的是，与税负转嫁策略类似，延迟纳税策略也是企业经营活动及税收筹划中经常应用的，具体的方法也比较简单，因而本书以后各章中对这一基本策略的具体应用也讨论得比较少。

相关链接2-6

助力企业发展　注入税务力量

精准的减税降费政策和优质的纳税服务也让企业在转型升级中获益不少。高新技术企业研发费用大、回报周期长，税务局立足企业经营实际，制作了企业专属的减税降费小册子，给企业带来了实实在在的便利。

不断加码的税费优惠政策给实体经济注入了转型发展的内生动力，不仅让大中型企业得到实惠，小微企业也收获了实实在在的真金白银，拥有了满满的获得感。下一步，应以落实新税收征管改革意见为指导，大力推行优质高效智能税费服务，持续落实落细税费优惠政策，着力提升税费人的获得感、满意度、幸福感，更好服务“六稳”“六保”大局。

第七节　充分享用税收优惠

税收优惠是税法对某些纳税人和征税对象给予鼓励和照顾的一种特殊规定，是法律与政策的结合，具有很强的政策导向作用。利用税收优惠进行纳税筹划，具有操作性强、成本小、收益大的特点。现行税制的优惠形式多种多样，可以体现在基本税收法规中，也可以体现在阶段性的税收政策文件中。

企业如果知道一个税收优惠政策，自己正好又符合政策规定的条件，于是就利用这个政策获得税收优惠，这当然很重要。然而，充分利用税收优惠策略强调的重点并不是一般意义上的利用税收优惠政策，而是在于“充分利用”相关政策。所谓“充分利用”，至少有以下几层含义：

第一，充分利用最直观的含义就是，企业应该经过变动经营决策，以扩大适用优惠政策的范围，或者延长适用优惠政策的时间，从而将可用的税收优惠政策用好、用足。

第二，许多优惠政策是随着经济形势的发展变化而新颁布的，即有的税收优惠政策还可能随着情况的变化发生变更。例如，对于下岗工人个人所得税的优惠，根据国家税务总局的最新规定，对新办的商贸企业（从事批发、批零兼营以及其他非零售业务的商贸企业除外），当年新招用下岗失业人员达到职工总数30%以上（含30%），并与其签订3年以上期限劳动合同的，经劳动保障部门认定，税务机关审核，3年内免征城市维护建设税、教育费附加和企业所得税。企业当年新招用下岗失业人员不足职工总数30%，但与其签订3年以上期限劳动合同的，经劳动保障部门认定，税务机关审核，3年内可按计算的减征比例减征企业所得税。对现有的服务型企业（除广告业、桑拿、按摩、网吧、氧吧外）和现有的商贸企业（从事批发、批零兼营以及其他非零售业务的商贸企业除外）新增加的岗位，当年新招用下岗失业人员达到职工总数30%以上（含30%），并与其签订3年以上期限劳动合同的，经劳动保障部门认定，税务机关审核，3年内对年度应缴纳的企业所得税额减征30%。对国有大中型企业通过主辅分离和辅业改制分流安置本企业富余人员兴办的经济实体（以下除外：金融保险业、邮电通讯业、建筑业、娱乐业以及销售不动产、转让土地使用权，服务型企业中的广告业、桑拿、按摩、网吧、氧吧，商贸企业中从事批发、批零兼营以及其他非零售业务的企业），凡符合一定条件的，经有关部门认定，税务机关审核，3年内免征企业所得税。对下岗失业人员从事个体经营（除建筑业、娱乐业以及广告业、桑拿、按摩、网吧、氧吧外）的，自领取税务登记证之日起，3年内免征城市维护建设税、教育费附加和个人所得税。

从以上对于下岗人员个人所得税的优惠政策可以看出，我国的税收优惠政策是不断变更的，类似的情形在其他税种中都有出现。所以，要充分利用税收优惠政策，还必须时刻掌握优惠政策的变更，及时调整经营战略，以免遭受不必要的损失，并尽量继续发挥税收优惠政策的作用。由此可知，充分利用的另一个含义，是指纳税人要密切注意税收优惠政策的变动与更新，及时甚至提前改变自己的经营决策，以便能最大限度地利用新的税收优惠政策。

第三，创造条件，利用企业原本难以利用的税收优惠政策。有许多优惠政策，特别是新颁布的优惠政策，企业按照现有的经营模式、生产工艺或产品结构常常是难以利用的。然而，在很多情况下，企业经过努力是可以找到理想的变革途径，从而使企业变得能够满足利用这些优惠政策的条件。

第四，各级政府相关部门发布的税收法规文件非常多，为了找到对自己有利的政策，企业应当锲而不舍地深入挖掘、查找，不能敷衍了事，浅尝辄止。

此外，正如企业各项经济业务不是孤立的一样，由于各种税收优惠政策之间通常会有相辅相成的关系，在税收筹划中，应该综合考虑、运用各种政策，由此及彼，因势利导，提出息息相关的不同的税收筹划方案。

案例2-14

（1）基本案情

鹏程国际是一家大型跨国公司，在深圳和湖北分别投资成立了鹏飞公司和前程公司。两家公司主要经营范围都是生产和销售电子产品，其中鹏飞公司主营新产品的研发、生产和出口，前程公司生产鹏飞公司研发的产品并在国内销售。2019 年，鹏飞公司实现销售收入 1.2 亿元，缴纳企业所得税 375 万元，税后利润 2 625 万元；前程公司实现销售收入也是 1.2 亿元，但缴纳企业所得税 750 万元，税后利润仅 2 250 万元。鹏飞公司和前程公司在管理模式、材料成本方面并无实质性差别；在人工成本上，前程公司比鹏飞公司更低，但是为什么前程公司的利润明显比鹏飞公司少呢?

（2）税收筹划思路

两家公司的税负差异主要是由税率差异导致的，其中鹏飞公司享受税收优惠，适用所得税税率为 12.5%，而前程公司适用的企业所得税税率为 25%。

鹏飞公司于 2016 年成立，2016 年取得第一笔生产经营收入，当年经申请并被认定为“高新技术企业”，享受深圳特区关于高新技术企业的优惠政策，即自取得第一笔生产经营收入所属纳税年度起，第一年至第二年免征企业所得税，第三年至第五年按照 25%的法定税率减半征收企业所得税。因此，鹏飞公司 2018—2020 年适用 12.5%的企业所得税税率。而前程公司成立时间较早，并且不是高新技术企业，目前适用 25%的企业所得税率。

税务顾问认为，如果能通过重新规划，将前程公司的部分收入转移到鹏飞公司，就能够更充分地利用鹏飞公司享受的税收优惠政策，有更多的收入适用较低的优惠税率。基于以上分析，税务顾问给出如下建议：重新规划两个公司的分工，采用委托加工方式，由鹏飞公司提供原材料，委托前程公司加工该产品的半成品，鹏飞公司收回半成品后继续加工成产成品销售。这样，前程公司变为鹏飞公司的加工厂，收取相应的加工费。而两家公司的利润都在鹏飞公司体现出来，可以充分享受税收优惠。

（3）税收筹划方案

以 2019 年的收益为例，两家公司的税前收益类似，都为 3 000 万元。如果能改变生产模式，在产品材料成本、各种费用、销售收入等大致不变的情况下，将前程公司定位为加工厂，仅收取加工费 500 万元，则鹏飞公司的税前收益应该达到 5 500 万元。这样纳税状况就变为：

鹏飞公司企业所得税＝5 500×12.5%＝687.5（万元）

前程公司企业所得税＝500×25%＝125（万元）

两公司合计缴纳企业所得税 812.5 万元（＝687.5＋125），远低于实际缴纳的 1 125 万元（＝375＋750）。这一节税效果就来源于充分利用了鹏飞公司享受的税率优惠政策。

而且从发展的眼光来看，鹏飞公司在 2020 年还可以继续享受税收优惠。即使在税收减免期满后，如果仍然能保持高新技术企业，可按税法规定的 15%的税率征收企业所得税。因此，时期越长，以上税收筹划方案所利用的税收优惠就越充分。这样，即使在生产模式改变的当年会因生产设备的运输、人员的调整等产生一定的成本，但当年的税收筹划收益已经足以补偿，更何况在以后的年度中还可以继续获得税收筹划收益，因此，鹏程国际决定立即开始生产模式的调整。

（4）税收法律依据

享受深圳特区关于高新技术企业的优惠政策，即自取得第一笔生产经营收入所属纳税年度起，第一年至第二年免征企业所得税，第三年至第五年按照 25%的法定税率减半征收企业所得税。因此，鹏飞公司 2018—2020 年适用 12.5%的企业所得税税率。而前程公司成立时间较早，且不是高新技术企业，目前适用 25%的企业所得税率。这就是税收筹划思路的基础。

（5）若干思考

在本案例中，鹏程国际调整前的生产方式也利用了针对高新技术企业的税收优惠和针对深圳等经济特区的税收优惠，但没有让这些优惠政策发挥最大的效用。而调整后的生产方式尽管利用的是同样的税收优惠政策，但利用得更为充分，因而税收负担有大幅度地减轻。

相关链接2-7

深化税务领域“放管服”改革　激发市场主体活力

在降低办税成本方面，税务部门持续简化办税缴费程序，全面精减办税资料，推广发票“网上领、免费邮”服务，让企业足不出户就可领用开具发票；深化不动产交易登记和缴税业务协同，推动“一窗受理、并行办理”全覆盖及网上受理，努力实现纳税人“最多跑一次”甚至“一次不用跑”。持续推进“备案改备查”，将国家层面新出台的优惠政策全部实行“自行判断、申报享受、相关资料留存备查”的方法，进一步便利减税降费的落地实施。

思考题

1. 什么是税制？
2. 规避纳税义务的途径有哪些？
3. 供求弹性有哪三种情形？
4. 可以通过那些形式实现税负转嫁？请举例说明。
5. 税收制度的核心是什么？体现的是税收的广度还是深度？
6. 延迟纳税一定是对企业不利的行为吗？请举例说明。
7. 我们应该怎么充分利用税收优惠政策？

税收

与你获得的收益如影随形。

——爱默生

第三章

会计政策选择的税收筹划

本章导读：

会计政策选择的税收筹划与会计准则、制度关系最为密切，且不受外部经济、技术条件的约束。会计政策选择的筹划成本低，易操作，一般不会改变企业正常的生产经营活动和经营方式。因此，利用会计政策选择进行税收筹划越来越受到企业的重视。由于我国企业会计准则和制度在不断完善，并向统一性、国际性方向靠拢，扩展了会计政策的选择空间。随着改革开放和经济发展速度的加快，以及加入世界贸易组织等各种因素的变化，我国税收筹划会计政策选择的空间将不断扩大。企业在进行会计政策选择的税收筹划时，应考虑各种因素，为税收筹划提供理论支持。

第一节　会计政策选择的税收筹划概述

一、会计政策及其选择

会计政策是指企业在会计确认、计量和报告中所采用的原则、基础和会计处理方法。其中，会计原则是指按照企业会计准则的规定，适合企业会计核算所采用的具体会计准则；会计基础是指为了将会计原则应用于交易或者事项而采用的基础，主要是计量基础（即计量属性）；会计处理方法是指企业在会计核算时，按照国家统一的会计制度等采用或者选择的适合本企业的具体会计处理方法。由于企业经济业务的复杂性和多样性，某些经济业务可以有多种会计处理方法，即存在会计政策选择的可能性。

会计政策选择就是企业在国家会计法规的指导下，结合实际情况，选择能恰当反映本企业财务状况和经营成果的某种会计原则、方法和程序。会计政策一般分为两类：一类是强制性的会计政策，包括会计期间的划分、记账货币、会计报告的构成和格式等，这些是企业必须遵循的，不受税收筹划的影响；另一类是可选择的会计政策，具体包括货币计价方法、坏账准备计提方法、资产减值准备的提取方法、固定资产折旧方法以及长期股权投资的核算方法等。这部分会计政策的运用需要借助会计人员的职业判断，而会计实践中职业判断（选择）的存在为企业进行税收筹划提供了条件。

二、会计政策选择的税收筹划

会计政策选择的税收筹划是指企业为实现税后收益最大化的财务目标，在既定的税制框架内，通过对企业涉税事项会计处理原则、方法的预先确定和谋划，对不同会计政策下的纳税方案进行优化选择的一种财务决策活动。

会计政策选择的税收筹划是在既定的税法和税制框架内，根据自己的具体情况选择合适的会计政策，对企业涉税事项进行会计处理，从而降低纳税成本和纳税风险，因此具有一定的现实意义。

第二节　资产会计政策的税收筹划

资产是指过去交易或事项形成的、由企业拥有或控制的、预期会给企业带来经济利益的资源。将一项资源确认为资产，需要符合资产的定义，并同时满足以下两个条件：与该资源有关的经济利益很可能流入企业；该资源成本或者价值能够可靠地计量。

资产可以按照不同的标准进行分类，比较常见的是按照流动性和有无实物形态进行分类。按照流动性标准，资产可以分为流动性资产和非流动性资产；按照有无实物形态标准，资产可以分为有形资产和无形资产。

资产的内容较多，但从税收筹划角度，本节只涉及存货、固定资产、无形资产等内容。

一、存货的税收筹划

存货是指企业在日常活动中持有以备出售的产成品或商品、处在生产过程中的在产品、在生产过程或提供劳务过程中耗用的材料、物料等，包括各种原材料、燃料、包装物、低值易耗品、在产品、外购商品、自制半成品、产成品等。其最基本的特征是，企业持有存货的最终目的是出售，不论是直接出售还是需要经过进一步加工后才能出售，因此，存货的税收筹划非常重要。

（一）存货的税务处理

1. 存货的计税基础

存货可以按照以下方法确定成本：

（1）通过支付现金方式取得存货，以购买价款和支付的相关税费为成本。

（2）通过支付现金以外的方式取得存货，以该存货的公允价值和支付的相关税费为成本。

（3）生产性生物资产收获的农产品，以产出或者采购过程中发生的材料费、人工费和分摊的间接费用等必要支出为成本。

2. 存货成本的计价方法

企业使用或者销售的存货的成本计算方法可以在先进先出法、加权平均法、个别计价法中选用一种。计价方法一经选用，不得随意变更。

（二）存货的税收筹划

存货的税收筹划在本章仅指存货计价方法的税收筹划。《企业会计准则第 1 号——存货》第三章第四条规定，企业应当采用先进先出法、加权平均法或者个别计价法确定发出存货的实际成本。

1. 先进先出法

先进先出法，即假设先入库先发出，每次发货时，先按第一批购入该种存货的单价计算，超出部分再按第二批购入该种存货的单价计算，依此类推。

2. 加权平均法

加权平均法，即以月初结存的存货实际成本与全月收入该种存货实际成本之和除以月初结存存货数量与全月收入该种存货数量之和，求得平均单价。这种平均单价每月计算一次。其计算公式如下：

某种存货平均单价 =（月初结存的存货实际成本 + 全月收入该种存货实际成本）÷（月初结存存货数量 + 全月收入该种存货数量）

发出存货的实际成本 = 该种存货平均单价 × 本月发出该种存货数量

3. 个别计价法

个别计价法是指原材料发出时认定每件或每批材料的实际单价，以计算该件或该批材料发出成本的方法。个别计价法在实际操作中工作繁重，成本较高，对于不能替代使用的存货、为特定项目专门购入或制造的存货以及提供劳务的成本，通常采用个别计价法确定发出存货的成本，对大多数存货品种来说个别计价法都不适用。近年来，越来越多的企业采用计算机信息系统进行会计处理，个别计价法确定的存货成本最准确，该方法逐渐应用于发出存货的计价。本节重点讨论前面两种方法。

一般情况下，企业在利用存货计价方法进行税收筹划时，要考虑企业所处的环境及物价波动等因素的影响。具体包括：其一，在实行比例税率条件下，对存货计价方法进行选择，必须充分考虑市场物价变化的影响。当材料价格不断上涨，采用月末一次加权平均法计算出的期末存货价值最低，销货成本最高，可减少当期应纳税所得额，达到延缓纳税的目的；当材料价格不断下降，采用先进先出法来计价，会导致期末存货价值较低，销货成本增加，从而减少当期应纳税所得额，达到延缓纳税的目的；而当物价上下波动时，企业应选择加权平均法对存货进行计价，避免因销货成本的波动而影响各期利润的均衡性，进而造成企业各期应纳所得税额上下波动，增加企业安排资金的难度。其二，在实行累进税率的条件下，选择加权平均法对企业发出和领用存货进行计价，可以使企业获得较轻的税收负担。因为采用加权平均法对存货进行计价，企业各期计入产品成本的材料等存货的价格比较均衡，不会时高时低，使企业产品成本不致发生较大变化，各期利润比较均衡。其三，如果企业正处于所得税的减免税期，意味着企业在该期间获得的利润较多，其得到的减免税额就越多，在物价上涨的情况下，企业可以通过选择先进先出法计算材料费用，减少材料费用的当期摊入，扩大当期利润。因此，存货计价方法的税收筹划对于降低企业的成本是非常必要的。

以商业企业为例，其销货成本的计算公式为：

销货成本=期初存货成本+本期存货成本−期末存货成本

由上述公式可知，期末存货成本的大小与销货成本高低成反比。换言之，期末存货金额越大，销货成本越低，销货毛利随之加大，应纳税所得额以及所得税负也会增加，从而对企业不利；反之，期末存货金额越小，销货成本越高，销货毛利随之变小，应纳税所得额以及所得税负均会减少，从而对企业有利。

在不同的存货计价方法下，所结转的当期销货成本的数额有所不同，从而影响企业当期应纳税所得额及税负的大小，因此，对存货的计价方法进行合理筹划，可以给企业带来税收收益。

案例3-1

（1）基本案情

某商业企业2020年购货情况和销货情况如表3-1所示。请比较先进先出法和加权平均法下的企业所得税负担。

表3-1　某商业企业2020年购货销货情况表

日期	购货		日期	销货	
	数量（件）	单价（元）		数量（件）	单价（元）
2月1日	100	20	3月1日	80	40
4月1日	40	25	12月23日	100	60
9月1日	50	30			
12月20日	40	35			

（2）税收筹划思路

先进先出法和加权平均法会产生不同的销货成本，影响到当期应纳税所得额和当期企业所得税。

根据表3-1，采用先进先出法计算购货的期末存货成本，如表3-2所示。

表 3-2　采用先进先出法计算的期末存货成本

日期	购货			销货成本			存货		
	数量（件）	单价（元）	金额（元）	数量（件）	单价（元）	金额（元）	数量（件）	单价（元）	金额（元）
2月1日							100	20	2 000
3月1日				80	20	1 600	20	20	400
4月1日	40	25	1 000				20 40	20 25	400 1 000
9月1日	50	30	1 500				20 40 50	20 25 30	400 1 000 1 500
12月20日	40	35	1 400				20 40 50 40	20 25 30 35	400 1 000 1 500 1 400
12月23日				20 40 40	20 25 30	400 1 000 1 200	10 40	30 35	300 1 400

采用加权平均法计算购货的期末存货成本如表 3-3 所示。

表 3-3　采用加权平均法计算的期末存货成本

日期	购货			销货成本			存货		
	数量（件）	单价（元）	金额（元）	数量（件）	单价（元）	金额（元）	数量（件）	单价（元）	金额（元）
2月1日							100	20	2 000
3月1日				80					
4月1日	40	25	1 000						
9月1日	50	30	1 500						
12月20日	40	35	1 400						
12月23日				100					
合计	130		3 900	180	25.65	4 617	50	25.65	1 282.5

先进先出法计算产生的收入、成本、毛利及存货资料如下：

销货收入＝80×40+100×60＝9 200（元）

销货成本＝1 600+400+1 000+1 200＝4 200（元）

销货毛利＝9 200−4 200＝5 000（元）

期末存货＝300+1 400＝1 700（元）

加权平均法计算产生的收入、成本、毛利及存货资料如下：

平均单价＝(2 000+3 900)÷(130+100)＝25.65（元/件）

销货收入＝80×40+100×60＝9 200（元）

销货成本＝180×25.65＝4 617（元）

销货毛利＝9 200−4 617＝4 583（元）

期末存货＝50×25.65＝1 282.5（元）

从上述计算中可以获得两种不同的存货计价方法所计算出来的收入、成本、毛利及存货，如表 3-4 所示。

表 3-4　两种方法计算期末存货成本比较　　（单位：元）

存货计价方法	期末存货	销货收入	销货成本	销货毛利	应纳所得税额	有利顺序
先进先出	1 700	9 200	4 200	5 000	1 250	2
加权平均	1 282.5	9 200	4 617	4 583	1 145.75	1

（3）税收筹划方案

由表 3-4 可知，当物价呈上升趋势时，宜采用加权平均法，因为采用此法期末存货成本最低，销货成本最高，并且可以将净利递延至次年，从而起到延缓缴纳企业所得税的效果。本案例中，企业购进货物单价呈上升趋势，经比较，采用加权平均法最有利。当物价呈下降趋势时，则采用先进先出法较为有利。因为采用此法，期末存货最接近成本（即以较低价计算），而销货成本则较高，同样可以将净利润递延至次年，进而达到延缓缴纳企业所得税的目的。

(4) 税收法律依据

《企业会计准则第 1 号——存货》第三章第四条规定，企业应当采用先进先出法、加权平均法或者个别计价法确定发出存货的实际成本。

(5) 若干思考

对于生产型企业而言，企业选择计价方法的关键在于判断本企业主要材料的价格趋势。总体而言，物价总水平一般呈上涨趋势或保持平衡，因而对于普通材料而言，选择加权平均法比较稳妥。而对于一些技术更新快、供给不断增加的材料，价格可能呈下降趋势。比如家电生产企业在显像管价格不断下跌的过程中，就应选择先进先出法。同样，当物价上下波动时，企业应选择加权平均法，可避免因销货成本的波动影响短期利润的均衡性，进而造成短期应缴纳所得税额上下波动，增加企业安排资金的难度。

企业如果处于减免税期，其获得的利润越多，享受税收减免的程度也越大，可以通过选择有利的存货计价方法，减少成本费用在当期的摊入，使当期利润最大化；如果处于正常纳税期，其获得的利润越多，缴纳的税收金额就越大，可以通过选择有利的存货计价方法，增加成本费用在当期的摊入，使当期利润最小化，从而减少当期缴纳的税款。

无论采用哪种存货计价方法，从长期来看，其实际缴纳的税额相同，但考虑到资金的时间价值，企业还是应该进行筹划。需要注意的是，存货计价方法一经选用，在一定时期内（一般为一年）不得随意变更，确实需要改变计价方法的，应当在下一纳税年度开始前报主管税务机关批准，并在会计附注中予以说明。否则，对应纳税所得额造成影响的，税务机关有权调整。由此可见，在进行税务筹划时，必须在会计年度末，根据企业经济运行的状况做出正确判断，按照以上原则选择下一年度对企业节税有利的存货计价方法。

二、长期股权投资的税收筹划

投资是企业为了获得收益或实现资本增值而向被投资单位投入资金的经济行为。长期股权投资的实质是权益性投资。根据长期股权投资准则的规定，长期股权投资是指投资方对被投资单位实施控制、重大影响的权益性投资，以及对其合营企业的权益性投资。以下投资应确认为长期股权投资：

第一，企业持有的能够对被投资单位实施控制的权益性投资，即对子公司的投资。

第二，企业持有的能够与其他合营方一同对被投资单位实施共同控制的权益性投资，即对合营企业的投资。

第三，重大影响是指投资方对被投资单位的财务和经营政策有参与决策的权力，但并不能够控制或者与其他方一起共同控制这些政策的制定。投资方能够对被投资单位施加重大影响的，被投资单位为其联营企业。

根据企业长期股权投资活动的不同方式，税收筹划方法也各不相同。

（一）长期股权投资的计税成本

长期股权投资按照税法确定的成本称为计税成本，按照会计准则确定的成本称为会计成本。法规对二者规范的目的不同：税法上投资成本（计税成本）的确定是为了反映和贯彻有关投资的税收政策，为了准确计算投资所得（损失）、投资转让所得（损失），也是为了防止对企业利润重复征税或对企业亏损重复利用；而会计上的投资成本（会计成本）的确定则是基于投资业务确认、计量、报告的需要，为了及时准确反映投资损益、投资成本的增减变化。因此，企业在申报纳税时，对会计有关账户中的投资所得、投资转让所得和投资转让成本等数据要按照现行税收政策进行纳税调整。

（二）长期股权投资的税收筹划

由长期股权投资的概念可知，长期股权投资的投资方获得股权，对被投资方的生产经营活动具有投票权，并参与被投资方的利润分配。因此，对长期股权投资进行税收筹划是非常必要的。

我国现行会计准则规定，长期股权投资的持有收益核算方法有成本法和权益法两种。成本法是指长期股权投资按投资成本计价的方法。长期股权投资成本法的适用范围是：投资企业能够对被投资单位实施控制的长期股权投资，即对子公司的投资。我国 1992 年颁布实施《企业会计准则——投资》，2006 年颁布实施《企业会计准则第 2 号——长期股权投资》。新准则对长期股权投资成本法的核算范围进行了调整，把长期股权投资中投资企业可以控制被投资企业的情形由原来的权益法核算改为成本法核算，成本法的核算范围扩大了。

权益法是指投资最初以投资成本计价，以后根据投资企业享有被投资单位所有者权益份额的变动对投资的账面价值进行调整的方法。长期股权投资权益法的适用范围是：投资企业对被投资单位具有共同控制的长期股权投资，即投资企业对合营企业的投资；投资企业对被投资单位具有重大影响的长期股权投资，即投资企业对联营企业的投资。

《企业所得税法》第二十六条第（二）项规定，符合条件的居民企业之间的股息、红利等权益性投资收益作为免税收入，免缴企业所得税。《企业所得税法实施条例》第十七条规定，《企业所得税法》第六条第（四）项所称股息、红利等权益性投资收益，是指企业因权益性投资从被投资方取得的收入。同时在第八十三条又规定了免税的范围，即符合条件的居民企业之间的股息、红利等权益性投资收益，是指居民企业直接投资于其他居民企业取得的投资收益。股息、红利等权益性投资收益不包括连续持有居民企业公开发行并上市流通的股票不足 12 个月取得的投资收益。

国家税务总局关于印发《新企业所得税法精神宣传提纲》的通知（国税函〔2008〕159号）规定，鉴于股息红利是税后利润分配形成的，对居民企业之间的股息红利收入免征企业所得税，这是国际上消除法律性双重征税的通行做法，新企业所得税法也采取了这一做法。为更好地体现税收优惠意图，保证企业投资充分享受到西部大开发、高新技术企业、小型微利企业等实行低税率的好处，实施条例明确不再要求补税率差。

股权投资所得包括取得的股息、红利性质的所得和资本利得。股息、红利所得是投资方从被投资单位获得的税后利润，属于已缴纳企业所得税的税后所得，原则上应避免重复征税；资本所得是指投资企业处理股权的收益，即企业收回、转让或清算处置投资所获得的收入，减除股权投资成本后的余额，这种收益应全额并入企业的应纳税所得额，依法缴纳企业所得税。在对股权投资的股息红利与资本利得进行税收筹划时，正确的做法是被投资企业保留利润暂不分配，待企业股权欲转让时，在转让之前将未分配利润进行分配。

案例3-2

（1）基本案情

A公司于2020年2月20日以银行存款900万元投资于B公司，占B公司股本总额的70%，B公司当年获得税后利润500万元。A公司2020年度内部生产、经营所得为100万元。A公司所得税税率为25%，B公司的所得税税率为15%。

方案一：2021年3月，B公司董事会决定将税后利润的30%用于分配，A公司分得利润105万元。2021年9月，A公司将其拥有的B公司

70%的股权全部转让给丙公司，转让价为 1 000 万元，转让过程中发生的税费 0.5 万元。

方案二：B 公司保留盈余不分配。2021 年 9 月，A 公司将其拥有的 B 公司 70%的股权全部转让给丙公司，转让价为 1 105 万元，转让过程中发生的税费 0.5 万元。

假设 A 公司 2021 年生产、经营所得为 100 万元。

（2）税收筹划思路

方案一：A 公司 2021 年生产、经营所得 100 万元，税率 25%，应纳税额 25 万元；股息收益 105 万元，属于免税收入；转让所得 99.5 万元，应纳税额 24.875 万元，因此，A 公司第二年合计应纳所得税额 49.875 万元（=25+24.875）。

方案二：A 公司 2021 年生产、经营所得应纳税额 25 万元；转让所得 204.5 万元（=1 105-900-0.5），应纳税额 51.125 万元，A 公司第二年合计应纳税所得额 76.125 万元。

（3）税收筹划方案

对 A 公司而言，方案一比方案二减轻税负 26.25 万元，前者明显优于后者。

（4）税收法律依据

《企业所得税法》第二十六条第二项规定，符合条件的居民企业之间的股息、红利等权益性投资收益作为免税收入，免缴企业所得税。《企业所得税法实施条例》第十七条规定，《企业所得税法》第六条第（四）项所称股息、红利等权益性投资收益是指企业因权益性投资从被投资方取得的收入。同时，在第八十三条又规定了免税的范围，即符合条件的居民企业之间的股息、红利等权益性投资收益是指居民企业直接投资于其他居民企业取得的投资收益。股息、红利等权益性投资收益不包括连续持有居民企业公开发行并上市流通的股票不足 12 个月取得的投资收益。

（5）若干思考

方案一优于方案二的原因在于，A公司在股权转让之前进行了股息分配，有效避免了重复征税。此外，股权投资所得的税收筹划还要考虑投资地点、投资行业、不同投资结构的税收筹划。

三、投资性房地产的税收筹划

《企业会计准则第3号——投资性房地产》规定，投资性房地产是指为赚取租金或资本增值或者两者兼有而持有的房地产。其范围限定为已出租的土地使用权、持有并准备增值后转让的土地使用权、已出租的建筑物。投资性房地产的实质是资本增值或赚取租金。判断一项资产是否属于投资性房地产，要注意两个方面：一方面，企业必须拥有产权（建筑物要拥有产权，土地要拥有使用权）；另一方面，建筑物需要以经营租赁方式出租，土地使用权需要以经营租赁方式出租或者持有并准备增值后转让。

（一）投资性房地产的涉税处理

根据投资性房地产的定义和范围可知，其在转让或者出租业务中所获得的转让收入或租金收入涉及不同的税种，由于税法对不同税种的规定不同，涉税处理也存在一定的差异。

投资性房地产主要涉及的税种有增值税、城建税、教育费附加、土地增值税、房产税、印花税以及契税等。

1. 投资性房地产涉及增值税的税务处理

根据《财政部　国家税务总局关于全面推开营业税改征增值税试点的通知》（财税〔2016〕36号）附件1《营业税改征增值税试点实施办法》所附《销售服务、无形资产、不动产注释》的规定，投资性房地产发生增值税应税劳务时主要涉及以下四个方面：

（1）已出租的土地使用权是指企业通过出让或转让方式取得的、以经营租赁方式出租的土地使用权。例如，甲公司以拍卖方式在土地交易市场取得一宗土地使用权，使用年限为50年，甲公司将该土地使用权以经营租赁方式出租给乙公司，则土地使用权属于投资性房地产。

（2）持有并准备增值后转让的土地使用权，是指企业取得的、准备增值后转让的土地使用权。例如，企业发生转产或厂址搬迁，部分土地使用权停止自用，管理层决定继续持有这部分土地使用权，待其增值后转让以赚取增值收益，则属于投资性房地产。

（3）已出租的建筑物是指企业拥有产权的、以经营租赁方式出租的建筑物，包括自行建造或开发活动完成后用于出租的建筑物。

（4）土地使用权转让。根据财税〔2016〕36号附件1《营业税改征增值税试点实施办法》所附《销售服务、无形资产、不动产注释》的规定，销售无形资产和销售不动产分属不同的税目，其中土地使用权属于无形资产中的自然资源使用权，转让土地使用权属于销售无形资产，但在转让建筑物或者构筑物时一并转让其所占土地使用权的，按照销售不动产缴纳增值税。根据财税〔2016〕36号的规定，转让土地使用权只有在与其之上的建筑物或者构筑物一并转让时才按照销售不动产的税目计税，否则按销售无形资产计税，二者计税规则不同。

首先，一般纳税人转让土地使用权分为可以选择简易计税方法和只能使用一般计税方法两种情况。《财政部　国家税务总局关于进一步明确全面推开营改增试点有关劳务派遣服务、收费公路通行费抵扣等政策的通知》（财税〔2016〕47号）规定：纳税人转让2016年4月30日前取得的土地使用权，可以选择适用简易计税方法，以取得的全部价款和价外费用减去取得该土地使用权的原价后的余额为销售额，按照5%的征收率计算缴纳增值税。一般纳税人转让2016年4月30日前取得的土地使用权，可以选择适用简易计税方法，按照上述规定差额适用5%的征收率计算缴纳增值税。一般纳税人转让2016年4月30日前取得的土地使用权，可以选择一般计税方法，转让2016年4月30日后取得的土地使用权，不能采用简易计税方法，只能选择一般计税方法。在《增值税暂行条例》和《关于全面推开营业税改征增值税试点的通知》（财税〔2016〕36号）两个文件中，规定了转让土地使用权税率为11%；《财政部　税务总局关于调整增值税税率的通知》（财税〔2018〕32号）规定，11%税率调整为10%；《财政部、税务总局、海关总署关于深化增值税改革有关政策的公告》（财政部税务总局海关总署公告2019年第39号）文件规定，10%税率调整为9%。一般纳税人转让土地使用权具体适用税率，需要区分具体纳税义务发生时间：2016年5月1日至2018年4月30日，应该以取得的全部价款和价外费用适用11%征收率计算销项税额；2018年5月1日至2019年3月31日，应该以取得的全部价款和价外费用适用10%征收率计算销项税额；2019年4月1日后应该以取得的全部价款和价外费用适用9%征收率计算销项税额。

其次，小规模纳税人转让土地使用权采用简易办法。根据《增值税暂行条例》和《关于全面推开营业税改征增值税试点的通知》（财税〔2016〕36号）的规定，小规模纳税人发生应税销售行为，实行按照销售额和征收率计算应纳税额的简易办法。小规模纳税人增值税征收率为3%，国务院另有规定的除外。《财政部　国家税务总局关于进一步明确全面推开营改增试点有关劳务派遣服务、收费公路通行费抵扣等政策的通知》（财税〔2016〕47号）规定，纳税人转让2016年4月30日前取得的土地使用权，可以选择适用简易计税方法，以取得的全部价款和价外费用减去取得该土地使用权的原价后的余额为销售额，按照5%的征收率计算缴纳增值税。小规模纳税人转让2016年4月30日前取得的土地使用权，可以按照上述规定的差额适用5%的征收率计算缴纳增值税。当然，对于小规模纳税人来说，如果不选择差额纳税，则应当按取得的全部价款和价外费用适用3%征收率计算缴纳增值税。小规模纳税人转让2016年4月30日后取得的土地使用权（属于自然资源使用权的），则应当按取得的全部价款和价外费用适用3%征收率计算缴纳增值税。同时，对于小规模纳税人来说，依据《财政部 税务总局关于支持个体工商户复工复业增值税政策的公告》（财政部 税务总局公告2020年第13号）和《财政部 税务总局关于延长小规模纳税人减免增值税政策执行期限的公告》（财政部税务总局公告2020年第24号）的规定，纳税义务发生时间在2020年3月1日至12月31日的，适用减按1%征收率征收增值税的，按照1%征收率开具增值税发票。

最后，关于土地使用权出租。继财税〔2016〕36号之后发布的营改增配套补充文件中涉及土地使用权，《财政部 国家税务总局关于进一步明确全面推开营改增试点有关劳务派遣服务、收费公路通行费抵扣等政策的通知》（财税〔2016〕47号）中规定，纳税人以经营租赁方式将土地出租给他人使用，按照不动产经营租赁服务缴纳增值税。土地使用权出租，按照不动产经营租赁服务缴纳增值税，一般纳税人适用税率为9%，小规模纳税人征收率为5%。

2. 投资性房地产涉及土地增值税的税务处理

根据《中华人民共和国土地增值税暂行条例》（以下简称《土地增值税暂行条例》）的规定，土地增值税是对转让国有土地使用权、地上的建筑物及其附着物并取得收入的单位和个人征收的一种税。土地增值税按照纳税人转让房地产所取得的增值额和规定的适用税率计算征收，纳税人转让房地产所取得的收入减除规定的扣除项目金额后的余额为增值额。

（1）转让土地使用权，只对转让国有土地使用权的行为征税，转让集体土地使用权的行为没有纳入征税范围。这是因为根据《中华人民共和国土地管理法》（以下简称《土地管理法》）的规定，集体土地未经国家征用，不得转让。因此，转让集体土地是违法行为，不能纳入征税范围。

（2）转让地上建筑物是指建于土地上的一切建筑物，包括地上地下的各种附属设施。

（3）附着物是指附着于土地上的不能移动，一经移动即遭损坏的物品。

（4）取得的收入包括转让房地产的全部价款及有关的经济收益。

土地增值税的计税依据是纳税人转让房地产所取得的增值额。增值额为纳税人转让房地产取得的收入减除条例及其实施细则规定的扣除项目金额后的余额。其中，房地产转让收入包括货币收入、实物收入和其他与转让房地产有关的经济收益。扣除项目金额包括：取得土地使用权所支付的金额；开发土地的成本、费用；新建房及配套设施的成本、费用或者旧房及建筑物的评估价格；与转让房地产有关的税金；财政部规定的其他扣除项目。《财政部　国家税务总局关于营改增后契税、房产税、土地增值税、个人所得税计税依据问题的通知》（财税〔2016〕43号）规定，《土地增值税暂行条例》等规定的土地增值税扣除项目涉及的增值税进项税额允许在销项税额中计算抵扣的，不计入扣除项目；不允许在销项税额中计算抵扣的，可以计入扣除项目。

土地增值税的具体计算公式为：

$$应纳土地增值税=土地增值额\times适用税率-扣除项目金额\times速算扣除率$$

3. 投资性房地产涉及房产税的税务处理

企业拥有房产产权的，须缴纳房产税。根据《中华人民共和国房产税暂行条例》（以下简称《房产税暂行条例》）的规定，房产税是在城市、县城、建制镇、工矿区范围内，对拥有房屋产权的单位和个人按照房产原值或租金收入征收的一种税，分为从价计征和从租计征两种。

其一，从价计征，即房产税以房产原值一次减除10%～30%后的余值为计税依据。计算公式为：

$$年应纳税额=房产原值\times(1-扣除比例)\times1.2\%$$

其二，从租计征，即房产税以房产租金收入为计税依据，税率为12%（自2008年3月1日起，对个人出租住房，不区分用途，按4%的税率征收房产税）。计算公式为：

$$应纳税额=租金收入\times12\%\ (或4\%)$$

4. 投资性房地产涉及城镇土地使用税的税务处理

企业拥有土地使用权的，须缴纳城镇土地使用税。根据《中华人民共和国城镇土地使用税暂行条例》（国务院令第17号）的规定，城镇土地使用税是在城市、县城、建制镇和工矿区范围内，对拥有土地使用权的单位和个人以实际占用的土地面积为计税依据，按规定税额征收的一种税。其计算公式为：

$$年应纳税额 = \sum(各级土地面积 \times 相应税额)$$

5. 投资性房地产涉及印花税的税务处理

根据《中华人民共和国印花税暂行条例》（国务院令第11号）的规定，印花税是对在经济活动和经济交往中书立、领受、使用的应税经济凭证所征收的一种税，分为从价计税和从量计税两种。计算公式分别为：

$$应纳税额=计税金额\times税率$$

$$应纳税额=凭证数量\times单位税额$$

或土地使用权出让或转让书立的凭证（合同），土地开发建设，房产出售、出租活动中所书立的合同、书据等，应按照印花税的有关规定缴纳印花税。凡进行房屋买卖的，签订的购房合同应按产权转移书据所载金额的万分之五缴纳印花税。房地产交易管理部门在办理买卖过户手续时，应监督买卖双方转让合同或协议上贴花注销完税后，再办理房契过户手续。

在办理房地产权属证件时，应按权利许可证照，按件缴纳印花税，每件5元。房地产权属管理部门应监督领受人在房地产权属证上按件贴花注销完税后，再办理发证手续。

6. 投资性房地产涉及契税的税务处理

根据《中华人民共和国契税暂行条例》（国务院令第224号）的规定，契税是对在中华人民共和国境内转移土地、房屋权属时向承受土地使用权、房屋所有权的单位征收的一种税。征收范围包括国有土地使用权出让、土地使用权转让（包括出售赠与和交换）、房屋买卖、房屋交换；其中，土地使用权转让不包括农村集体土地承包经营权的转移。契税的计税依据如下：

（1）国有土地使用权出让、土地使用权出售、房屋买卖的，为成交价格。

（2）土地使用权赠与、房屋所有权赠与的，由契税征收机关参照同类土地使用权出售价格、房屋买卖的市场价格或者评估价格核定。

（3）土地使用权交换、房屋所有权交换、土地使用权与房屋所有权交换的，为交换价格的差额。

（4）以划拨方式取得土地使用权的，经批准转让房地产时，除承受方按规定缴纳契税，房地产转让者也应当补缴契税，计税依据为补缴的土地使用权出让费用或者土地收益。

（5）承受土地、房屋部分权属的，为所承受部分权属的成交价格；当部分权属改为全部权属时，为全部权属的成交价格，原已缴纳的部分权属的税款应予扣除。

契税的计算公式为：

$$应纳税额=计税依据\times税率$$

上述成交价格低于市场价格的差额明显不合理，并且无正当理由的，由契税征收机关参照市场价格核定。

7. 投资性房地产涉及企业所得税的税务处理

根据《企业所得税法》的规定，应纳税所得额是企业所得税的计税依据。应纳税所得额为企业每一个纳税年度的收入总额，减除不征税收入、免税收入、各项扣除以及允许弥补的以前年度亏损后的余额。收入总额包括以货币形式和非货币形式从各种来源取得的收入，具体有销售货物收入、提供劳务收入、转让财产收入、租金收入等，其中，转让财产收入包括转让固定资产、无形资产取得的收入；租金收入包括企业提供固定资产的使用权取得的收入。而税法是将投资性房地产作为一般固定资产或无形资产对待。2008 年 1 月 1 日起施行的《企业所得税法》第十一条、第十二条也明确规定，在计算应纳税所得额时，企业按照规定计算的固定资产折旧、无形资产摊销费用，准予扣除。

（二）投资性房地产计量的税收筹划

投资性房地产不同计量属性对企业所得税有不同的影响。2007 年 1 月 1 日实施的《企业会计准则》规定，投资性房地产后续计量可采取两种模式，即成本模式和公允价值模式。采用公允价值模式进行后续计量的投资性房地产，应当同时满足以下两个条件：其一，投资性房地产所在地有活跃的房地产交易市场；其二，企业能够从活跃的房地产交易市场上取得同类或类似房地产的市场价格及其他相关信息，从而对投资性房地产的公允价值做出合理的估计。同一企业只能采用一种模式对其所拥有的投资性房地产进行后续计量，不得同时采用两种计量模式。

采用成本模式进行后续计量的投资性房地产，按照固定资产或无形资产的有关规定，按期（月）计提折旧或摊销，因此具有抵税（所得税）作用。会计上计提的投资性房地产减值准备不得税前扣除。会计上计提的折旧、摊销与税法规定允许税前扣除的折旧、摊销不一致，会造成纳税调整。

会计准则规定，与成本模式相比，采用公允价值模式进行后续计量，不对投资性房地产计提折旧或进行摊销，以资产负债表日投资性房地产的公允价值为基础调整其账面价值，公允价值与原账面价值之间的差异计入当期损益。

税法规定，企业以公允价值计量的投资性房地产，持有期间公允价值的变动不计入应纳税所得额，在实际处置或结算时，处置取得的价款扣除其历史成本后的差额应计入处置或结算期间的应纳税所得额。同时，对房屋、建筑物、土地使用权等资产，可根据税法规定计算折旧或摊销，在计算应纳税所得额时予以扣除。按照《企业所得税法》的规定，会计核算作为“投资性房地产”的房屋建筑物，企业所得税法属于固定资产/房屋建筑物，最低折旧年限为20年，应当允许计提折旧并税前扣除。但实际执行时各地口径不一，公允价值变动法计量的投资性房地产能否计提折旧或摊销存在争议。因此，公允价值变动法相比成本法，存在不能计提折旧或摊销的税务风险。

（三）房地产开发公司的税收筹划

我国现行税法并不区分投资性房地产和非投资性房地产，对二者按照统一的原则征税。一般情况下，房地产开发公司主要从事居民住宅及商业用房开发、城市配套设施建设以及装饰、装修等业务。房地产开发公司的税收筹划主要涉及以下业务。

1. 资金筹措的税收筹划

由于房地产公司对资金的需求量较大，如何筹措资金对公司的经营发展起着至关重要的作用。从税收的角度考察，采用不同的筹资方式，公司所承担的税负是不同的。

案例3-3

（1）基本案情

瑞祥房地产开发公司是主要从事居民住宅及商业用房开发、城市配套设施建设，以及欧式装饰、园林绿化等业务的股份制企业，拥有自己的建筑施工队、营销公司、广告公司、装修公司；公司每年居民住宅及商业用房开发量在10万平方米以上；公司注册资金5亿元，每年销售收入10亿元左右，属于政府甲级房地产开发企业。由于近几年房地产开发热，该公司各项业务呈迅速上升趋势。瑞祥房地产公司新开发一个项目，需要资金1 500万元。公司领导为了进一步增加收入，降低税负，特聘请税务专家为其进行税收筹划。

（2）税收筹划思路

不同融资方式税前可扣除的费用不同，税后净利润也不相同。

（3）税收筹划方案

方案一：通过金融机构融资。如果企业选择向银行贷款，按年利率8%计算，每年需支付利息120万元，该利息费用可以税前列支，因此采用银行贷款方式融资，对公司税前利润的影响额是120万元，即采用银行贷款融资可以为公司节税30万元（=120×25%）。税后净利润减少90万元。

方案二：通过发行债券融资。对于上述项目，如果瑞祥房地产公司经批准发行债券融资，债券年利率为10%，则通过债券融资对公司利润的影响额为150万元，即采用发行债券融资可以少缴纳税金30万元（=1 500×8%×25%），税后净利润减少120万元。

2. 收入确认的税收筹划

收款方式会影响收入确认时间，应尽量推迟收入确认的时间，以达到递延纳税的节税效果。

案例3–4

（1）基本案情

续案例3-3。瑞祥房地产开发公司对外签订了一份分期收款销售房产合同，合同中商品房总价款400万元，分4次付清，首期付款40%。首期付款后，即转让商品房所有权。

（2）税收筹划思路

收款方式会影响收入确认时间，从而影响企业所得税。

（3）税收筹划方案

如果首期付款时确认收入，应缴纳增值税36万元（=400×9%）。如果按分期收款确认收入，第一次应缴纳增值税14.4万元（=400×40%×9%），以后3次分别应缴纳增值税7.2万元（=400×20%×9%）。虽然两种方法确认收入都是缴纳增值税36万元，但采用分次确认收入可以延缓纳税时间。

（4）税收法律依据

《国家税务总局关于房地产开发有关企业所得税问题的通知》（国税发〔2009〕31号）规定，采取分期收款方式销售开发产品的，应按销售合同或协议约定的价款和付款日确认收入的实现。

3. 土地增值税的税收筹划

案例3-5

（1）基本案情

瑞祥房地产开发公司商品房销售收入为1.2亿元，其中，普通住宅的销售额为8 000万元，豪华住宅的销售额为4 000万元。税法规定的可扣除项目金额为8 000万元，其中，普通住宅的可扣除项目金额为5 000万元，豪华住宅的可扣除项目金额为3 000万元。瑞祥房地产开发公司如何进行土地增值税税收筹划？

（2）税收筹划思路

如果不分开核算，瑞祥公司应缴纳土地增值税计算如下：

增值率（增值额与扣除项目金额的比例）=（12 000-8 000）÷8 000×100%=50%

因此适用30%的税率，应纳土地增值税为1 200万元［=（12 000-8 000）×30%］。

如果分开核算，应缴纳土地增值税计算如下：

普通住宅的增值率=（8 000-5 000）÷5 000×100%=60%

适用40%的税率，速算扣除系数为5%

应纳土地增值税=（8 000-5 000）×40%-5 000×5%=950（万元）

豪华住宅的增值率=（4 000-3 000）÷3 000×100%=33%

适用30%税率，应纳土地增值税=［（4 000-3 000）×30%=］300（万元）

应纳土地增值税合计金额=950+300=1 250（万元）

（3）税收筹划方案

根据计算结果，瑞祥房地产开发公司不分开核算豪华住宅项目和普通住宅项目可以达到节税效果。

分开核算比不分开核算多支出50万元，因为普通住宅的增值率为60%，超过20%还要缴纳土地增值税。进一步筹划的关键就是通过适当减少销售收入，使普通住宅的增值率控制在20%以内。这样可以获得双重好处：一是普通住宅可以免缴土地增值税，《土地增值税法》规定，建造普通标准住宅出售，增值额未超过扣除项目金额20%的，可以享受免征土地增值税优惠政策；二是降低了房价或提高了房屋质量，改善了房屋的配套设施等，可以在激烈的房地产销售竞争中取得优势。

(4) 若干思考

从本案例可以看出，尽管土地增值税并不常见，但其中也有不少筹划技巧。

第一，土地增值税有4档累进税率，具有累进效果，故适当地使计税依据处于第一档税率无疑是最有好处的。

第二，在实际工作中，准确界定土地增值税的征税范围可以减少应纳税额。税法规定对以下行为征税：出售国有土地使用权；取得国有土地使用权后进行房屋开发建造后出售的；存量房地产的买卖；房地产的抵押；以房地产进行投资和联营等。对房地产出租、继承、企业兼并并转让房地产，房地产代建房行为等不征收土地增值税。在实际生活中，应准确把握土地增值税的征税范围，进行合理筹划，以减少应纳税额。

4. 契税的税收筹划

根据契税的纳税人和征税对象可知，在契税的筹划过程中，可以把工夫花在寻找“中间传导”角色上，以更好地降低税负。

根据《财政部　国家税务总局关于调整房地产交易环节税收政策的通知》(财税〔2008〕137号) 的规定，自2008年11月1日起，对个人首次购买 90 平方米及以下普通住房的，契税税率暂统一下调到 1%。自 2016 年 2 月 22 日起，除北京市、上海市、广州市、深圳市以外，对个人购买家庭唯一住房（家庭成员范围包括购房人、配偶以及未成年子女，下同），面积为 90 平方米及以下的，减按 1%的税率征收契税；面积为 90 平方米以上的，减按 1.5%的税率征收契税。对个人购买家庭第二套改善性住房，面积为 90 平方米及以下的，减按 1%的税率征收契税；面积为 90 平方米以上的，减按 2%的税率征收契税。家庭第二套改善性住房是指已拥有一套住房的家庭购买的家庭第二套住房。纳税人也可以充分利用这一税收优惠政策来减轻契税负担。

案例3–6

（1）基本案情

王先生将自有 80 平方米的普通住宅以 40 万元的价格出售给吴女士，这是吴女士首次购买住房。然后王先生又以 120 万元的价格向李先生购买了一幢别墅（该地区规定契税的适用税率为 4%）。请问：王先生、吴女士、李先生三人应如何进行契税的筹划？

（2）税收筹划思路

按照现行方案，王先生和吴女士各自需要缴纳的契税为：

$$王先生应缴纳契税=120\times4\%=4.8（万元）$$

$$吴女士应缴纳契税=40\times1\%=0.4（万元）$$

让王先生、吴女士、李先生三人进行房屋交换，可以按照差价缴纳契税，从而达到节税效果。

（3）税收筹划方案

王先生可先将自有普通住宅与李先生的别墅进行交换，并支付差价 80

万元，然后由李先生将普通住宅以40万元的价格出售给吴女士。

按此方案实施后，王先生、吴女士各自需要缴纳的契税为：

王先生应缴纳契税=80×4%=3.2（万元）

吴女士应缴纳契税=40×1%=0.4（万元）

按此方案实施，吴女士的契税负担没有增加，而王先生可以少负担契税1.6万元（=4.8−3.2）。

（4）税收法律依据

《中华人民共和国契税暂行条例》及其实施细则规定，房屋交换，契税的计税依据为所交换房屋价格的差额，由多交付货币、实物、无形资产或者其他经济利益的一方缴纳税款，交换价格相等的，免征契税。

5. 闲置房地产投资筹划

案例3-7

（1）基本案情

瑞祥房地产公司在城市繁华地带有一处2014年取得的空置房产，该房产有两种不同的投资方式：出租取得租金收入；以房地产入股联营分得利润。请问哪种投资方式更节税？

（2）税收筹划思路

这两种投资方式所涉税种及税负各不相同，存在较大的筹划空间。可以先进行计算，然后对比两种投资情况下的税负。

假设房产原值为k，如果出租，每年可取得租金收入x_1；用于联营，则预期每年的联营企业利润中瑞祥公司获得税前利润为x_2；出租和联营的税负分别为y_1、y_2。

①采取出租方式应承担的税负如下：

• 增值税。财税〔2016〕36号附件2第九条规定，一般纳税人出租其2016年4月30日前取得的不动产，可以选择适用简易计税方法，按照5%的征收率计算应纳税额，则增值税税负为$5\%x_1$。

• 房产税。房产税依照房产租金收入计算缴纳，税率为12%，则房产税税负为$12\%x_1$。

• 城建税。甲企业处于市区，城建税税率为7%，以其缴纳的增值税税额为计税依据，则城建税税负为：

$$7\%\times5\%x_1=0.35\%x_1$$

• 教育费附加为：

$$3\%\times5\%x_1=0.15\%x_1$$

• 印花税。订立合同时必须缴纳印花税，《中华人民共和国印花税暂行条例》第三条规定，按租赁金额1‰贴花，因此印花税税负为$1‰x_1$。

• 所得税。城建税、教育费附加以及房产税、印花税可在税前扣除，租金收入应纳所得税，因此：

$$\text{所得税税负}=25\%\times(x_1-12\%x_1-1‰x_1-0.35\%x_1-0.15\%x_1)=21.85\%x_1$$

$$\begin{aligned}\text{总体税负 }y_1&=\text{增值税+房产税+城建税+印花税+所得税+教育费附加}\\&=5\%x_1+12\%x_1+0.35\%x_1+1‰x_1+21.85\%x_1+0.15\%x_1\\&=39.45\%x_1=0.3945x_1\end{aligned}$$

②采取联营方式应承担的税负如下：

• 房产税。对以房产投资联营，投资者参与投资利润分红，共担风险的，按房产余值作为计税依据计征房产税；对只收取固定收入，不承担联营风险的，应按租金收入计征房产税。房产税依照房产原值一次减除10%～30%的余值计税，税率为1.2%，减除30%，则：

$$\text{房产税税负}=1.2\%\times(1-30\%)\ k=0.0084k$$

● 土地使用税。假定该地区单位税额为 0.7 元/平方米，该房产使用面积为 L 平方米：

$$土地使用税税负 = 0.7 \times L = 0.7L$$

● 所得税。联营所得应缴所得税：

$$所得税税负 = x_2 \times 25\% = 25\% x_2$$

$$总体税负\ y_2 = 房产税税负 + 土地使用税税负 + 所得税税负 = 0.0084k + 0.7L + 0.25x_2$$

③计算税负均衡点。

由于租金收入相对固定，而且在出租前往往可以商议确定，而联营收入因影响因素多，不确定性更大，所以可以用租金来衡量联营收入。当两种方案的税负相等时，有：

$$0.3945x_1 = 0.0084k + 0.7L + 0.25x_2$$

$$x_2 = (39.45x_1 - 0.84k - 70L) \div 25$$

（3）税收筹划方案

在利用房地产进行投资时，可以利用以上函数公式进行测算，基本结论如下：

若预期联营的收入 $x_2 >$(39.45×租金收入−0.84×房产原值−70×实际使用面积)÷25，则该项房产采取联营方式税负轻于采取租赁方式，从税收的角度考虑，宜采用联营方式；反之，则应采取租赁方式。

四、固定资产的税收筹划

《企业所得税法》所称固定资产，是指企业为生产产品、提供劳务、出租或者经营管理而持有的、使用时间超过 12 个月的非货币性资产，包括房屋、建筑物、机器、机械、运输工具以及其他与生产经营活动有关的设备、器具、工具等；《增值税暂行条例实施细则》（财政部国家税务总局第 50 号令）所称固定资产是指使用期限超过 12 个月的机器、机械运输工具以及其他与生产经营有关的设备、工具、器具等，不包括房屋、建筑物等不动产。而《企业会计准则第 4 号——固定资产》规定，固定资产是指同时具有下列特征的有形资产：为生产商品、提供劳务、出租或经营管理而持有；使用寿命超过一个会计年度。

也就是说，在税收上，将会计上的固定资产分为房屋、建筑物等不动产和机器、机械、运输工具等这些属于货物的固定资产两部分，在纳税人销售固定资产征税问题上，有的固定资产（动产）按销售货物征收增值税，有的固定资产（不动产）按销售服务征收增值税。

（一）固定资产的计税基础

《企业所得税法实施条例》规定，固定资产按照以下方法确定计税基础：

第一，外购的固定资产，以购买价款和支付的相关税费为计税基础。

第二，自行建造的固定资产，以竣工结算前发生的支出为计税基础。

第三，融资租入的固定资产，以租赁合同约定的付款总额和承租人在签订租赁合同过程中发生的相关费用为计税基础；租赁合同未约定付款总额的，以该资产的公允价值和承租人在签订租赁合同过程中发生的相关费用为计税基础。

第四，盘盈的固定资产，以同类固定资产的重置完全价值为计税基础。

第五，通过捐赠、投资、非货币性资产交换、债务重组等方式取得的固定资产，以该资产的公允价值和支付的相关税费为计税基础。

第六，改建的固定资产，除已足额提取折旧的固定资产和租入的固定资产以外的其他固定资产，以改建过程中发生的改建支出增加计税基础。

（二）固定资产的税收筹划

1. 购置固定资产的税收筹划

固定资产具有耗资多、价值大、使用年限长、风险大等特点，它在企业生产经营、生存发展中处于重要地位。在实际工作中，必须重视固定资产购置的税收筹划。

（1）购置固定资产需取得增值税发票。我国目前所采用的是消费型增值税，购入固定资产所含增值税就可以作为进项税额进行抵扣。因此，企业在购买固定资产的时候，要充分考虑到这一点，使固定资产投资额从税基中得以最大限度地扣除。

（2）设备类型的选择。企业购入固定资产的类型可分为用于环境保护、节能节水、安全生产等的设备及除此之外的一般设备。企业选择设备，除了考虑设备的性能、价格、用途，还应重点考虑企业的税收负担。《企业所得税法》规定，企业购置并实际使用《环境保护专用设备企业所得税优惠目录》《节能节水专用设备企业所得税优惠目录》《安全生产专用设备企业所得税优惠目录》规定的环境保护、节能节水、安全生产等专用设备的，该专用设备的投资额的10%可以从企业当年的应纳税额中抵免；当年不足抵免的，可以在以后5个纳税年度结转抵免。面对这样的税收优惠，企业在决策前应好好进行筹划。

（3）固定资产计价的税收筹划。按照会计准则的要求，外购固定资产成本主要包括购买价款、相关税费、使固定资产达到预定可使用状态前所发生的可归属于该项资产的运输费、装卸费、安装费和专业人员服务费等。按照税法的规定，购入的固定资产，按购入价加上发生的包装费、运杂费、安装费，以及缴纳的税金后的价值计价。由于折旧费用是在未来较长时间内陆续计提的，为降低本期税负，新增固定资产的入账价值要尽可能地低。例如，对于成套固定资产，其易损件、小配件可以单独开票作为低值易耗品入账，因低值易耗品领用时可以一次或分次直接计入当期费用，降低了当期的应税所得额。对于在建工程，则要尽可能早地转入固定资产，以便尽早提取折旧。例如，整体固定资产工期长，在完工部分已经投入使用时，对该部分最好分项决算，以便尽早记入固定资产账户。

为提高企业加大设备投资、更新改造及科技创新的积极性，促进制造业实现转型升级，提高产业国际竞争力，国务院审议通过了完善固定资产加速折旧政策方案，财政部、国家税务总局随后也颁布了固定资产加速折旧的具体规定，其主要内容是：

对生物药品制造业，专用设备制造业，铁路、船舶、航空航天和其他运输设备制造业，计算机、通信和其他电子设备制造业，仪器仪表制造业，信息传输、软件和信息技术服务业等六个行业的企业（以下简称六大行业）2014 年 1 月 1 日后新购进的固定资产，可缩短折旧年限或采取加速折旧的方法。对上述六大行业的小型微利企业 2014 年 1 月 1 日后新购进的研发和生产经营共用的仪器、设备，单位价值不超过 100 万元的，允许一次性计入当期成本费用在计算应纳税所得额时扣除，不再分年度计算折旧；单位价值超过 100 万元的，可缩短折旧年限或采取加速折旧的方法。

对所有行业企业 2014 年 1 月 1 日后新购进的专门用于研发的仪器、设备，单位价值不超过 100 万元的，允许一次性计入当期成本费用在计算应纳税所得额时扣除，不再分年度计算折旧；单位价值超过 100 万元的，可缩短折旧年限或采取加速折旧的方法。

对所有行业企业持有的单位价值不超过 5 000 元的固定资产，允许一次性计入当期成本费用在计算应纳税所得额时扣除，不再分年度计算折旧。

根据《财政部　税务总局关于设备、器具扣除有关企业所得税政策的通知》（财税〔2018〕54 号）的规定，企业在 2018 年 1 月 1 日至 2020 年 12 月 31 日期间新购进的设备、器具，单位价值不超过 500 万元的，允许一次性计入当期成本费用在计算应纳税所得额时扣除，不再分年度计算折旧。本通知所称设备、器具，是指除房屋、建筑物以外的固定资产。财政部、税务总局于2021年3月15日下发《关于延长部分税收优惠政策执行期限的公告》（财政部税务总局公告2021年第6号）第一条规定，《财政部 税务总局关于设备、器具扣除有关企业所得税政策的通知》（财税〔2018〕54号）等16个文件规定的税收优惠政策凡已经到期的，执行期限延长至2023年12月31日。根据以上两个文件的规定，企业在2018年1月1日至2023年12月31日期间新购进的设备、器具，单位价值不超过500万元的，可以一次性计入当期成本费用在计算应纳税所得额时扣除。

2. 固定资产折旧的税收筹划

固定资产折旧是成本的重要组成部分，按照我国现行会计制度的规定，企业可选用的折旧方法包括年限平均法、双倍余额递减法及年数总和法等。运用不同的折旧方法计算出的折旧额在量上是不同的，因此分摊到各期的固定资产的成本也存在差异，最终会影响企业税负的大小。对于加速折旧方法的采用，税法有严格的规定。税法规定，企业的固定资产由于技术进步等原因，确需加速折旧的，可以缩短折旧年限。采取缩短折旧年限方法的，最低折旧年限不得低于规定折旧年限的60%；采取加速折旧方法的，可以采取双倍余额递减法或者年数总和法，这就给企业所得税纳税筹划提供了新的空间。

固定资产折旧的筹划主要包括折旧年限和折旧方法的筹划。

（1）折旧年限的税收筹划。根据固定资产折旧的税务处理，缩短折旧年限有利于加速成本收回，可以使后期成本费用前移，从而使前期会计利润发生后移。由于资金存在时间价值，因此前期增加折旧额，税款推迟到后期缴纳。在税率稳定的情况下，所得税的递延缴纳相当于向国家取得了一笔无息贷款。

需要注意的是，税法对固定资产折旧规定了最低的折旧年限，税收筹划不能突破折旧年限的最低要求。

案例3-8

（1）基本案情

某企业系盈利企业，未享受企业所得税优惠政策，企业所得税税率为25%。拟购进一项由于技术进步产品更新换代较快的固定资产，该项固定资产原值500万元，预计净残值20万元，预计使用寿命5年。根据税法的规定，该项固定资产在折旧方面可享受税收优惠政策。假定按年复利利率10%计算，第1~5年的现值系数分别为：0.909，0.826，0.751，0.683，0.621。

（2）税收筹划思路

方案一，采取通常折旧的方法。企业不考虑税收优惠政策而按通常折旧方法计提折旧，以年限平均法计提折旧，即将固定资产的应计折旧额均匀地分摊到固定资产预计使用寿命内。固定资产折旧年限为5年。

年折旧额=(500-20)÷5=96（万元）

累计折旧现值合计=96×0.909+96×0.826+96×0.751+96×0.683+96×0.621

=363.84（万元）

因折旧可税前扣除，则：

相应的抵税额现值=363.84×25%=90.96（万元）

方案二，采取缩短折旧年限的方法：企业选择最低折旧年限即固定资产预计使业用寿命的60%，则该固定资产最低折旧年限=5×60%=3年，按年限平均法分析，则：

年折旧额=(500-20)÷3=160（万元）

累计折旧现值合计=160×0.909+160×0.826+160×0.751=397.76（万元）

因折旧可税前扣除，则：

相应抵税额现值=397.76×25%=99.44（万元）

（3）税收筹划方案

对上述两种方案进行比较分析，缩短折旧年限方法在固定资产预计使用寿命前期计提的折旧较多，因货币的时间价值效应，抵税效益较采取通常的折旧方法更加明显。

（2）折旧方法的筹划。按照会计准则的规定，固定资产折旧的方法主要有平均年限法、工作量法等直线法（或称平速折旧法）和双倍余额递减法、年数总和法等加速折旧法。不同的折旧方法对应税所得额的影响不同。虽然从整体上看固定资产的扣除不可能超过固定资产的价值本身，但是由于对同一固定资产采用不同的折旧方法会使企业所得税税款提前或滞后实现，从而产生不同的货币时间价值。以下针对几种固定资产折旧方法进行比较：

①年限平均法。年限平均法又称直线法，是指将固定资产的应计折旧额均衡地分摊到固定资产预计使用寿命内的一种方法。采用这种方法计算的每期折旧额相等。其计算公式为：

年折旧额=(固定资产原值-预计净残值)÷预计使用寿命（年）

②双倍余额递减法。双倍余额递减法是在不考虑固定资产残值的情况下，用直线法折旧率的两倍作为固定的折旧率乘以逐年递减的固定资产期初净值，得出各年应提折旧额的方法。其计算公式为：

年折旧率=2×预计的折旧年限×100%

年折旧额=固定资产期初账面净值×年折旧率

采用双倍余额递减法计提折旧的固定资产，通常在其折旧年限到期前两年内，将固定资产净值扣除预计净残值后的余额平均摊销。

③年数总和法。年数总和法又称折年限积数法或级数递减法。它是将固定资产的原值减去残值后的净额乘以一个逐年递减的分数计算确定固定资产折旧额的一种方法。逐年递减分数的分子代表固定资产尚可使用的年

数，分母代表使用年数的逐年数字之总和。其计算公式为：

年折旧率=(折旧年限-已使用年数)÷[折旧年限×(折旧年限+1)÷2]×100%

年折旧额=(固定资产原值-预计残值)×年折旧率

双倍余额递减法和年数总和法都属于加速折旧法，是假设固定资产的服务潜力在前期消耗较大，在后期消耗较少，为此，在使用前期多提折旧，后期少提折旧，从而相对加速折旧的折旧方法。

案例3-9

(1) 基本案情

某企业某一生产工具原值40 000元，预计残值率为3%，假设折旧年限为5年，所得税税率为25%。采用何种折旧方法可以节税？

(2) 税收筹划思路

计算平均年限法、双倍余额递减法、年数总和法三种折旧方法的每年折旧额和所得税额并进行比较。

方案一：平均年限法：

预计净残值=40 000×3%=1 200（元）

每年折旧额=(40 000-1 200) ÷5=7 760（元）

方案二：双倍余额递减法：

年折旧率=2÷5×100%=40%

每年应提折旧额如表3-5所示。

表3-5 双倍余额递减法折旧计算表

年份	折旧率（%）	年折旧额（元）	账面净值（元）
第一年	40	16 000（40 000×40%）	24 000
第二年	40	9 600（24 000×40%）	14 400

续表

年份	折旧率（%）	年折旧额（元）	账面净值（元）
第三年	40	5 760（14 400×40%）	8 640
第四年	50	3 720（7 440×50%）	4 920
第五年	50	3 720（7 440×50%）	1 200

说明：表中第四年、第五年折旧额=(第三年末固定资产净值-预计净残值)÷2=(8 640-1 200）÷2=3 720(元)

方案三:年数总和法每年应提折旧如表 3-6 所示。

表 3-6 年数总和法折旧计算表

年份	折旧率	年折旧额(元)	账面净值(元)
第一年	5/15	12 933(38 800×5÷15)	27 067
第二年	4/15	10 347(38 800×4÷15)	16 720
第三年	3/15	7 760(38 800×3÷15)	8 960
第四年	2/15	5 173(38 800×2÷15)	3 787
第五年	1/15	2 587(38 800×1÷15)	1 200

假设每年的税前利润都是 10 万元,那么由于采用不同的折旧方法,每年的折旧额均不相同,所以每年的税前利润、所得税额也不相同,如表 3-7 所示。

表 3-7 折旧计算表 (单位:元)

年份	平均年限法			双倍余额递减法			年数总和法		
	折旧额	年所得额	应纳税额	折旧额	年所得额	应纳税额	折旧额	年所得额	应纳税额
第一年	7 760	92 240	23 060	16 000	84 000	21 000	12 933	87 067	21 767
第二年	7 760	92 240	23 060	9 600	90 400	22 600	10 347	89 653	22 413
第三年	7 760	92 240	23 060	5 760	94 240	23 560	7 760	92 240	23 060
第四年	7 760	92 240	23 060	3 720	96 280	24 070	5 173	94 827	23 707
第五年	7 760	92 240	23 060	3 720	96 280	24 070	2 587	97 413	24 353
合计	38 800	461 200	115 300	38 800	461 200	115 300	38 800	461 200	115 300

(3) 税收筹划方案

从表 3-7 可知，虽然各项数据合计相等，但不同计价方法对不同年份的数据产生了影响。以第一年为例，企业应纳税额在平均年限法、双倍余额递减法和年数总和法下分别是 23 060 元、21 000 元、21 767 元。若选用双倍余额递减法，可以节税 2 060 元(=23 060−21 000)；若选用年数总和法，可以节税 1 293 元(=23 060−21 767)。

(4) 若干思考

综上，采用直线法计提折旧，在折旧期间折旧费用均衡地在企业收益中扣除，对利润的影响也是均衡的，企业所得税额的缴纳同样比较均衡。采用双倍余额递减法和年数总和法计提折旧，在折旧期间折旧费会随着时间的推移而逐渐减少，对企业收益的抵减也是逐年递减的。为获得货币的时间价值，应尽量采用加速折旧法。值得注意的是，如果预期企业所得额的税率会上升，则应考虑在未来可能增加的税负与所获得的货币时间价值进行比较决策。同理，在享受减免税优惠期内添置的固定资产，采用加速折旧法一般来讲是不合算的。

案例3-10

(1) 基本案情

某企业属于固定资产可以加速折旧企业，系增值税一般纳税人。其在 2020 年 12 月购入一台用于研发的仪器设备 A 为 80 万元，预计使用 5 年。假设企业每年未扣除折旧的利润均为 100 万元，企业适用 25%的所得税率。企业应采用何种折旧政策？

(2) 税收筹划思路

按照企业所得税法的规定，固定资产折旧额在计算企业所得税时允许税前扣除，但由于选择不同的会计折旧方法导致计提折旧额也不同，企业据以计算的应纳税所得额、应纳税额和税后利润也存在差异。

计算每年不同折旧政策下应计提折旧额，结果如表3-8所示。

表3-8 不同折旧政策下折旧额计算表 (单位:元)

年份	一次性计入成本费用	双倍余额递减法	年数总和法
1	800 000	320 000	266 667
2	0	192 000	213 333
3	0	115 200	160 000
4	0	86 400	106 667
5	0	86 400	53 333
合计	800 000	800 000	800 000

计算三种折旧方法下的应纳税所得额、应纳税额和税后利润，结果如表3-9所示。

表3-9 不同折旧政策下的应纳税所得额、应纳税额和税后利润额计算表

(单位:元)

年份	应纳税所得额			应纳税额			税后利润		
	一次性计入成本费用	双倍余额递减法	年数总和法	一次性计入成本费用	双倍余额递减法	年数总和法	一次性计入成本费用	双倍余额递减法	年数总和法
1	200 000	680 000	733 333	50 000	170 000	183 333	150 000	510 000	550 000
2	1 000 000	808 000	786 667	250 000	202 000	196 667	750 000	606 000	590 000
3	1 000 000	884 800	840 000	250 000	221 200	210 000	750 000	663 600	630 000
4	1 000 000	913 600	893 333	250 000	228 400	223 333	750 000	685 200	670 000
5	1 000 000	913 600	946 667	250 000	228 400	236 667	750 000	685 200	710 000
合计	4 200 000	4 200 000	420 000	1 050 000	1 050 000	1 050 000	3 150 000	3 150 000	3 150 000

(3)税收筹划方案

企业在2018年1月1日至2023年12月31日期间新购进的设备、器具，单位价值不超过500万元的，可以一次性计入当期成本费用，在计算应纳税所得额时扣除。一次性计入成本费用与其他折旧方法相比，扣除最多，当年缴纳的企业所得税最少。上述分析是仅考虑绝对筹划原理，下面根据企业所得税的计算结果，在考虑货币时间价值的情况下（假如资本成本为10%），分析如何选择会计折旧方法。

通过查表可得复利现值系数，通过公式 $P=F\times(P/F,\ i,\ n)$ 可求得相应的现值，如表3-10所示。

表3-10 考虑时间价值情况下各折旧政策应纳税额及税后利润

（单位：元）

年份	复利现值系数	应纳所得税额现值			税后利润现值		
		一次性计入成本费用	双倍余额递减法	年数总和法	一次性计入成本费用	双倍余额递减法	年数总和法
1	0.909 1	45 455	154 547	166 668	136 365	463 641	500 005
2	0.826 4	206 600	166 933	162 526	619 800	500 798	487 576
3	0.751 3	187 825	166 188	157 773	563 475	498 563	473 319
4	0.683 0	170 750	155 997	152 536	512 250	467 992	457 610
5	0.620 9	155 225	141 814	146 947	465 675	425 441	440 839
合计	—	765 855	785 478	786 450	2 297 565	2 356 434	2 359 349

可见，尽管5年的应纳所得税额合计数相等，但是考虑到货币时间价值，发现允许一次性计入当期成本费用使得企业获得更多的节税效应，但是相应的税后利润净现值最低。

3. 固定资产计价和折旧的税收筹划方法的综合运用

推迟利润的实现从而获取货币的时间价值并不是固定资产税收筹划的唯一目的。在进行税收筹划时，还必须根据不同的企业或者企业的不同状态采用不同的对策。

对盈利企业来说，盈利企业当期费用能够从当年的所得税前扣除，费用的增加有利于减少企业当年应纳税所得额。因此，购置固定资产时，购买费用中能够计入当期费用的项目，应尽可能计入当期费用而不宜通过扩大固定资产原值推迟到以后时期扣除；尽可能缩短折旧年限，使折旧费用能够在尽可能短的时间内得以税前扣除；选择折旧方法，宜采用加速折旧法，因加速折旧法可以使折旧费用前移和应纳税所得额后移，以相对降低纳税人当期应缴纳的企业所得税。

对亏损企业来说，亏损企业费用的扩大不能在当期的企业所得税前扣除，即使延续扣除，也有 5 年时间的限定。因此，企业在亏损期间购置固定资产，应尽可能多地将相关费用计入固定资产原值，使这些费用通过折旧的方式在以后年度实现扣除；亏损企业的折旧年限可适当延长，以便将折旧费用在更长的周期中摊销；因税法对折旧年限只规定了下限而没有规定上限，因此企业可以做出安排。折旧方法的选择应同企业的亏损弥补情况相结合，选择的折旧方法必须能使不能得到或不能完全得到税前弥补的亏损年度的折旧额降低，因此，企业亏损期间购买的固定资产不宜采用加速折旧法计提折旧。

对享受企业所得税优惠政策的企业来说，处于减免所得税优惠期内的企业，减免税期内各种费用的增加都会导致应税所得额的减少，从而导致享受的税收优惠减少。因此，企业在享受所得税优惠政策期间购买的固定资产，应尽可能将相关费用计入固定资产原值，使其能够在优惠期结束以后的税前利润中扣除；折旧年限的选择应尽可能长一些，以便将折旧费用在更长的周期中摊销；选择折旧方法时，应考虑减免税期折旧少、非减免税期折旧多的方法，把折旧费用尽可能安排在正常纳税年度，以减少正常纳税年度的应纳税所得额，降低企业所得税负担。

4. 固定资产发生减值的税收筹划

资产发生减值意味着企业发生了潜在亏损。《企业会计准则》规定，企业应当对减值资产合理提取减值准备，因此，资产减值会减少本年利润。税法规定，企业所得税税前允许扣除的项目原则上必须遵循据实扣除原则，企业根据财务会计制度等规定提取的任何形式的准备金不得在企业所得税税前扣除。可见，提取减值准备不能减少企业所得税应纳税所得额。在一定条件下，可以采取处置出售的手段将资产减值转化为应纳税所得额的减少，从而减少本期应缴企业所得税额。

5. 固定资产大修理的税收筹划

纳税人的一般性固定资产修理支出可在发生当期直接扣除，但是，符合规定条件的固定资产大修理支出要作为长期待摊费用，按照固定资产尚可使用年限分期摊销。

固定资产大修理支出是指同时符合以下条件的支出：

（1）修理支出达到取得固定资产时的计税基础 50%以上；

（2）修理后固定资产的使用年限延长 2 年以上。

合理地安排固定资产的修理支出应当考虑以下因素：支出数额；企业的盈亏情况；生产经营要素。

案例3-11

（1）基本案情

某企业 2020 年 12 月对一台生产设备进行大修理，当月完工。设备的原值为 500 万元，发生修理费用 300 万元。修理前该固定资产还可以使用 3 年，维修后经济使用寿命延长了 3 年，仍用于原用途。当年实现税前会计利润240万元，无其他纳税调整项目。请问：该企业如何进行税收筹划？

（2）税收筹划思路

当年发生的固定资产修理支出达到固定资产原值50%以上，应视为固定资产大修理支出，不可以当期直接扣除，要作为长期待摊费用，按照固定资产尚可使用年限分期摊销。

每年摊销的修理费用＝300÷(3+3)＝50（万元）

第1年应纳税所得额＝240−50＝190（万元）

第1年应纳所得税额＝190×25%＝47.5（万元）

如果该设备的修理可以分两期进行，第一期维修工程在2020年12月完工，维修费用240万元；第二期维修工程2021年6月完工，维修费用60万元。其他条件不变。

第1年发生的固定资产修理支出可以在当期直接扣除。

第1年应纳税所得额＝0

第1年应纳所得税额＝0

（3）税收筹划方案

可以将该设备的修理分为两期进行，第一期维修工程在2020年12月完工，维修费用240万元；第二期维修工程在2021年6月完工，维修费用60万元。

五、无形资产及其他资产的税收筹划

《企业会计准则第6号——无形资产》规定，无形资产是指企业拥有或者控制的没有实物形态的可辨认非货币性资产，其内容包括专利权、非专利技术、商标权、著作权、特许权、土地使用权等。《企业所得税法》所称无形资产是指企业为生产产品、提供劳务、出租或者经营管理而持有的、没有实物形态的非货币性长期资产，包括专利权、商标权、著作权、土地使用权、非专利技术、商誉等。《企业所得税法》与《企业会计准则》中关于无形资产的定义存在一定的差异。

（一）无形资产的计税基础

无形资产按照以下方法确定计税基础：

第一，外购的无形资产，以购买价款和支付的相关税费以及直接归属于使该资产达到预定用途发生的其他支出为计税基础。

第二，自行开发的无形资产，以开发过程中该资产符合资本化条件后至达到预定用途前发生的支出为计税基础。

第三，通过捐赠、投资、非货币性资产交换、债务重组等方式取得的无形资产，以该资产的公允价值和支付的相关税费为计税基础。

（二）自主开发无形资产的税收筹划

企业研究开发新产品、新技术、新工艺所发生的技术开发费，按税法规定予以税前扣除。《企业所得税法》第三十条规定，企业为开发新技术、新产品、新工艺发生的研究开发费用，未形成无形资产计入当期损益的，在按照规定据实扣除的基础上，按照研究开发费用的50%加计扣除；形成无形资产的，按照无形资产成本的150%摊销。

国家税务总局《关于研发费用税前加计扣除归集范围有关问题的公告》（国家税务总局2017年第40号）规定，对于会计核算健全、实行查账征收并能够准确归集研发费用的居民企业开展研发活动中实际发生的研发费用，未形成无形资产计入当期损益的，在按规定据实扣除的基础上，再按照实际发生额的75%在税前加计扣除；形成无形资产的，按照无形资产成本的175%在税前摊销。

为激励企业加大研发投入，支持科技创新，财政部、国家税务总局近日发布《关于进一步完善研发费用税前加计扣除政策的公告》（财政部税务总局公告2021年第13号）（以下简称《公告》）。《公告》指出，制造业企业开展研发活动中实际发生的研发费用，未形成无形资产计入当期损益的，在按规定据实扣除的基础上，自2021年1月1日起，再按照实际发生额的100%在税前加计扣除；形成无形资产的，自2021年1月1日起，按照无形资产成本的200%在税前摊销。

企业用于研发活动的仪器、设备，符合税法规定且选择加速折旧优惠政策的，在享受研发费用税前加计扣除政策时，就税前扣除的折旧部分计算加计扣除。需要注意的是，企业研发活动直接形成产品或作为组成部分形成的产品对外销售的，研发费用中对应的材料费用不得加计扣除。自主开发无形资产的税收筹划要求企业准确掌握、用好国家对企业自主创新进行研究开发的税收优惠政策。

案例3-12

（1）基本案情

某公司2021年自主开发一项新技术，研究开发项目人员工资、材料费等费用支出（不含研发设备支出）为200万元，其中，研究阶段支出为100万元，开发阶段支出为100万元（满足资本化条件）。公司另购入一台单价27万元的设备用于研究开发，预计使用年限为5年（符合税法规定且选择加速折旧优惠政策），假设无残值，所得税税率25%。请问企业如何运用无形资产加计扣除的优惠政策？

（2）税收筹划思路

会计上应将100万元费用化计入管理费用，100万元资本化计入无形资产，27万元计入固定资产。假设无形资产使用寿命为10年，采用直线法摊销，不考虑残值，则本期应摊销无形资产10万元（=100÷10），应计提折旧 9 万元（=27÷3）；而税法上允许扣除的当期费用为 274 万元［=100×(1+100%)+10×(1+100%)+27×(1+100%)］，从而造成本期所得税影响为-38.75 万元｛=［-100-10-27×(1+100%)+9］×25%｝。以后年度，若购置的设备和开发的技术不转让，则资本化计入无形资产的开发支出摊余价值为 90 万元（=100-10），每年加计扣除 10 万元，每年调减应纳税所得额 10 万元；资本化计入固定资产的设备支出折余价值为 18 万元（=27-9），第二年、第三年每年应调增应纳税所得额 9 万元。

（三）外购无形资产的税收筹划

税法规定，外购的无形资产以购买价款和支付的相关税费以及直接归属于使该资产达到预定用途发生的其他支出为计税基础。而《企业会计准则讲解（2006）》规定，外购无形资产的成本包括购买价款、相关税费以及直接归属于使该项资产达到预定用途所发生的其他支出，但是超过正常信用条件延期支付产生的价差，除按规定可以将一部分资本化，其余的应当在信用期间内计入当期损益。依据此规定，实际支付的价款不一定全部作为无形资产的成本。这是税法与会计准则之间的差异。

由于会计准则和税法对超过正常信用条件延期支付产生的价差处理不同，进行税收筹划时，企业应权衡正常信用支付和超过正常信用支付的成本与收益，考虑采用何种支付方式。

案例3-13

（1）基本案情

某公司计划外购一项技术，若现在支付价款，价款和相关税费为 100

万元；若延期一年支付，价款和相关税费为120万元，估计延期支付的价差有10万元可以资本化，无形资产采用直线法摊销，假设会计和税法规定的摊销年限为5年。

（2）税收筹划思路

延期支付一方面增加了无形资产的成本，另一方面无形资产成本增加带来了更多的抵税收益，需要计算两种情况下的总收益并进行比较。企业应在延期支付获得的抵税收益和利息收益与多付价款上进行权衡。

（3）税收筹划方案

若该公司选择现在支付价款，会计上每年计入当期损益20万元（=100÷5），税法上允许扣除的费用每年也为20万元。

若该公司选择延期一年的支付方式购入此项新技术，会计上，该公司在第1年应将不能资本化的延期支付价差10万元计入损益，其余110万元计入无形资产。税法上将实际支付的价款120万元作为此无形资产的价值。会计上每年计入成本费用依次为32万元、22万元、22万元、22万元、22万元，税法上每年允许扣除的费用为24万元（=120÷5）。

与现在支付价款相比，延期支付价款多支付20万元价款，共计获得抵税收益5万元［=(24−20)×5×25%］。

（四）无形资产摊销的税收筹划

《企业所得税法实施条例》规定，无形资产按照直线法计算的摊销费用准予扣除。无形资产的摊销年限一般不得低于10年，作为投资或者受让的无形资产，有关法律规定或者合同约定了使用年限的，可以按照规定或者约定的使用年限分期摊销，即除了通过投资或者受让方式获取的无形资产，无形资产的摊销年限不得低于10年。

无形资产摊销的筹划，其要点在于受让无形资产签订合同或协议时，应能体现受益期限，按较短的受益年限进行摊销，尽快将无形资产摊销完毕。

（五）无形资产减值的税收筹划

税法规定，企业计提的无形资产减值准备，因为属于或有支出，不符合确定性原则，因此不得在所得税税前扣除，应做纳税调整增加处理。因无形资产减值损失确认后不得转回，而税法不考虑计提无形资产减值准备对无形资产摊销的影响，计提无形资产减值准备以后各年，会计确认的无形资产摊销费用将小于税法允许在所得税税前扣除的无形资产摊销费用，因此，每年应调减应纳税所得额。若在使用寿命期内处置无形资产，应转销由于计提无形资产减值准备导致的会计与税法的收益差异。

无形资产减值的税务筹划的要点是，如果无形资产预期不能或很少为企业带来经济利益，尽量通过转让或报损等方式将该无形资产的账面价值予以转销，而不是计提减值准备，因为计提的减值准备税法上不允许税前扣除，而出售无形资产的净损失可以税前扣除。

（六）无形资产转让的税收筹划

企业所得税法中的转让财产收入包括转让无形资产取得的收入，因此，有必要对无形资产转让进行税收筹划。

案例3-14

（1）基本案情

A 公司从事电脑批发零售，也从事软件开发业务。A 公司与 B 公司经协商达成一致：由 A 公司向 B 公司销售一批专用电脑设备，价款 100 万元，A 公司另外要向 B 公司提供与该批电脑设备有关的软件开发服务，价款也是100万元。A公司销售电脑设备，适用增值税税率为13%；提供软件开发服务，适用增值税税率为6%。

问题1：如果A公司与B公司签订一份合同，既约定电脑设备销售事宜，又约定软件开发服务事宜，A公司该如何计算缴纳增值税?

问题2：电脑批发零售、软件开发服务应该分别计税，还是必须将两个应税项目合并成一项交易，按混合销售计税，统一适用13%的税率?

问题3：如果双方签订两份合同，一份合同约定电脑设备销售事项，另一份合同约定软件开发服务，A公司又该如何计算缴纳增值税?

（2）税收筹划思路

如果按混合销售缴纳增值税，A公司的销项税额是26万元（=200×13%）。如果允许分别计税，A公司的销售税额是19万元（=100×13%+100×6%）。前者比后者多出7万元。故应选择分开计税。

（3）税收法律依据

财税〔2016〕36号附件1第三十九条规定，纳税人兼营销售货物、劳务、服务、无形资产或者不动产，适用不同税率或者征收率的销售额；未分别核算的，从高适用税率。第四十条规定，一项销售行为如果既涉及服务又涉及货物，为混合销售。从事货物的生产、批发或者零售的单位和个体工商户的混合销售行为，按照销售货物缴纳增值税；其他单位和个体工商户的混合销售行为，按照销售服务缴纳增值税。上述从事货物的生产批发或者零售的单位和个体工商户，包括以从事货物的生产、批发或者零售为主，并兼营销售服务的单位和个体工商户在内。

（4）若干思考

应该注意的是，混合销售行为成立的标准有两点，一是其销售行为必须是一项；二是该项行为必须既涉及服务又涉及货物，其中货物是指增值税条例中规定的有形动产，包括电力、热力和气体；服务是指属于营改增范围内的交通运输服务、建筑服务、金融保险服务、邮政服务、电信服务、现代服务、生活服务等。

在确定混合销售是否成立时，其行为标准中的上述两点必须同时存在，如果一项销售行为只涉及销售服务，不涉及货物，这种行为就不是混合销售行为；反之，如果涉及销售服务和货物，但销售行为不是一项，则这种行为也不是混合销售行为。

除此之外，在无形资产的转让过程中，还可以利用免征企业所得税的优惠政策进行税收筹划。我国《企业所得税法实施条例》规定，居民企业转让技术所得不超过500万元的部分，免征企业所得税；超过500万元的部分，减半征收企业所得税。由于这项免征所得税优惠政策的存在，一味追求较高的转让价格不一定就能带来较高的税后收益。在企业全年所有的技术转让所得大致在500万元的情况下，可以适当降低转让价格，使全年技术转让业务的净收入刚好在500万元以下，以享受免征所得税的好处。

第三节　成本、费用会计政策的税收筹划

成本与费用既有联系又有区别。成本是企业为生产产品、提供劳务而发生的各种耗费。费用是企业为销售商品、提供劳务等日常活动所发生的经济利益的流出。二者的联系是，成本是对象化的费用；费用是成本计算的基础。二者的区别是，生产成本是相对于一定产品所发生的费用，是按产品品种等成本计算对象对当期发生的费用进行归集形成的；费用是相对于一定的会计期间所发生的费用，是与收入相对应而存在的。

按照经济用途进行分类，首先将企业发生的费用划分为应计入产品成本、劳务成本的费用和不计入产品成本、劳务成本的费用两部分。对于应计入产品成本、劳务成本的费用再继续划分为直接费用和间接费用。直接费用包括直接材料、直接人工和其他直接费用；间接费用指制造费用。直接费用和间接费用构成了制造业的生产成本。已销产品的生产成本为销售成本，企业一般在月末根据本月销售产品的数量，采用先进先出法、加权平均法等计算已销产品的成本，并将计算出的销售成本记入“主营业务成本”账户。对于不应计入产品成本的费用（即期间费用）又可划分为财务费用、管理费用、销售费用。生产成本由直接材料费、直接人工费以及制造费用等成本项目构成。

有关生产成本、费用会计核算的税收筹划（包括存货计价方法、固定资产折旧的方法）在上一节已经阐述，本节仅涉及销售成本（主营业务成本）和期间费用的税收筹划。

一、销售成本的税收筹划

销售成本是销售产品过程中所发生的费用，它形成于销售过程。销售成本包括主营业务成本和其他业务成本两部分，其中，主营业务成本是企业销售商品、产品、半成品以及提供工业性劳务等业务所形成的成本；其他业务成本是企业销售材料、出租包装物、出租固定资产等业务所形成的成本。

《企业所得税法》规定，企业实际发生的与取得收入有关的、合理的支出，包括成本、费用、税金、损失和其他支出，准予在计算应纳税所得额时扣除，其中成本主要是指企业在生产经营活动中发生的销售成本、营业成本等。

案例3-15

（1）基本案情

甲公司是一家生产电子产品的上市公司，为增值税一般纳税人，增值税税率为13%，所得税税率为25%。假定在不同的存货计价方法下，甲公司的销售收入（主营业务收入）相同，即为1 900万元；而在先进先出法和加权平均法下的产品销售成本却各不相同，分别为1 300万元和1 270万元。假设无其他纳税调整项目，企业采用哪种存货计价方法更加节税？

（2）税收筹划思路

分别计算不同存货计价方法下的应纳所得税额。

（3）税收筹划方案

①销售成本为1 300万元时：

$$\text{甲公司应纳税所得额}=1\,900-1\,300=600\text{（万元）}$$

$$\text{应纳所得税额}=600\times25\%=150\text{（万元）}$$

②销售成本为1 270万元时：

$$\text{甲公司应纳税所得额}=1\,900-1\,270=630\text{（万元）}$$

$$\text{应纳所得税额}=630\times25\%=157.5\text{（万元）}$$

由此可知，在营业收入既定的前提下，由于产品销售成本计算方法不同，致使其应纳税所得额不同，进而使两种方法下的应纳所得税税额相差7.5万元（=157.5-150）。因此，采用何种计价方法是企业税收筹划的重要内容。

（4）若干思考

存货计价方法的筹划应立足于使成本费用的抵税效应得到最充分或最快的发挥。不同企业应选择不同的计价方法，以使企业的所得税税负降低。

①盈利企业。由于盈利企业的销售成本可在应税收入中抵扣，销售成本的抵税效应能够得到充分发挥，因此，应选择前期成本较大的计价方法。当发生通货膨胀，材料价格不断上涨时，加权平均法计入成本的费用较高，应选择加权平均法；反之，在通货紧缩时期，可选择先进先出法。

②处于税收优惠期的企业。如果企业正处于所得税的减税或免税期，就意味着企业获得的利润越多，其得到的减免税额就越多，减免税期内的抵税效应会全部或部分被减免税优惠抵消。因此应选择减免税优惠期内销售成本小的计价方法，减少存货费用的当期摊入，扩大当期利润。因为企业正处于所得税减免税优惠期，其实现的利润越多，所得税的减免额越大，就能更大幅度地享受减免税优惠。

③亏损企业。亏损企业选择计价方法应考虑亏损的税前弥补情况，选择的计价方法必须使不能得到或不能完全得到税前弥补的亏损年度的成本费用降低，保证成本费用的抵税效应得到最大限度的发挥。

二、管理费用的税收筹划

管理费用是企业为组织和管理企业生产经营所发生的费用，包括企业的董事会和行政管理部门在企业经营管理中发生的或者应由企业统一负担的公司经费，包括管理行政部门职工薪酬、修理费、机物料消耗、低值易耗品摊销、办公费、差旅费、工会经费、董事会费、聘请中介机构费、咨询费、诉讼费、业务招待费、研究费用、排污费等。

（一）利用企业“三新”技术研究开发费进行税收筹划

为了促进企业技术进步，鼓励企业积极研究开发新技术、新产品、新工艺，《企业所得税法》规定，企业开发新技术、新产品、新工艺发生的研究开发费用，未形成无形资产计入当期损益的，在按照规定据实扣除的基础上，按照研究开发费用的50%加计扣除；形成无形资产的，按照无形资产成本的150%摊销。也就是说，前者费用按收益性支出可以直接在当期扣除，而后者要作为资本性支出进行摊销扣除，前者比后者能获得更多的时间价值。

国家税务总局《关于研发费用税前加计扣除归集范围有关问题的公告》（国家税务总局2017年第40号）规定，对于会计核算健全、实行查账征收并能够准确归集研发费用的居民企业开展研发活动中实际发生的研发费用，未形成无形资产计入当期损益的，在按规定据实扣除的基础上，再按照实际发生额的75%在税前加计扣除；形成无形资产的，按照无形资产成本的175%在税前摊销。财政部、国家税务总局《关于进一步完善研发费用税前加计扣除政策的公告》（财政部税务总局公告2021年第13号）规定，制造业企业开展研发活动中实际发生的研发费用，未形成无形资产计入当期损益的，在按规定据实扣除的基础上，自2021年1月1日起，再按照实际发生额的100%在税前加计扣除；形成无形资产的，自2021年1月1日起，按照无形资产成本的200%在税前摊销。

案例3–16

以前年度，某企业未单独核算研究人员工资等研究开发费用，未能享受技术开发费用的加计扣除。2021年，该企业不仅单独设立了技术开发部门，而且单独核算研究开发费用，并向税务机关报送了相关资料。如果2021年的技术开发费用为800万元，则可以享受加计扣除，减少所得税200万元（=800×25%×100%）。

（二）业务招待费的税收筹划

《企业所得税法实施条例》第四十三条规定，企业发生的与生产经营活动有关的业务招待费支出，按照发生额的60%扣除，但最高不得超过当年销售收入的5‰。因此，可以利用业务招待费的临界点进行税收筹划，即企业发生的业务招待费得以税前扣除，既要满足60%发生额的标准，又最高不得超过当年销售收入5‰。企业如何既能充分利用业务招待费的限额，又可以减少纳税调整呢?

假设企业某年销售收入为 x，当年业务招待费为 y，则当年允许税前扣除的业务招待费 $= y\times60\% \leqslant x\times5‰$，只有在 $y\times60\% = x\times5‰$ 的情况下，即 $y=x\times8.3‰$，业务招待费在销售收入的8.3‰的临界点时，企业才可能充分利用好上述政策。

一般情况下，企业的销售收入是可以测算的。假定当年企业销售收入 $x=10\ 000$ 万元，则允许税前扣除的业务招待费最高不超过50万元（$=10\ 000\times5‰$），因此：

$$\text{财务预算中全年业务招待费 } y=50\div60\%=83\text{（万元）}$$

其他销售收入可以依此类推。

如果企业实际发生业务招待费100万元大于计划的83万元，即大于销售收入的8.3‰，则业务招待费的60%可以扣除，纳税调整增加40万元（=100−60）。但是另一方面，销售收入的5‰只有50万元，还要进一步纳税调整增加10万元，按照两方面限额孰低的原则，取其低值直接纳税调整，共调整增加应纳税所得额50万元，计算缴纳企业所得税12.50万元。即实际消费100万元，则要付出112.50万元的代价。

如果企业实际发生业务招待费40万元小于计划的83万元，即小于销售收入的8.3‰，则业务招待费的60%可以全部扣除，纳税调整增加16万元（=40−24）。另一方面，销售收入的5‰为50万元，无须再纳税调整，只计算缴纳企业所得税4万元，即实际支出40万元，则要付出44万元的代价。

因此，当企业的实际业务招待费小于销售收入的8.3‰时，可以充分利用60%的限额，只需就40%的部分做计税处理，等于发生1 000元业务招待费，实际要付出1 100元。当企业发生的业务招待费大于销售收入的8.3‰时，超过60%的部分需要全部计税，超过部分每支付1 000元，就会导致250元（=1 000×25%）税金流出，即等于发生1 000元业务招待费，实际要付出1 250元。

案例3-17

（1）基本案情

某生产企业某年度实现销售收入20 000万元，分别假定业务招待费是小于销售收入8.3‰的160万元和大于销售收入8.3‰的170万元两种情况。假设无其他纳税调整项目。

（2）税收筹划思路

根据税收政策规定的扣除限额计算如下：

①当业务招待费为160万元时：

业务招待费超标=160-(160×60%)=64（万元）

超标部分应缴纳企业所得税税额=64×25%=16（万元）

②当业务招待费为170万元时：

业务招待费超标=170-(20 000×5‰)=70（万元）

(20 000×5‰与170×60%较小者为扣除标准)

超标部分应缴纳企业所得税税额=70×25%=17.5（万元）

（3）税收筹划方案

在销售收入既定的前提下，当业务招待费低于销售收入的8.3‰时，实际发生的业务招待费支出增加，企业缴纳的所得税额减少，在销售收入既定的前提下，当业务招待费大于销售收入的8.3‰时，实际发生的业务招待费支出增加，企业缴纳的所得税额也会增加。企业要充分利用业务招待费的临界点进行税收筹划。

（4）若干思考

企业在核算业务招待费时，应将会务费（会议费）、差旅费等项目与业务招待费等严格区分，不能将会务费、差旅费等计入业务招待费，避免对企业产生不利影响。因为纳税人发生的与其经营活动有关的合理的差旅费、会务费、董事费，只要能够提供证明其真实性的合法凭证，均可获得税前全额扣除，不受比例的限制。例如，发生会务费时，按照规定应该有详细的会议签到簿、召开会议的文件，否则不能证实会议费的真实性，仍然不得税前扣除。同时，不能故意将业务招待费混入会务费、差旅费中核算，否则属于逃税。另外，业务宣传费的扣除限额为营业收入的15%（特定行业30%），是业务招待费的30倍（特定行业的60倍），存在较大的限额空间。如果能够结合业务需求，合理统筹业务招待费与业务宣传费的支出，将会起到很好的节税效果。

案例3-18

（1）基本案情

某企业某年发生会务费、差旅费共计18万元，业务招待费6万元，其中，部分会务费的会议邀请函以及相关凭证等保存不全，导致5万元的会务费无法扣除。该企业当年的销售收入为 400 万元。试计算企业所得税额并拟进行纳税筹划。

（2）税收筹划思路

根据税法的规定，如凭证票据齐全，则 18 万元的会务费、差旅费可以全部扣除，但其中凭证不全的 5 万元会务费和会议费只能算作业务招待费，而该企业当年可扣除的业务招待费限额为 2 万元（=400×5‰），超过的 9 万元（=6+5−2）不得扣除，也不能转到以后年度扣除。仅此项超支费用企业需缴纳企业所得税 2.25 万元（=9×25%）。

下年度，企业应加强财务管理，在准确把握相关政策的同时事先进行纳税筹划，严格将业务招待费控制在 2 万元以内，各种会务费、差旅费都按税法规定保留了完整合法的凭证，同时，在不违反规定的前提下，将部分类似会务费性质的业务招待费并入会务费项目核算，使得当年可扣除费用达 8 万元。由此可节约企业所得税 2 万元（=8×25%）。

三、销售费用的税收筹划

销售费用是企业销售商品和材料、提供劳务的过程中发生的各种费用，包括广告费、运输费、装卸费、包装费、展览费、保险费、销售佣金、代销手续费、经营性租赁费及销售部门发生的差旅费、工资、福利费等费用。其中，广告宣传费用支出具有一定的筹划空间。

依据目前的税收政策，企业所得税的节税思路主要有两个：一是提高税前扣除的计算基数，增加费用扣除数额；二是合法地增加无限额的费用，在税前扣除。

《企业所得税法实施条例》第四十四条规定，企业发生的符合条件的广告费和业务宣传费支出，除国务院财政、税务主管部门另有规定外，不超过当年销售收入 15%的部分，准予扣除；超过部分，准予在以后纳税年度结转扣除，其中销售收入中含视同销售收入。因此，对企业发生的广告费进行税收筹划，在考虑广告费实际发生数的同时，还要计算其基数。根据《财政部、税务总局关于广告费和业务宣传费支出税前扣除有关事项的公告》（财政部税务总局公告2020年第43号）的规定，对化妆品制造或销售、医药制造和饮料制造（不含酒类制造）企业发生的广告费和业务宣传费支出，不超过当年销售（营业）收入30%的部分，准予扣除；超过部分，准予在以后纳税年度结转扣除。烟草企业的烟草广告费和业务宣传费支出，一律不得在计算应纳税所得额时扣除。

（一）设立独立核算的销售公司可提高扣除费用额度

税法规定，广告费和业务宣传费是以营业收入作为扣除计算标准的，如果将集团公司的销售部门设立成一个独立核算的销售公司，将集团公司产品销售给销售公司，再由销售公司实现对外销售，这样就增加了一道营业收入，在整个利益集团的利润总额并未改变的前提下，费用限额扣除的标准可同时获得提高。

案例3-19

（1）基本案情

某生产企业某年度实现销售收入20 000万元，企业发生广告费和业务宣传费3 500万元。假设无其他纳税调整项目，根据税收政策规定的扣除限额计算如下：

广告费和业务宣传费超标＝3 500－20 000×15%＝500（万元）

超标部分应缴纳企业所得税税额＝500×25%＝125（万元）

企业实际缴纳的企业所得税税额＝（20 000－3 500）×25%＋125＝4 250（万元）

请问：该企业如何进行税收筹划？

（2）税收筹划思路

费用超标的原因是企业的收入低，如果收入基数提高了，那么费用的扣除额也就多了。问题是，企业没有那么大的市场份额，是无法靠市场销售迅速提高收入的。在这个条件下的节税技巧是拆分企业的组织结构，即通过分设企业来增加扣除限额，从而增加税前的扣除费用，减轻企业所得税。

（3）税收筹划方案

将企业的销售部门分离出去，成立一个独立核算的销售公司。企业生产的产品以 18 000 万元卖给销售公司，销售公司再以 20 000 万元对外销售。费用在两个公司分配，假设生产企业与销售公司的广告费和业务宣传费分别为 1 500 万元和 2 000 万元。

由于增加了独立核算的销售公司这样一个新的组织形式，也就增加了扣除限额；而最后对外销售仍是 20 000 万元，没有增值，并不会增加企业增值税的税负。这样，在整个利益集团利润总额不变的前提下，广告费和业务宣传费分别以两家企业的销售收入为依据计算扣除限额，结果如下：

生产企业广告费和业务宣传费的发生额为 1 500 万元，扣除限额为 2 700 万元（=18 000×15%）。从计算结果看，生产企业的广告费和业务宣传费的实际发生额低于抵扣限额，因此无须纳税调整。

销售公司广告费和业务宣传费的发生额为 2 000 万元，扣除限额为 3 000 万元（=20 000×15%）。从计算结果看，销售公司的广告费和业务宣传费的实际发生额也低于抵扣限额，无须纳税调整。

两个企业均不必调增应纳税所得额，因此，两个企业实际缴纳的企业所得税额为 4 125 万元［=（20 000−1 500−2 000）×25%］，两个企业比一个企业节约企业所得税 125 万元（=4 250−4 125）。

(4) 若干思考

需要注意的是，上述案例中的交易价格会影响两个公司的企业所得税，即生产企业以多少价款把产品卖给销售公司才能保证两个企业都不亏损。如果一方亏损，一方盈利，亏损方的亏损额就无法产生抵税作用，盈利方则必须多缴企业所得税。因此，交易价格一定要慎重确定，以免发生不必要的损失。如果生产企业和销售公司是关联企业，那么在确定交易价格时，也要注意关联交易的限制规定，以免在受到税务机关稽查时被认定为逃税。但实务中，产品大多有批发价和零售价，并且还可以根据批量大小确定不同的批发价。所以，生产企业和销售公司确定交易价格有很大的筹划空间。

(二) 将委托他人促销改为员工促销

目前国家对不同行业所发生的广告宣传费税前扣除政策不一致，有些行业允许税前扣除，有些行业不允许。对于不允许税前扣除的行业，可考虑将委托他人促销改为员工促销。

案例3-20

(1) 基本案情

甲公司是一家生产经营企业，其从事行业发生的广告宣传费根据税法规定不允许税前扣除。甲公司实行一品一策的营销策略，对新产品及新区域开拓采取终端营销策略，主要依靠人员直接对零售商进行产品宣传。甲公司委托广告公司进行上门宣传促销。请问：甲公司应如何进行税收筹划？

（2）税收筹划思路

甲公司委托广告公司促销，假定需支付促销费用100万元，因其发生的广告宣传费不能在税前扣除，故将调增应纳税所得额100万元，相应调增应缴所得税25万元（=100×25%）。

对于不允许税前扣除的行业，可考虑将委托他人促销改为员工促销。员工工资可进行税前扣除。

（3）税收筹划方案

甲公司可考虑招聘一些员工进行促销，安排30人计划用6个月的时间去上门促销。如果招聘员工按人均月工资5 000元计算，合计需90万元（=6×30×0.5），加上社会保险费等费用合计为100万元。这部分支出可税前扣除，无须进行纳税调整。

相比之下，招聘员工促销更节税。

（4）若干思考

企业在选择营销策略时，不能只顾及税收因素，还应从多个方面去考虑，如招聘员工促销还应考虑《劳动合同法》等的有关规定，进行综合比较。

四、财务费用的税收筹划

财务费用是企业筹集经营性资金而发生的费用。实践中，一个企业很少不借助外来资金满足自身生产经营的需要，企业发生的资金拆借行为较普遍，为此，企业要发生一定的费用，这些费用构成企业的财务费用，包括利息净支出、汇兑净损失、金融机构手续费以及其他非资本化支出等。

（一）借款费用的税收筹划

《企业所得税法实施条例》第三十七条规定，企业在生产经营活动中发生的合理的不需要资本化的借款费用，准予扣除。根据《企业会计准则第 17 号——借款费用》的有关规定，借款费用是指企业因借款而发生的利息及其他相关成本，包括借款利息、折价或者溢价的摊销、辅助费用以及因外币借款而发生的汇兑差额。其中，借款利息是指企业向其他组织、个人借用资金而支付的利息，包括企业向银行或者其他金融机构等借入资金发生的利息、发行公司债券发生的利息等。以上列举的借款费用如果不需要资本化，则允许在发生当期扣除。这是借款费用扣除的一个原则性规定，只要不是明确被认定为资本化支出的费用，都应该被视为不需要资本化的借款费用，予以当期扣除。因此，为了减轻税负，企业应尽可能加大借款费用计入费用的份额，减少借款费用资本化的金额。此外，企业还应适当增加债务资本，减少权益资本，使企业所得税税前扣除金额最大。

案例3-21

（1）基本案情

某企业拟购买一台 1 000 万元的设备进行投资，收益期为 10 年，每年平均盈利 200 万元，企业所得税适用税率为 25%。现有两种方式进行筹资：一是企业利用 10 年时间积累 1 000 万元资金；二是向银行或其他金融机构贷款，利息年支付 15 万元。请问：该企业应如何进行筹划？

（2）税收筹划思路

贷款利息支出可以税前扣除，从而产生抵税效应。

（3）税收筹划方案

利用自有 1 000 万元资金购买设备，该厂盈利后每年平均缴纳所得税为 50 万元（=200×25%）；10 年纳税总额为 500 万元（=50×10）。

如果企业向银行或其他金融机构贷款 1 000 万元，则该厂为积累 1 000 万元所需的 10 年时间可以节省下来。企业从银行贷款扣除利息后，企业每年盈利 185 万元，这样企业每年的纳税额为 46.25 万元（=185×25%）；10 年的纳税总额为 462.5 万元（=46.25×10）。

因此，对该企业来说，以贷款方式进行投资有许多好处。例如，该企业可以提前 10 年进行本企业所需要的投资活动；贷款使企业承担的资金风险减少；企业税负减轻。

（4）税收法律依据

《企业所得税税前扣除办法》（国税发〔2000〕84 号）第三十四条规定，为购置、建造和生产固定资产、无形资产而发生的借款，在有关资产购建期间发生的借款费用，应作为资本性支出计入有关资产的成本；有关资产交付使用后发生的借款费用，可在发生当期扣除。

《财政部国家税务总局关于企业关联方利息支出税前扣除标准有关税收政策问题的通知》（财税〔2008〕121 号）规定，在计算应纳税所得额时，企业实际支付给关联方的利息支出，在不超过规定比例和税法及其实施条例有关规定计算的部分，准予扣除，超过的部分不得在发生当期和以后年度扣除。企业实际支付给关联方的利息支出，符合本通知第二条规定外，其接受关联方债权性投资与其权益性投资比例，金融企业为 5∶1；其他企业为 2∶1。

《企业所得税法》和财税〔2008〕121 号通知的实施意味着自 2008 年起，取消了关联方借款超过注册资本 50%部分的利息不得扣除的规定（国税发〔2000〕84 号第三十六条），但增加了限制资本弱化的规定。

案例3-22

（1）基本案情

甲企业和乙企业属于关联方（非金融法人企业），甲企业预计当年实现所得200万元，乙企业预计亏损160万元。未筹划前，合计缴纳所得税为50万元（=200×25%）。请问：甲、乙企业如何筹划可以降低税负？

（2）税收筹划思路

如果甲企业在当年1月1日向乙企业发行债券2 000万元，按银行利率7%支付利息。

债券利息支出额=2 000×7%=140（万元）

甲企业所得税=(200-140)×25%=15（万元）

乙企业所得额=-160+140=-20（万元）

合计缴纳所得税=15（万元）

根据财税〔2008〕121号通知的规定，企业从关联方取得的债权性投资/权益性投资的比例不得高于规定标准（一般企业不超过2倍，金融企业不超过5倍）。

假设乙企业在甲企业的注册资本为200万元。

甲企业取得的债权性投资（2 000）是权益性投资（200）的10倍，大于2倍，则应以权益性投资的2倍为基数计算利息。

甲企业准予扣除的利息=200×2×7%=28（万元）

纳税调增额=140-28=112（万元）

甲企业所得税=(200-28)×25%=43（万元）

对于乙企业自关联方取得的利息收入，根据财税〔2008〕121号通知第四条的规定，无论利息支付方支付的利息是否符合比例，是否符合独立交易原则，是否符合税法规定的利率水平及范围，利息收入关联方都要根据其实际取得的收入，按税法规定缴纳所得税。

乙企业所得额＝−160＋140＝−20（万元）

合计缴纳所得税＝43（万元）

（二）企业间资金拆借的税收筹划

按照现行《企业所得税法实施条例》的规定，非金融企业向金融企业借款的利息支出、金融企业的各项存款利息支出和同业拆借利息支出、企业经批准发行债券的利息支出可据实扣除。非金融企业向非金融企业借款的利息支出，不超过按照金融企业同期同类贷款利率计算的数额的部分可据实扣除，超过部分不许扣除。进行企业间资金拆借的税收筹划时，应注意以下内容：

第一，注意利息支出的合法性。首先，应该取得合法凭证。其次，借入款项应于账内载明债权人的真实姓名和地址。

第二，应尽量向金融机构贷款。

第三，纳税人之间拆借的利息支出可以列支。

思考题

1. 企业购置固定资产如何进行税收筹划？请举例说明。
2. 企业固定资产折旧如何进行税收筹划？请举例说明。
3. 企业如何利用税收临界点原理进行业务招待费税收筹划？
4. 企业广告费和业务宣传费税收筹划有何技巧？

纵使

你竭尽全力，费尽心机，随

你怎么征税，商人也会出于自身利益

而把税收转嫁出去。

——约翰·洛克（John Locke）

第四章

投资、融资、销售决策中的税收筹划

第一节　企业投资决策中的税收筹划

一、企业投资地点的税收筹划

国家为了适应各地区不同的情况，针对一些地区制定了不同的税收政策。例如，现行税法中规定的享受减免税优惠政策的地区主要包括国务院批准的“老、少、边、穷”地区、西部地区、东北老工业基地、经济特区、经济技术开发区、沿海开放城市、保税区、旅游度假区等。这些优惠的税收政策为企业进行注册地点选择的税收筹划提供了空间。企业在设立之初或为扩大经营进行投资时，可以选择低税负的地区进行投资，以享受税收优惠的好处。

案例4–1

(1) 基本案情

某投资者欲在西部地区投资创办一家新公司，兼营公路旅客运输业务和其他业务，预计全年公路旅客运输业务收入为500万元，其他业务收入为300万元，利润率均为25%。请做出相应的企业所得税筹划方案。

(2) 税收筹划思路

现有三种方案可供选择：

方案一：投资创办一个公路旅客运输企业并兼营其他业务，因公路旅客运输业务收入占全部业务收入的比例为62.5% $\left(=\frac{500}{800}\times100\%\right)$，小于

70%，因此不能享受减按 15%的税率征收企业所得税的优惠政策。

$$应纳所得税=(500+300)\times25\%\times25\%=50\ (万元)$$

方案二：分别投资两个企业，一个从事公路旅客运输业务，一个从事其他业务。从事公路旅客运输业务的收入为企业的总收入，占比为 100%，超过了 70%的比例，可享受减按 15%的税率征收企业所得税的优惠政策。

$$应纳所得税=500\times25\%\times15\%+300\times25\%\times25\%=37.50\ (万元)$$

比较上述两种方案，由于方案二中该公路旅客运输企业取得的收入可享受减按 15%的税率征收企业所得税的优惠政策，比方案一少缴企业所得税 12.5 万元（=50-37.5），因此方案二更优。

方案三：投资创办一个公路旅客运输企业并兼营其他业务，该企业扩大投资规模，扩展公路旅客运输业务，预计年公路旅客运输业务收入为 750 万元，其他条件不变，则此时的公路旅客运输业务占企业全部业务收入的比例为 71.43% $\left(=\frac{750}{750+300}\times100\%\right)$，超过了 70%。经企业申请，税务机关审核后认为该企业符合西部大开发的减免税政策，取得的全部业务收入都可享受减按 15%的税率征收企业所得税的优惠政策。

$$应纳所得税=(750+300)\times25\%\times15\%=39.38\ (万元)$$

（3）税收筹划方案

虽然方案三的收入大幅度提高，但由于取得的全部业务收入都可享受减按 15%的税率征收企业所得税的优惠政策，因此应缴纳的企业所得税并没有增加太多，从而获得了更多的税收利益，与前两种方案相比更具税收优势。

（4）税收法律依据

《财政部　海关总署　国家税务总局关于深入实施西部大开发战略有关税收政策问题的通知》（财税〔2011〕58 号）规定，自 2011 年 1 月 1 日至 2020 年 12 月 31 日，对设在西部地区的鼓励类产业企业减按 15%的税率征收企业所得税。上述鼓励类产业企业是指以《西部地区鼓励类产业目录》中规定的产业项目为主营业务，且其主营业务收入占企业收入总额70%以上的企业。《财政部 税务总局 国家发展改革委关于延续西部大开发企业所得税政策的公告》（财政部税务总局国家发展改革委公告2020年第23号）规定，自2021年1月1日至2030年12月31日，对设在西部地区的鼓励类产业企业减按15%的税率征收企业所得税。本条所称鼓励类产业企业是指以《西部地区鼓励类产业目录》中规定的产业项目为主营业务，且其主营业务收入占企业收入总额60%以上的企业。

二、企业投资方式的税收筹划

按投资者能否直接控制其投资资金的运用进行划分，可将企业投资分为直接投资和间接投资。直接投资是指投资者用于开办企业、购置设备、收购和兼并其他企业等的投资行为，其主要特征是投资者能够有效地控制各类投资资金的使用，并能实施全过程管理。间接投资主要是指投资者购买金融资产的行为，可以分为股票投资、债券投资等。不同投资所得会面临不同的税收待遇，比如，国债利息收入属于免税收入。企业应综合考虑不同收益类型所适用的所得税政策对税后收益率的影响，选择税后收益率最大的投资方案。

案例4-2

（1）基本案情

拇指通公司有500万元的闲置资金打算近期进行投资。其面临两种选择：一种是选择年利率为5%的国债投资；另一种是选择年收益率为8%的其他债券投资，企业所得税税率为25%。请从财务角度分析哪种方式更合适？

（2）税收筹划思路

若选择投资国债，则：

$$投资收益=500\times5\%=25（万元）$$

由于税法规定国债利息收入免征企业所得税，所以税后收益为25万元。

若选择投资其他债券，则：

$$投资收益=500\times8\%=40（万元）$$

$$税后收益=40-40\times25\%=30（万元）$$

因此，选择投资其他债券更合适。

（3）税收法律依据

《企业所得税法》第二十六条第一款规定：国债利息收入为免税收入。《关于企业国债投资业务企业所得税处理问题的公告》（国家税务总局公告2011年第36号）规定：企业从发行者直接投资购买的国债持有至到期，其从发行者取得的国债利息收入，全额免征企业所得税。

三、企业投资方向的税收筹划

《企业所得税法》是以“产业优惠为主、区域优惠为辅”作为税收优惠导向的。无论是初次投资还是追加投资，都可以根据税收优惠政策加以选择，充分享受产业的税收优惠政策。

（一）选择减免税项目进行投资

第一，投资于农、林、牧、渔业项目的所得，可以免征、减征企业所得税。投资于基础农业，如蔬菜、谷物、薯类、油料、豆类、棉花、麻类、糖料、水果、坚果的种植，牲畜、家禽的饲养，农作物新品种的选育等，可以享受免征企业所得税的待遇。投资于高收益的农、林、牧、渔业项目，如花卉、茶以及其他饮料作物和香料作物的种植，可以减半征收企业所得税。

第二，投资于公共基础设施项目及环境保护、节能节水项目，从项目取得第一笔生产经营收入所属纳税年度起实行“三免三减半”的税收优惠政策。

（二）创业投资企业对外投资的筹划

创业投资企业从事国家重点扶持和鼓励的创业投资项目，可以按投资额的一定比例抵扣应纳税所得额。抵扣应纳税所得额是指创业投资企业采取股权投资方式投资于未上市的中小高新技术企业两年以上的，可以按照其投资额的70%在股权持有满两年的当年抵扣该创业投资企业的应纳税所得额；当年不足抵扣的，可以在以后纳税年度结转抵扣。

从2018年1月1日起，对创业投资企业投资种子期、初创期科技型企业的，可享受按投资额70%抵扣应纳税所得额的优惠政策；自2018年7月1日起，将享受这一优惠政策的投资主体由公司制和合伙制创业投资企业的法人合伙人扩大到个人投资者。政策生效前两年内发生的投资也可享受前述优惠。

案例4-3

（1）基本案情

甲公司属于创业投资有限责任公司，于2017年采取股权投资方式投入资本2 000万元，在某高新技术开发区设立A高新技术企业（小型），职工人数120人，A企业主要从事软件开发，已取得软件企业资质并通过高新技术企业认定。当年，A企业实现利润200万元，2018年实现利润300万元。2019年1月，甲公司将A企业的股权转让，转让价格为3 500万元。计算甲公司投资A企业2017年、2018年、2019年三年需要缴纳的企业所得税。

(2) 税收筹划思路

①甲公司工商登记为“创业投资有限责任公司”，经营范围符合《创业投资企业管理暂行办法》的规定，投资设立的A企业已通过高新技术企业认定，可以享受按投资额的一定比例抵扣应纳税所得额的优惠。

②甲公司是A企业的投资方，享有100%的股权。根据《财政部　国家税务总局关于进一步鼓励软件产业和集成电路产业发展企业所得税政策的通知》(财税〔2012〕27号)的规定，我国境内新创办的符合条件的软件企业，经认定后，在2017年12月31日前自获利年度起计算优惠期，第一年至第二年免征企业所得税，第三年至第五年按照25%的法定税率减半征收企业所得税，并享受至期满为止。因此，A企业在前两年免征企业所得税，两年共获利500万元，全部分配给甲公司，而甲公司从A企业分得的利润属于免税收入，不必缴纳企业所得税。

③2019年1月，甲公司转让了A企业的股权，转让价格为3 500万元，则：

股权转让所得=3 500−2 000=1 500（万元）

甲公司抵扣应纳税所得额的限额=2 000×70%=1 400（万元）

应缴企业所得税=(1 500−1 400)×25%=25（万元）

第二节　企业融资决策中的税收筹划

一、企业租赁方式的税收筹划

根据《企业所得税法》的规定，企业生产经营活动租入固定资产支付的租赁费，按照下列方法扣除：

（1）以经营租赁方式租入固定资产发生的租赁费支出，按照租赁期限均匀扣除。

（2）以融资租赁方式租入固定资产发生的租赁费支出，按照规定构成融资租入固定资产价值的部分应当提取折旧费用，分期扣除。

企业可以通过融资租赁迅速获取所需资产，这样做相当于获取了一笔分期付款的贷款。另外，从税收的角度来看，第一，租入的固定资产可以计提折旧，而且折旧可以计入成本与费用，从而可以减少利润、降低税负，资产也将比用加速成本法在更短的寿命期内折旧完。第二，支付的租金利息也可按规定在所得税前扣除，从而减少了纳税基数，降低了税负，使税收抵免作用更为明显。

案例4-4

（1）基本案情

甲公司需要5 000万元构建固定资产，该固定资产投产后公司每年可增加利润4 000万元（不包括固定资产折旧费用），假设按平均年限法计提折旧，折旧年限为5年，不考虑残值。该公司有两种方案可供选择：

方案一：从银行借款5 000万元，偿还期为5年，年利率为8%，每年年末付息。

方案二：融资租赁该固定资产，最低租赁付款额为6 000万元，最低租赁付款额现值为5 000万元，每年年末支付租金1 200万元。

请问：甲公司如何进行税收筹划？

(2) 税收筹划思路

计算不同方案下的税收和利润。

方案一：

方案一的税后利润计算如表 4-1 所示。

表 4-1　方案一税后利润计算表

方案一	第 1 年	第 2 年	第 3 年	第 4 年	第 5 年
新增利润（万元）	4 000	4 000	4 000	4 000	4 000
折旧（万元）	-1 000	-1 000	-1 000	-1 000	-1 000
利息费用（万元）	-400	-400	-400	-400	-400
净利润（万元）	2 600	2 600	2 600	2 600	2 600
所得税（万元）	650	650	650	650	650
税后利润（万元）	1 950	1 950	1 950	1 950	1 950

方案二：

融资租赁利息费用：

$$第1年的利息费用=5\ 000\times 8\%=400（万元）$$

$$第2年的利息费用=(5\ 000+400-1\ 200)\times 8\%=336（万元）$$

$$第3年的利息费用=(5\ 000+400-1\ 200+336-1\ 200)\times 8\%=267（万元）$$

$$第4年的利息费用=(5\ 000+400-1\ 200+336-1\ 200+267-1\ 200)\times 8\%=192（万元）$$

$$第5年的利息费用=(5\ 000+400-1\ 200+336-1\ 200+267-1\ 200+192-1\ 200)\times 8\%=112（万元）$$

方案二的税后利润计算表如表 4-2 所示。

表 4-2　方案二税后利润计算表

方案二	第 1 年	第 2 年	第 3 年	第 4 年	第 5 年
新增利润（万元）	4 000	4 000	4 000	4 000	4 000
折旧（万元）	-1 000	-1 000	-1 000	-1 000	-1 000

续表

方案二	第1年	第2年	第3年	第4年	第5年
利息费用（万元）	-400	-336	-267	-192	-112
净利润（万元）	2 600	2 664	2 733	2 808	2 888
所得税（万元）	650	666	683	702	722
税后利润（万元）	1 950	1 998	2 050	2 106	2 166

由于方案二每年的税后利润均较高，因此应选择方案二。

二、企业融资渠道的税收筹划

融资渠道是指筹集资金来源的方向与通道。企业的融资渠道可以分为内部渠道和外部渠道。内部渠道主要是指企业的自我积累和内部集资；外部渠道主要包括向金融机构、非金融机构借款，向社会发行债券、股票等。不同的融资渠道意味着企业会有不同的资本结构，因此企业所承担的税负也不一样。企业可以结合自身实际需要和资本市场环境，选择最适宜的渠道进行税收筹划。

（一）企业内部融资的税收筹划

如果企业通过自我积累方式进行融资，通常所需时间较长，无法满足绝大多数企业正常的生产经营需要。从税收的角度来看，企业自我积累的资金无法产生利息税前扣除的抵税效应，加之企业资金的占用和使用融为一体，因而企业会承担较高的风险。

如果企业采用自我集资的方式进行融资，需要考虑集资对象。如果是向非金融机构借款，则应注意其产生的利息支出在税前扣除的额度不得高于按照金融机构同期同类贷款利率计算的数额。

案例4-5

（1）基本案情

某企业的职工人数为1 000人，人均月工资为3 000元。该企业向职工人均集资10 000元，年利率为10%，同期同类银行贷款的利率为年利率7%。当年税前会计利润为300 000元（利息支出全部扣除）。由于《企业所得税法》规定，向非金融机构借款的利息支出不高于按照金融机构同期同类贷款利率计算的数额，准予扣除。也就是说，超过的部分不能扣除，应当调整应纳税所得额：

$$1\ 000\times10\ 000\times(10\%-7\%)=300\ 000\text{（元）}$$

该企业应当缴纳企业所得税为：

$$(300\ 000+300\ 000)\times25\%=150\ 000\text{（元）}$$

应当代扣代缴个人所得税：

$$10\ 000\times10\%\times20\%\times1\ 000=200\ 000\text{（元）}$$

请提出该企业的税收筹划方案。

（2）税收筹划思路

企业向非金融机构借款，应注意其产生的利息支出在税前扣除的额度不得高于按照金融机构同期同类贷款利率计算的数额。

（3）税收筹划方案

该企业可以考虑将集资利率降低到7%，即每位职工的利息损失为300元［=10 000×(10%−7%)］。此后，该企业可以通过提高工资待遇的方式来弥补职工在利息上受到的损失，即将300元平均摊入一年的工资中，每月增加工资25元。这样，该企业为本次集资所付出的利息与税收筹划前是一样的，职工实际获得的利息也是一样的。但在这种情况下，该企业所支付的集资利息就可以全额扣除了，而人均工资增加25元仍可以在计算企业所得税时全额扣除。由于职工个人的月工资没有超过《个人所得税法》所规定的费用扣除标准（5 000元），因此职工也不需要为此缴纳个人所得税。通过计算可以发现，该企业应当缴纳企业所得税：

$$300\ 000\times25\%=75\ 000\text{（元）}$$

节约企业所得税：

$$150\ 000-75\ 000=75\ 000\text{（元）}$$

另外，该企业还可以减少代扣代缴的个人所得税：

$$10\ 000\times1\ 000\times(10\%-7\%)\times20\%=60\ 000\text{（元）}$$

经过税收筹划，职工的税后收入也提高了，可谓一举两得，使企业和职工都获得了税收利益。

（4）税收法律依据

《企业所得税法实施条例》第三十八条规定，企业在生产经营活动中发生的下列利息支出，准予扣除：①非金融企业向金融企业借款的利息支出、金融企业的各项存款利息支出和同业拆借利息支出、企业经批准发行债券的利息支出；②非金融企业向非金融企业借款的利息支出，不超过按照金融企业同期同类贷款利率计算的数额的部分。

（二）企业外部融资的税收筹划

外部融资时，如果企业采用负债的方式，其借款利息可以在税前扣除，从而减轻企业的税收负担。如果企业采用增加资本金的方式，则其所支付的股息或者红利是在税后利润中进行的，无法在税前扣除。因此，仅从节税的角度来说，负债融资方式比权益融资方式更好。然而，由于融资方式还涉及其他融资成本，而且企业采用负债融资的方式还需要考虑还款的风险因素，但发行股票无须偿还本金，企业没有债务压力，还可以给企业带来很多宣传机会。因此，在实际情况中，不能仅从税收负担角度来考虑各种融资成本的优劣。

案例4-6

（1）基本案情

甲公司为股份有限公司，2021年其资本结构备选方案如表4-3所示。试分析五种方案下的税收负担和企业收益。

表4-3 甲公司的资本结构表

方案项目	A	B	C	D	E
负债比例	0	1：1	2：1	3：1	4：1
负债成本率（%）	—	6	7	9	10.5
投资收益率（%）	10	10	10	10	10
负债额（万元）	0	6 000	8 000	9 000	9 600
投资成本额（万元）	12 000	6 000	4 000	3 000	2 400
普通股股数（万股）	120	60	40	30	24
年息税前利润额（万元）	1 200	1 200	1 200	1 200	1 200
减：负债利息成本（万元）	—	360	560	810	1 008
年税前利润（万元）	1 200	840	640	390	192
所得税税率（%）	25	25	25	25	25
应纳税额（万元）	300	210	160	97.5	48
年息税后利润（万元）	900	630	480	292.5	144
权益资本收益率（%）（年息税后利润/权益资本额）	7.5	10.5	12	9.75	6
普通股每股收益额（元）	7.5	10.5	12	9.75	6

（2）税收筹划思路

从A、B、C、D、E五种选择方案可以看出，方案B、C、D是利用了负债融资的方式，由于其负债利息可以在税前扣除，因此降低了企业所得税的税收负担，这三种方案的权益资本收益率和普通股每股收益额均高于完全依靠权益资金融资的方案 A。

在上述方案中，假设随着企业负债比例的不断提高，企业融资的成本也在不断提高，这一假设是符合现实的。正是由于负债成本率的不断提高，增加的债务融资成本逐渐超过因其抵税作用而带来的收益。从方案 A 到方案 C，随着企业负债比例的不断提高，权益资本收益率和普通股每股收益额也在不断提高，说明税收效应处于明显的优势。但从方案 C 到方案 D 则出现了权益资本收益率和普通股每股收益额逐渐下降的趋势，这说明此时起主导作用的因素已开始向负债成本转移，债务成本的抵税作用带来的收益增加效应已受到削弱与抵消，但与完全采用权益融资的方案相比，仍是有利可图的。

到方案 E 时，债务融资的抵税作用带来的收益完全被负债成本的增加所抵消，而且负债成本已超过节税效应了，因此，方案 E 的权益资本收益率和普通股每股收益额已低于完全不进行融资时（方案 A）的收益了。此时，融资所带来的就不是收益而是成本了。只有当企业的息税前投资收益率高于负债成本率时，增加负债比例才能提高企业的整体效益，否则就会降低企业的整体效益。

三、企业借款用途的税收筹划

企业的借款用途不一，有的作为流动资金用于日常生产经营活动，有的作为资本性支出用于添置固定资产和无形资产，有的还可以作为资本运营用于对外投资等。企业在借款时，要根据自身的实际情况，按税法对不同借款费用的处理规定，在合法和有效的前提下做好税收筹划，以降低筹集成本。

案例4-7

（1）基本案情

甲公司根据财务收支预测当年需要资金1 500万元，自有资金500万元，缺口为1 000万元，拟通过一年期的贷款弥补资金缺口。甲公司除了正常生产经营外，拟于当年建造500万元的固定资产，建设期为1年（假定该项资产的使用年限为2年）。假设，该公司当年的税前利润为1 100万元，银行贷款利率为10%，且处于正常的纳税期，那么该公司应如何向银行借款？（不考虑资金的时间价值）

（2）税收筹划思路

方案一：向银行借款1 000万元用于周转，500万元自有资金用于建造固定资产。

一般借款的利息支出可以在企业所得税税前列支。

应纳企业所得税=(1 100−1 000×10%)×25%=250（万元）

方案二：向银行借款500万元用于购置固定资产及500万元用于流动资金。

企业为购置、建造固定资产、无形资产和经过12个月以上的建造才能达到预定可销售状态的存货发生借款的，在有关资产购置、建造期间发生的合理的借款费用，应予以资本化，作为资本性支出计入有关资产的成本；有关资产交付使用后发生的借款费用可在发生当期扣除。因此，甲公司在以后的两年内每年可以摊销25万元$\left(=500\times\frac{10\%}{2}\right)$。

第一年应纳企业所得税=(1 100−500×10%)×25%=262.5（万元）

第二年摊销时还可以抵税6.25万元（=25×25%），两年合计12.5万元。

(3) 税收筹划方案

由于方案二资本化的借款费用不能在当期扣除，使得前期应纳企业所得税额较高、后期应纳企业所得税额减少。考虑到货币的时间价值，该公司应选择费用能够提前列支的方案，即方案一优于方案二。

四、企业偿还方式的税收筹划

在长期借款融资的税收筹划中，借款偿还方式的不同也会导致不同的税收待遇，从而同样存在税收筹划的空间。

案例4-8

(1) 基本案情

甲公司为了引进一条先进的生产线，从银行贷款 1 000 万元，年利率为 10%，5 年内还清全部本息。经过税收筹划，该公司可选择的方案主要有三种：①期末一次性还本付息；②每年偿还等额的本金和利息；③每年支付等额利息 100 万元，并在第 5 年末一次性还本。请从税收筹划的角度选择最优还款方案（假设贴现率为 10%）。

(2) 税收筹划思路

①第五年期末一次性还本付息。

如果采用这种方式，那么第五年末支付的利息额为：

$$1\ 000\times10\%\times5=500\ (\text{万元})$$

利息支出抵税效应的现值为：

$$500\times25\%\times(P/F,\ 10\%,\ 5)=77.625\ (\text{万元})$$

到期一次性还本付息 1 500 万元的现值为：

$$1\ 500\times(P/F,\ 10\%,\ 5)=931.5\ (\text{万元})$$

现金净流出的现值为：

$$931.5-77.625=853.875\ (\text{万元})$$

②每年偿还等额的本金和利息。

5 年内共计还款：

$$1\ 000\times10\%\times5+1\ 000=1\ 500\ (\text{万元})$$

在这种方式下，每年的还款额为：

$$1\ 500\div5=300\ (\text{万元})$$

利息支出抵税效应的现值为：

$$100\times25\%\times(P/A,\ 10\%,\ 5)=105.31\ (\text{万元})$$

每年偿还等额本金和利息 300 万元的现值为：

$$300\times25\%\times(P/A,\ 10\%,\ 5)=1\ 263.72\ (\text{万元})$$

现金净流出的现值为：

$$1\ 263.72-105.31=1\ 158.41\ (\text{万元})$$

③每年支付等额利息 100 万元，并在第 5 年末一次性还本。

利息支出抵税效应的现值为：

$$100\times25\%\times(P/A,\ 10\%,\ 5)=105.31\ (\text{万元})$$

每年支付等额利息 100 万元，并在第 5 年末一次性还本 1 000 万元的现值为：

$$100\times(P/A,\ 10\%,\ 5)+1\ 000\times25\%\times(P/F,\ 10\%,\ 5)=1\ 042.24\ (\text{万元})$$

现金净流出的现值为：

$$1\ 042.24-105.31=936.93\ (\text{万元})$$

（3）税收筹划方案

从抵税效应来看，方案一的抵税效应最小。由于三种方式的年偿还额不同，现金的净流出现值存在差异。方案一现金净流出的现值最小，方案三次之，方案二的现金净流出现值最大。因此，在抵税效应不同、现金净流出现值不同的情况下，应选择现金净流出现值最小的方案。从上述计算结果来看，方案一的现金净流出的现值最小，所以方案一是最优方案。

第三节　企业销售决策中的税收筹划

一、企业销售结算方式的税收筹划

对于销售结算方式选择的税收筹划，最关键的一点就是尽量递延纳税义务发生时间，为企业赢得货币时间价值。

案例4-9

（1）基本案情

甲公司是全国知名的计算机生产企业，生产的某品牌计算机全是委托分布在全国30多个大中城市的代理商销售的。甲公司应如何进行税收筹划？

（2）税收筹划思路

该公司在与代理商的合作方式有以下两种方案：

方案一：采用委托代销方式。到年底结账时，以收到代销单位的代销清单为纳税义务发生时间。

方案二：采用直接销售方式，其纳税义务发生时间为货物发出时。

比较上述两个方案可以看出，甲公司采取委托代销方式可以实现递延纳税。

二、关联企业间转让价格的税收筹划

关联企业间的转让价格是指关联企业中各个经济实体之间商品、劳务和无形资产转让时的定价。如果商品、劳务或无形资产定价过低，则买方的盈利能力就会增强，而卖方的获利能力则会相对减弱；反之，如果定价过高，则卖方的获利能力就会增强，而买方则会遭受同样的损失。但对于关联企业整体来说，获利没有受到影响，因为利润转移只是在关联企业内部的各个公司实体之间进行的。例如，在生产企业和商品企业承担的纳税负担不一致的情况下，若商业企业适用的税率高于生产企业或生产企业的适用税率高于商业企业，那么有关联关系的商业企业和生产企业就可以通过某种契约的形式，增加低税率一方的利润，使两者共同承担的税负最小化。转让价格税收筹划的前提条件是关联企业间的税率不同。

案例4-10

（1）基本案情

甲公司生产一种建筑材料生产模具，主要销往陕西、四川、西藏、新疆等省份，每件产品的市场售价为 30 000 元，每件产品的基本费用如下：生产成本 15 000 元，销售费用 3 000 元，管理费、财务成本等综合费用暂不考虑。请问如何进行筹划才能减轻企业的所得税负担？

（2）税收筹划思路

按现有方案。甲公司的应纳所得税为：

$$(30\ 000-15\ 000-3\ 000)\times 25\%=3\ 000\ (元)$$

如果该公司在西藏设立一家全资子公司，专门负责公司产品的销售工作，总公司专注于生产，只要在税法准许的情况下，能够达到同行业一般生产型企业的平均利润水平，就可以将部分利润转让给西藏销售公司。

假设将销售给西藏公司的售价调整为25 000元/件，则甲公司的应纳所得税为：

$$(25\,000-15\,000)\times25\%=2\,500\text{（元）}$$

销售公司应纳所得税为：

$$(30\,000-25\,000-3\,000)\times15\%=300\text{（元）}$$

两家公司共计应纳所得税为：

$$2\,500+300=2\,800\text{（元）}$$

由此可见，设立销售公司进行转让价格的税收筹划，可以使每件产品减少缴纳所得税200元（=3 000−2 800）。

三、企业混合销售与兼营行为的税收筹划

（一）混合销售行为

对于发生混合销售行为的企业，应当明确区分其提供的不同货物和服务销售的税率，若经营主业的税率高于其他经营项目，则可建立子公司进行筹划；若经营主业的税率低于其他经营项目，则按照主业的低税率纳税。

案例4-11

（1）基本案情

某有限责任公司（甲公司）下设两个非独立核算的业务经营部门，即供电器材销售部和工程安装施工队。供电器材销售部主要负责销售输电设

备等货物，工程安装施工队主要负责输电设备的安装等工程。甲公司取得不含税销售收入2 800万元，提供安装服务取得的不含税收入为2 200万元，购买生产用原材料2 000万元，可抵扣的进项税额为260万元。甲公司为一般纳税人，税务机关对其发生的混合销售行为一并征收增值税。甲公司如何进行筹划才能降低增值税税负？

（2）税收筹划思路

在现行方案下，甲公司应纳税额的计算如下：

$$增值税销项税额=(2\ 800+2\ 200)\times 13\%=650（万元）$$

$$增值税进项税额=260（万元）$$

$$增值税应纳税额=650-260=390（万元）$$

$$税收负担率=\frac{390}{5\ 000}\times 100\%=7.8\%$$

经过分析，甲公司的实际增值率为28.57% $\left(=\frac{2\ 800-2\ 000}{2\ 800}\times 100\%\right)$，即增值税负担较高。通过进一步分析可以发现，甲公司的安装收入比例较高，但没有相应的进项税额可以抵扣。在进行税收筹划后，甲公司将工程安装施工队单独组建成一个乙公司，并独立核算，自行缴纳税款。工程安装收入适用的税率为9%。在进行税收筹划后，甲、乙两个公司的纳税情况如下：

$$甲公司应缴纳增值税=2\ 800\times 13\%-260=104（万元）$$

$$乙公司应缴纳增值税=2\ 200\times 9\%=198（万元）$$

$$合计应纳税额=198+104=302（万元）$$

$$税收负担率=\frac{302}{2\ 800+2\ 200}\times 100\%=6.04\%$$

与税收筹划前相比，甲公司的增值税税收负担率降低了1.76个百分点。

【知识点提醒】个人向境内单位或者个人销售完全在境外发生的服务，

不用缴纳增值税。

（二）兼营行为

为了避免从高适用税率或征收率而加重税收负担的情况，兼有不同税率或征收率的销售货物，加工、修理修配劳务，服务，无形资产或者不动产的企业，一定要将各自的销售额分别核算。例如，商店既销售各类日用百货，又销售农药、农具、农膜等农业生产用品。如果该商店分别核算这两类商品的销售额，则日用百货的销售额按13%的税率计税；农药、农具、农膜等农业生产用品的销售额按9%的税率计税。如果不能分别核算，后者也会一并按13%的高税率计税。显然，分别核算这两类商品的销售额对该商店来说是至关重要的税收筹划思路。

案例4-12

（1）基本案情

某物流有限公司为增值税一般纳税人，它在提供装卸搬运服务的同时，还为一家体育器械公司提供一部分交通运输服务。某月，该公司取得交通运输收入100万元（含税），装卸搬运服务收入50万元（含税）。该公司应如何进行税收筹划才能减轻增值税税负？

（2）税收筹划思路

①未分别核算：

在“营改增”后，交通运输业适用的增值税税率为9%，装卸搬运服务适用的税率为6%。如果未分别核算，则从高适用税率。

$$应纳增值税=(100+50)\times\frac{9\%}{1+9\%}=12.39\ （万元）$$

②分别核算：

$$应纳增值税=100\times\frac{9\%}{1+9\%}+50\times\frac{6\%}{1+6\%}=11.09\text{（万元）}$$

因此，分别核算可以节税1.30万元（=12.39-11.09）。

案例4-13

（1）基本案情

某化肥生产企业为增值税一般纳税人，该企业除了生产销售化肥之外，还将空置的仓库用于提供仓储服务。该企业取得化肥销售收入1 000万元（不含税），仓储服务收入400万元（不含税）。当年可抵扣的增值税进项税额为50万元。根据相关规定，销售化肥适用的税率为9%，提供仓储服务适用的税率为6%。假设上述收入均不含税。该企业如何核算才能减轻增值税税负？

（2）税收筹划思路

如果该企业在进行会计核算时未对这两类收入分别核算，则：

$$应纳增值税税额=(1\ 000+400)\times9\%-50=76\text{（万元）}$$

如果该企业在进行会计核算时对这两类收入分别核算，则：

$$应纳增值税税额=1\ 000\times9\%+400\times6\%-50=64\text{（万元）}$$

由此可见，该企业分别核算这两类收入要比未分别核算这两类收入少缴增值税12万元（=76-64）。因此，当纳税人兼有不同税率或者征收率的销售货物、应税劳务或者应税行为时，要完善自己的财务核算，对不同收入分类核算，避免从高适用税率或征收率而增加不必要的税收负担。

四、企业折扣销售的税收筹划

对于不同的折扣方案，企业应该根据不同的促销方案测算税后净利润，并依据测算结果进行税收筹划。

案例4-14

(1) 基本案情

某企业与客户签订的合同约定，不含税销售额为200 000元，合同中约定的付款期为50天。如果对方可以在25天内付款，给予对方3%的销售折扣，即6 000元。由于企业采取的是销售折扣方式，因而折扣额不能从销售额中扣除，该企业应该按照200 000元的销售额计算增值税销项税额。这样，增值税销项税额为26 000元（=200 000×13%）。请提出该企业的税收筹划方案。

(2) 税收筹划思路

该企业可以选择以下两种方案实现税收筹划。

方案一：企业在承诺给予对方3%折扣的同时，将合同中约定的付款期限缩短为25天，这样就可以在给对方开具增值税专用发票时，将以上折扣额与销售额开在同一张发票上，使企业按照折扣后的销售额计算销项税额，故增值税销项税额为：

$$200\ 000\times(1-3\%)\times13\%=25\ 220\ (元)$$

这样，企业的收入没有降低，但节省了780元的增值税。当然，这种方法也有缺点：如果对方企业没有在25天内付款，企业就会遭受损失。

方案二：企业主动压低该批服务的价格，将合同金额降低为194 000元，相当于给予对方3%折扣后的金额。与此同时，在合同中约定，对方企业超过25天付款加收6 780元商业滞纳金（相当于6 000元的销售额和780元的增值税）。这样，企业的收入并没有受到实质影响，而且节省了780元的增值税。如果对方在25天之内付款，可以按照19 400的价数给对方开具增值税专用发票，并计算25 220元的增值税销项税额。如果对方没有在25天内付款，企业可以向对方收取6 780元商业滞纳金，并以“全部价款和价外费用”200 000元计算销项税额，此举也符合税法的要求。

知识链接

房地产企业在批量销售房屋时，有时候会给予买方一定的优惠政策，比如买房赠送家用电器等礼品或者直接在价格上给予一定折扣。由于赠送礼品要按视同销售来计算缴纳增值税，这样就会加大企业增值税的纳税负担，所以企业不如直接采用折扣销售方式，用以减少销项税额的计税依据。

五、企业买一赠一的税收筹划

《增值税暂行条例实施细则》第四条规定，企业将自产、委托加工或购买的货物无偿赠送他人，作为视同销售货物来计算增值税。企业应将总的销售金额按各项商品的公允价值的比例来分摊确认各项商品的销售收入。根据国税函〔2008〕875号文第三条的规定，企业以买一赠一等方式组合销售本企业商品的，不属于捐赠，应将总的销售金额按各项商品的公允价值的比例来分摊确认各项商品的销售收入。根据国税函〔2008〕875号文的规定，其实质就是将企业的销售金额分解成商品销售的收入和赠送商品销售的收入两部分，各自针对相应的成本来计算应缴纳的企业所得税。

对于不同的买一赠一方案，企业应该根据不同的方案进行总税负或者税后净利润的测算，并依据测算结果进行税收筹划。

案例4-15

(1) 基本案情

某服装经销公司为庆祝建厂30周年，决定在春节期间开展一次促销活动，现有两种方案可供选择：方案一，打8折，即按现价折扣20%销售，原100元商品以80元售出；方案二，赠送购货价值20%的礼品，即购买100元商品，可获得20元礼品（暂不考虑城市维护建设税及教育费附加，商品的毛利率为30%，以上价格均为含税价格）。请问该公司应选择哪种方案呢?

(2) 税收筹划思路

在不同的促销方案下，该公司的增值税及税后利润为：

方案一：

$$应纳增值税=80\times\frac{13\%}{1+13\%}-70\times\frac{13\%}{1+13\%}=1.15\ (元)$$

$$企业利润额=\frac{80}{1+13\%}-\frac{70}{1+13\%}=8.85\ (元)$$

$$应缴企业所得税=8.85\times25\%=2.21\ (元)$$

$$税后净利润=8.85-2.21=6.64\ (元)$$

方案二：

$$应纳增值税=100\times\frac{13\%}{1+13\%}-70\times\frac{13\%}{1+13\%}-14\times\frac{13\%}{1+13\%}=1.84\ (元)$$

$$企业的利润额=\frac{100}{1+13\%}-\frac{70}{1+13\%}-\frac{14}{1+13\%}=14.16\ (元)$$

$$企业应缴企业所得税=14.16\times25\%=3.54\ (元)$$

$$税后净利润=14.16-3.54=10.62\ (元)$$

这两种方案的相关数据见表 4-4。

表 4-4 两种方案的相关数据 （单位：元）

应缴税金	8 折销售	赠送礼品
增值税	1.15	1.84
企业所得税	2.21	3.54
税后净利润	6.64	10.62

由表 4-4 计算的税后净利润可知，该公司应选择方案二。

知识链接

企业向个人赠送礼品，属于下列情形之一的，取得该项所得的个人应依法缴纳个人所得税，税款由赠送礼品的企业代扣代缴：

（1）企业在业务宣传、广告等活动中，随机向本单位以外的个人赠送礼品，对个人取得的礼品所得，按照“偶然所得”项目，全额适用 20%的税率缴纳个人所得税。

（2）企业在年会、座谈会、庆典以及其他活动中向本单位以外的个人赠送礼品，对个人取得的礼品所得，按照“偶然所得”项目，全额适用 20%的税率缴纳个人所得税。

（3）企业对累积消费达到一定额度的顾客，给予额外抽奖机会，个人的获奖所得按照“偶然所得”项目，全额适用 20%的税率缴纳个人所得税。

案例4-16

（1）基本案情

某洗衣粉厂在进行洗衣粉促销时有两种方案：一是买5 000克的洗衣粉再送1 000克；二是“加量不加价”，6 000克洗衣粉卖5 000克的价钱。试问哪种方案对洗衣粉厂更有利？

（2）税收筹划思路

该洗衣粉厂采取“买5 000克的洗衣粉再送1 000克”的促销政策，免费赠送的部分是否缴纳增值税，各地规定不一，面临视同销售缴纳增值税的风险。而采取“加量不加价”的促销模式，相当于6 000克洗衣粉卖5 000克的价钱，数量增加，价格不变，相当于洗衣粉的折扣销售，则该洗衣粉厂只需按照销售价格计算缴纳增值税，允许税前扣除6 000克洗衣粉的成本，从而降低了企业所得税负担。从税收筹划的角度，“加量不加价”是一种很好的促销方式，其实质是折扣销售，也可以看成“商业赠送”的替代方式。

【知识点提醒】企业在采取买一赠一方式促销时，应避免被视为无偿销售并缴纳增值税。

第一，企业可以在发票上同时体现主货物、赠品两种商品，并将赠品的价值作为主商品的折扣反映在发票上。需要注意的是，销售额与折扣额必须同时反映在发票上。

第二，将总的销售金额按各项商品公允价值的比例来分摊确认各项商品的销售收入，对主货物和赠品分别开具发票。

第三，将主货物和赠品重新包装成一个新的商品，按主货物的价格确定。

第四，商品的价格需要控制在合理的范围内。如果税务机关认为企业的价格明显偏低且无正当理由的，按照《增值税暂行条例》第七条“纳税人销售货物或者应税劳务的价格明显偏低并无正当理由的，由主管税务机关核定其销售额”的规定，税务机关可以进行核定调整。

六、关联企业销售价格的税收筹划

由于纳税义务发生时间不同以及不同行业和不同纳税人的身份适用不同的税率，企业可利用关联企业转让定价的方式进行税收筹划。

案例4-17

（1）基本案情

某集团公司下设三个独立核算的企业甲、乙、丙，彼此存在购销关系：甲企业为乙企业提供原材料，乙企业生产的产品是丙企业的半成品，丙企业进一步加工后向市场销售。请比较不同结算价格下的增值税税负。甲、乙、丙三个企业的销售情况见表4-5。

表4-5　甲、乙、丙三个企业的销售情况

企业名称	增值税税率（%）	销售数量（件）	正常市场价（元）	转移价格（元）	所得税税率（%）
甲	13	1 000	500	400	25
乙	13	1 000	600	500	25
丙	13	1 000	700	700	25

（2）税收筹划思路

假设甲企业的进项税额为40 000元，如果三个企业均按正常市场价结算货款，应纳增值税税额为：

$$甲企业应纳增值税=500\times\frac{13\%}{1+13\%}\times1\ 000-40\ 000$$

$$=57\ 522.12-40\ 000=17\ 522.12\ (元)$$

$$乙企业应纳增值税=600\times\frac{13\%}{1+13\%}\times1\ 000-57\ 522.12$$

$$=69\ 026.55-57\ 522.12=11\ 504.43\ (元)$$

$$丙企业应纳增值税=700\times\frac{13\%}{1+13\%}\times1\ 000-69\ 026.55$$

$$=80\ 530.97-69\ 026.55=11\ 504.42\ (元)$$

集团公司合计应纳增值税=17 522.12+11 504.43+11 504.42=40 530.97（元）

如果三个企业采用转移价格销售，则应纳增值税情况如下：

$$甲企业应纳增值税=400\times\frac{13\%}{1+13\%}\times1\ 000-40\ 000$$

$$=46\ 017.70-40\ 000=6\ 017.70\ (元)$$

$$乙企业应纳增值税=500\times\frac{13\%}{1+13\%}\times1\ 000-46\ 017.70$$

$$=57\ 522.12-46\ 017.70=11\ 504.42\ (元)$$

$$丙企业应纳增值税=700\times\frac{13\%}{1+13\%}\times1\ 000-57\ 522.12$$

$$=80\ 530.97-57\ 522.12=23\ 008.85\ (元)$$

集团公司合计应缴纳增值税=6 017.70+11 504.42+23 008.85=40 530.97（元）

从静态总额看，前后应纳的增值税是完全一样的，但考虑到税款的支付时间，两者的税额便存在差异。由于三个企业的生产有连续性，这使得本应由甲企业当期应缴的增值税款相对减少 11 504.42 元（=17 522.12-6 017.70），即递延至第二期缴纳（通过乙企业）；乙企业原应缴纳的税款又通过转移价格递延至第三期并由丙企业缴纳。如果考虑到折现因素，则集团公司的整体税负相对下降。

目前，关联企业避税问题已成为热点问题之一，日益为税务机关所关注。关联企业间业务往来的类型及其内容主要包括有形财产的购销和使用、无形财产的转让和使用、提供劳务、融通资金等业务往来。企业在运用转让定价等手段进行税收筹划时，很有可能被税务机关处以罚款和补缴税款。因此，企业在进行相关税收筹划之前，必须在税务机关可接受的范围内进行转让定价安排，避免付出更多的税收成本。

七、企业委托代销方式的税收筹划

委托销售有两种不同的方式，在这两种方式中，委托方、受托方的收益不同，应缴的税款也不相同：一是收取代理手续费方式，即受托方以代理销售商品的全价与委托方结算，然后收取一定金额的手续费。这对受托方来讲是一种代理服务收入，应按6%的增值税税率计算缴纳增值税税款。二是视同买断方式，即委托方以较低价格将货物交由受托方代销，受托方加价后向市场销售。这对于受托方来讲是商品销售的一个环节，应按其获得的增值额计算缴纳增值税。这两种不同的代销方式对委托方和受托方的税务处理不同，两者的税负也不相同。

案例4–18

（1）基本案情

利群商贸公司按照视同买断的方式为中华制衣厂代销品牌服装，中华制衣厂以800元/件出售服装给利群商贸公司，利群商贸公司再按1 000元/件对外销售。利群商贸公司共销售服装100件，假设本月中华制衣厂购进货物的进项税额为7 000元。

请设计增值税节税方案。（以上均为不含税收入，暂不考虑地方教育附加。)

（2）税收筹划思路

在现行方案下，利群商贸公司的涉税处理如下：

利群商贸公司应缴增值税=1 000×100×13%-800×100×13%=2 600（元）

利群商贸公司应缴城建税及教育费附加=2 600×(7%+3%)=260（元）

利群商贸公司共缴纳增值税以及附加税费=2 600+260=2 860（元）

中华制衣厂应缴增值税=800×100×13%-7 000=3 400（元）

中华制衣厂应缴城建税及教育费附加=3 400×(7%+3%)=340（元）

两家公司共缴纳增值税以及附加税费=2 860+3 400+340=6 600（元）

假设利群商贸公司用收取手续费的方式为中华制衣厂代销品牌服装，销售单价为1 000元/件，每销售一件收取手续费200元。利群商贸公司共销售服装100件，收取手续费20 000元（其他资料不变），则双方的涉税处理应为：

利群商贸公司应缴增值税=20 000×6%=1 200（元）

利群商贸公司应缴城建税及教育费附加=1 200×（7%+3%）=120（元）

利群商贸公司共缴纳增值税以及附加税费=1 200+120=1 320（元）

中华制衣厂应缴增值税=1 000×100×13%-7 000-1 200=4 800（元）

中华制衣厂应缴城建税及教育费附加=4 800×(7%+3%)=480（元）

两家公司共缴纳增值税以及附加税=1 200+120+4 800+480=6 600（元）

比较上述两种方式，在视同买断方式下，利群商贸公司多缴增值税1 400元，多缴城市维护建设税及教育费附加140元。但从两家公司合计税负角度来看，两种方式下的应纳税费是相等的。

因此，在代理销售业务中，受托方应选择收取手续费方式。如果采用视同买断方式代销，受托方需要多缴纳一部分增值税，委托方则少缴纳一部分增值税，因此双方可以在协议价格上做一些调整，比如委托方适当降低价格，以使受托方多缴的增值税在制定协议价格时得到补偿，最终使双方的税负水平趋于合理。

八、企业不动产销售的税收筹划

不动产销售分为房地产开发企业销售自行开发的房地产与一般纳税人转让不动产两种业务。

房地产企业开发的工程项目分为老项目和新项目两部分。对于老项目，在 2016 年 5 月 1 日之后发生纳税义务时，可以采用增值税简易计税方法，即按照 5%的征收率计算应纳税额。销售“营改增”试点后开工的新项目，或者销售未选择简易计税方法的老项目，适用一般计税方法，税率为 9%，但可从销售额中扣除上缴政府的土地价款。小规模纳税人适用 5%的征收率。

采用一般计税方法时，增值税应纳税额计算如下：

$$应纳税额=(全部价款和价外费用-当期允许扣除的土地价款)\times\frac{9\%}{1+9\%}$$

采用简易计税方法时，增值税应纳税额计算如下：

$$应纳税额=销售额\times\frac{5\%}{1+5\%}$$

在两种计税方法下的增值税应纳税额不同，企业应根据自己的具体情况选择税负较低的计税方法。企业的税收筹划思路如下：

第一，如果已开发的项目在整个开发项目中所占比例很小，且有大量的进项发票可以抵扣增值税，则可以选择增值税一般计税方法，按照 9%的税率计算增值税。

第二，如果已开发的项目在整个开发项目中所占的比例较大，已经收到了大部分采购发票（增值税普通发票），增值税进项抵扣很少，则应选择适用简易计税方法，按照 5%的征收率缴纳增值税。

案例4-19

(1) 基本案情

甲市某房地产公司（一般纳税人）销售一批自行开发的房地产项目（施工许可证注明的开工日期是2015年5月1日），共取得含税收入3 150万元，同时办妥了房产产权转移手续。这批房产对应的土地价款为970万元。请问该企业选择何种计税方法可以减轻增值税税负？

(2) 税收筹划思路

纳税人销售房地产老项目，选择适用简易计税方法计税的，要以取得的全部价款和价外费用为销售额（不得扣除对应的土地价款），按照5%的征收率计税，因此，

$$应纳增值税税额=3\ 150\times\frac{5\%}{1+5\%}=150\ （万元）$$

纳税人选择适用一般计税方法计税的，要以取得的全部价款和价外费用扣除当期销售房地产项目对应的土地价款后的余额为销售额，按照9%的税率计税，因而应纳增值税税额为180万元$\left[=(3\ 150-970)\times\frac{9\%}{1+9\%}\right]$，由此可见，纳税人选择简易计税方法比选择一般计税方法少缴增值税30万元（=180−150）。

案例4-20

(1) 基本案情

甲市某公司为增值税一般纳税人，销售位于乙市的非自建写字楼，并于当月办妥了相关产权转移手续。该写字楼于2014年12月购置并投入使

用，根据有关原始凭证，确认该写字楼的购置成本为 6 780 万元，销售写字楼取得含税收入 13 080 万元。在销售过程中共发生其他税费 1 000 万元，已用银行存款缴纳。请问该企业选择何种计税方法缴纳增值税较少？

（2）税收筹划思路

纳税人选择适用简易计税方法计税，要以取得的全部价款扣除该写字楼的购置成本后的余额为销售额：

$$应纳增值税税额=(13\ 080-6\ 780)\times\frac{5\%}{1+5\%}=300\ （万元）$$

纳税人选择适用一般计税方法计税，要以取得的全部价款为销售额，按照 9%的税率申报纳税：

$$应纳增值税税额=13\ 080\times\frac{9\%}{1+9\%}=1\ 080\ （万元）$$

由此可见，纳税人选择简易计税方法比选择一般计税方法少缴增值税 780 万元（=1 080-300）。

案例4-21

（1）基本案情

甲市某公司为增值税一般纳税人，销售自建写字楼，并于当月办妥了相关产权转移手续。该写字楼于 2014 年 12 月建成并投入使用，根据有关原始凭证，确认该写字楼投入使用前发生的建设成本为 5 355 万元，销售写字楼取得含税收入 11 445 万元。在销售过程中共发生其他税费 1 000 万元，已用银行存款缴纳。请问该企业选择何种计税方法可以节约增值税？

（2）税收筹划思路

纳税人选择适用简易计税方法计税，要以取得的全部价款为销售额：

$$应纳增值税税额=11\ 445\times\frac{5\%}{1+5\%}=545（万元）$$

纳税人选择适用一般计税方法计税，要以取得的全部价款为销售额，按照9%的税率申报纳税：

$$应纳增值税税额=11\ 445\times\frac{9\%}{1+9\%}=945（万元）$$

由此可见，纳税人选择简易计税方法比选择一般计税方法少缴增值税400万元（=945-545）。

九、企业结算方式的税收筹划

对于企业销售结算方式选择的税收筹划，最关键的一点就是尽量推迟纳税义务发生的时间。

在销售结算方式的税收筹划中，要遵循以下基本原则：

（1）未收到货款不开发票，这样可以达到递延税款的目的。例如，对发货后一时难以回笼的货款或委托代销商品等情况，等收到货款再出具发票纳税。

（2）尽量避免采用托收承付与委托收款的结算方式，防止垫付税款。

（3）在不能及时收到货款的情况下，采用赊销或分期收款的结算方式，防止垫付税款。

（4）尽可能采用支票、银行本票和汇兑结算方式销售产品。

案例4-22

（1）基本案情

某企业属于增值税一般纳税人，当月发生销售业务5笔，共计应收货款 1 800 万元（含税价）。其中，有 3 笔销售业务共计 1 000 万元，货款两清；一笔销售业务 300 万元，两年后一次付清；另一笔销售业务 500 万元，一年后付 250 万元，一年半后付 150 万元，余款 100 万元两年后结清。试问该企业应采取直接收款方式还是赊销和分期收款方式？

（2）税收筹划思路

企业若采取直接收款方式，则应在当月全部计算销售，计提的销项税额为：

$$1\ 800\times\frac{13\%}{1+13\%}=207.08\ (\text{万元})$$

若对未收到款项的销售业务不记账，则违反了税法规定，少计的销项税额为：

$$800\times\frac{13\%}{1+13\%}=92.04\ (\text{万元})$$

这种行为属于偷税行为。

若该企业对未收到的 300 万元和 500 万元应收账款分别在货款结算中采取赊销和分期收款结算方式，就可以延缓纳税，因为这两种结算方式都是以合同约定日期为纳税义务发生时间。

第一笔和第二笔两年后结清货款的销项税额为：

$$(300+100)\times\frac{13\%}{1+13\%}=46.02\ (\text{万元})$$

第二笔一年后付清货款的销项税额为：

$$250\times\frac{13\%}{1+13\%}=28.76\ (\text{万元})$$

第二笔一年半后付清货款的销项税额为：

$$150\times\frac{13\%}{1+13\%}=17.26\ (\text{万元})$$

由此可以看出，采用赊销和分期收款方式，可以为企业获得资金的时间价值，并为企业节约大量的流动资金。

案例4-23

(1) 基本案情

某企业5月向外地供应站销售价值113万元的货物，其货款结算采用销售后付款的方式。外地供应站10月汇来货款30万元。该企业应如何对结算方式进行增值税税收筹划?

(2) 税收筹划思路

购货单位为商业企业，并且货款结算采用了销售后付款的结算方式，因此可以选择委托代销的方式，避免垫付资金纳税。

如果采取委托代销方式，5月份可不计销项税额，10月份按规定向代销单位索取代销清单并计算销售，计提的销项税额为：

$$30\times\frac{13\%}{1+13\%}=3.45\text{（万元）}$$

对于尚未收到代销清单的货款，可暂缓申报计算销项税额。

否则，应于5月份计提销项税额：

$$113\times\frac{13\%}{1+13\%}=13\text{（万元）}$$

由此可以看出，此类销售业务选择委托代销结算方式对企业最有利。如果企业的产品销售对象是商业企业，并且采用了在销售后付款的销售方式，就可以采用委托代销结算方式。此时，受托方根据合同要求，在将商品出售后开具代销清单，并交付给委托方，委托方根据其实际收到的货款分期计算销项税额，从而达到延缓纳税的目的。

十、企业非成套销售的税收筹划

我国现行税法规定，纳税人将应税消费品和非应税消费品以及适用不同税率的应税消费品组成成套消费品销售的，从高适用消费税税率。因此，企业对于成套销售的收益和税负需要进行全面衡量，以免造成不必要的损失。

从税收筹划的角度，如果成套销售中的产品皆为应税消费品且适用税率相同，可以选择成套销售，在应纳税款不变的情况下提高销量、增加利润；如果成套销售的产品中含有非应税消费品或适用不同税率的应税消费品，则企业需要分析成套销售所带来的额外收益与应纳税额之间的关系。若成套销售的收益大于由此增加的税负，可以选择成套销售。

案例4-24

（1）基本案情

某日化厂为增值税一般纳税人，既生产高档化妆品又生产护肤品。该日化厂现有两种销售方案：一是分别销售高档化妆品和护肤品，并分别核算；二是将高档化妆品和护肤品组成礼品盒销售。若分别销售，该日化厂可取得高档化妆品销售收入 15 万元，护肤品销售收入 5 万元；假设以礼品盒销售，同样数量的高档化妆品和护肤品销售价格不变，为 20 万元。上述收入均为不含税收入。试问这两种销售方案所缴纳的消费税一样吗？（高档化妆品的消费税税率为 15%。）

（2）税收筹划思路

对于第一种方案，若分别销售、核算，销售高档化妆品应纳消费税 2.25 万元（$=15\times15\%$）；销售护肤品不纳消费税，所以一共缴纳消费税 2.25 万元。

对于第二种方案，若将应税消费品和非应税消费品组成礼品盒销售，应根据组成礼品盒的销售金额，按应税消费品中适用最高税率的消费品税率征税，故：

$$应纳消费税=20\times15\%=3（万元）$$

因此，这两种方案需要缴纳的消费税不一样，组成礼品盒销售需要多缴消费税0.75万元（=3-2.25）。

案例4-25

（1）基本案情

某酒厂生产税率为20%的粮食白酒，同时生产税率为10%的药酒。为了增加销售量，该厂将一瓶白酒（500克）、一瓶药酒（500克）和一把酒瓶开启器包装成一套礼品销售。其中，白酒的价格为60元/瓶，药酒的价格为90元/瓶，酒瓶开启器的价格为50元/把，礼品套装的价格为200元/套。当月，该厂对外销售粮食白酒10 000瓶，总金额600 000元；销售药酒6 000瓶，总金额540 000元；销售套装1 000套，总金额200 000元。请问：该酒厂应如何进行税收筹划？

（2）税收筹划思路

该酒厂在不同情况下的税收负担如下：

①若三类产品单独核算，应纳消费税税额为：

$$白酒应纳消费税税额=10\ 000\times0.50+600\ 000\times20\%=125\ 000（元）$$

$$药酒应纳消费税税额=540\ 000\times10\%=54\ 000（元）$$

$$套装酒应纳消费税税额=2\ 000\times0.50+200\ 000\times20\%=41\ 000（元）$$

酒瓶开启器不用缴纳消费税。

$$合计应纳消费税税额=125\ 000+54\ 000+41\ 000=220\ 000（元）$$

②若三类产品未单独核算，则应采用税率从高的原则，按白酒的税率计算，应纳消费税税额为：

18 000×0.50+(600 000+540 000+200 000)×20%=277 000（元）

可以看出，将税率不同的产品分开核算后，税款减少：

277 000-220 000=57 000（元）

③如果不将两类酒组成套装酒销售，则套装酒中的各类酒单独计算税额，应纳消费税税额为：

套装酒中白酒的应纳消费税税额=(0.50+60×20%)×1 000=12 500（元）

套装酒中药酒的应纳消费税税额=90×1 000×10%=9 000（元）

套装酒合计应纳消费税税额=12 500+9 000=21 500（元）

套装外的白酒应纳消费税税额=10 000×0.50+600 000×20%=125 000（元）

套装外的药酒应纳消费税税额=540 000×10%=54 000（元）

合计应纳消费税税额=12 500+9 000+125 000+54 000=200 500（元）

所以，套装酒分开销售比组成套装销售可减少税金：

41 000-21 500=19 500（元）

十一、企业以应税消费品实物抵债的税收筹划

《消费税暂行条例》及其实施细则和相关法规对于纳税人的某些特定行为规定了特殊条款，纳税人用于换取生产资料和消费资料、投资入股和抵偿债务等方面的应税消费品，应当以纳税人同类应税消费品的最高销售价格为依据计算消费税。在其他视同销售行为（馈赠、赞助、广告等）计税时，应按纳税人生产的同类消费品的销售价格计算纳税；没有同类消费品销售价格的，按照组成计税价格计算纳税。

组成计税价格的计算公式为：

$$组成计税价格=\frac{成本+利润}{1-消费税税率}$$

或

$$组成计税价格=\frac{成本+利润+自用数量\times定额税率}{1-消费税税率}$$

“同类消费品的销售价格”是指纳税人或代收代缴义务人当月销售的同类消费品的销售价格。如果当月同类消费品各期销售价格高低不同，应按销售数量加权平均计算。销售的应税消费品价格明显偏低又无正当理由或者无销售价格的，不得列入加权平均计算。如果当月无销售或者当月未完结，应按照同类消费品上月或者最近月份的销售价格计算纳税。

当纳税人以应税消费品用于偿还债务时，要尽量采用“先销售、后抵债”的方式，防止按较高价格计税，进而增加自身税负。

案例4–26

（1）基本案情

长江酿造厂以500公斤A牌白酒抵偿原企业经营中欠黄河粮食加工有限公司的债务。该酿造厂当月销售A牌白酒的情况为：以80元/公斤的价格销售了600公斤，以100元/公斤的价格销售了1 500公斤；以120元/公斤的价格销售了600公斤。该厂对这笔抵债白酒计算缴纳的消费税为：

$$0.50\times500\times2+80\times500\times20\%=500+8\ 000=8\ 500\ （元）$$

税务机关在稽查时提出：用以抵债的白酒应补缴消费税。请问税务机关的结论是否正确？长江酿造厂应该如何进行税务筹划？

（2）税收筹划思路

我国税法规定，纳税人用于换取生产资料和消费资料、投资入股和抵偿债务等方面的应税消费品，应当以纳税人同类应税消费品的最高销售价格为依据计算消费税。因此，税务机关的结论是符合法律规定的。当月，该厂销售此类白酒的最高销售价格为120元/公斤，则该笔偿债白酒应缴纳的消费税为：

$$0.50\times500\times2+120\times500\times20\%=500+12\ 000=12\ 500\ (\text{元})$$

长江酿造厂应补缴消费税税款4 000元（=12 500-8 500）。

如果长江酿造厂以80元/公斤的价格和正常的手续将500公斤A牌白酒销售给黄河粮食加工有限公司，再通过有关账户调整抵减"应付账款"，那么该笔抵债白酒就可按协议中的价格计算缴纳消费税。这样既符合税法规定，又收到了节税的效果。

十二、企业以应税消费品入股投资的税收筹划

当纳税人以应税消费品入股投资时，一般是按照协议价格或者评估价格确定价值的，只要这种协议价格或者评估价格低于其当月销售该类应税消费品的最高价格，直接以应税消费品入股投资就会比销售后再投资的方式缴纳更多的消费税。在这种情况下，可以考虑转换为"先销售、后投资"的方法。

案例4-27

（1）基本案情

某摩托车制造厂甲准备以参股的方式向乙企业投资。双方商定，甲企业以摩托车200辆实物入股（评估价格为8 100元/辆），取得乙企业100万股股权。甲企业当月对外销售同型号的摩托车共有三种价格：以8 000元/辆销售60辆，以8 600元/辆销售80辆，以9 000元/辆销售20辆（假设该制造厂所生产的摩托车气缸容量大于250毫升，适用的消费税税率

为 10%）。

（2）税收筹划思路

甲企业的投资方案有两个：

方案一：直接以摩托车进行实物投资入股，则：

应缴消费税 = 9 000×200×10% = 180 000（元）

方案二：先销售、后投资（销售价格 8 100 元/辆），则：

应缴消费税 = 8 100×200×10% = 162 000（元）

显然，方案二比方案一减少消费税 18 000 元（= 180 000 − 162 000）。

十三、以外币结算应税消费品的税收筹划

《消费税暂行条例》及其实施细则规定，纳税人销售的应税消费品以人民币以外的货币结算销售额时，应按人民币汇率中间价折合成人民币销售额以后，再计算应纳消费税税额。人民币折合率既可以采用销售额发生当天的人民币汇率中间价，也可以采用当月 1 日的人民币汇率中间价。一般来说，外汇市场价格波动越大，选择折合率进行节税的必要性越大。如果能以较低的人民币汇率计算应纳税额，对企业就是有利的。

需要注意的是，对于每一个纳税人来说，汇率折算方法一经确定，在一年之内不得随意变动。因此，在选择汇率折算方法时，需要纳税人对未来的经济形势和汇率走势做出恰当判断。一般来说，如果在一个较长的时期内人民币处于不断升值的状态，则采用结算当日的汇率折算较为有利；反之，则采用当月 1 日的汇率折算较为有利。当然，当某币种处于长期升值或贬值过程中时，也不排除其币值的波动。因此，汇率折算方法的选择是从总体规划角度做出的，即使筹划得很合理，也不是每一笔销售收入都可以按相对较低的折算方法计算。

案例4-28

（1）基本案情

某企业12月15日取得高档化妆品销售收入40万美元，12月1日的人民币汇率中间价为1美元：6.90元人民币，12月15日的人民币汇率中间价为1美元：6.93元人民币。请问：该企业应如何进行税收筹划？

（2）税收筹划思路

如果采用当月1日的汇率，折合成人民币276万元，应缴消费税人民币41.4万元；如果采用结算当日的汇率，折合成人民币277.2万元，应缴消费税人民币41.58万元。两种方法相比，采用结算当日的人民币汇率中间价计算比采用当月1日的人民币汇率中间价计算多缴消费税人民币0.18万元（=41.58−41.4）。

思考题

1. 企业投资方向税收筹划的基本思路是什么？请举例说明。
2. 企业投资决策税收筹划有哪些基本方法？
3. 试比较企业不同筹资方式的税收负担。
4. 企业在销售过程中应从哪些角度开展税收筹划？

零散的宝石和修理珠宝不会被征税；大幅度改造之后的市价会被征税。因此……如果你把祖母胸针上的宝石重新镶嵌在别处，你就会被征税；但是如果你把一颗从戒指上掉下的价值 30 000 美元的钻石重新安上，就属于修理，你就不会被征税。

——施密德尔（Schmedel，1991）

第五章
企业重组的税收筹划

本章导读：

重组有利于企业资本的优化、法人治理结构的改良、优势资本的聚集，这使得企业重获生机，在市场经济下更有竞争优势。我国税法鼓励企业重组兼并，给予了特殊性税务处理规定。纳税人需要充分理解该政策的实质精神，熟练运用于企业重组。

第一节　企业重组的税收因素

一、企业重组的税法概念

财政部、国家税务总局印发的《关于企业重组业务企业所得税处理若干问题的通知》（财税〔2009〕59 号）指出，企业重组是指企业在日常经营活动以外发生的法律结构或经济结构重大改变的交易，包括企业法律形式改变、债务重组、股权收购、资产收购、合并、分立等六大类经济活动：

企业法律形式改变是指企业注册名称、住所以及企业组织形式等的简单改变，但符合本通知规定其他重组的类型除外。

债务重组是指在债务人发生财务困难的情况下，债权人按照其与债务人达成的书面协议或者法院裁定书，就其债务人的债务做出让步的事项。

股权收购是指一家企业（以下称为“收购企业”）购买另一家企业（以下称为“被收购企业”）的股权，以实现对被收购企业控制的交易。收购企业支付对价的形式包括股权支付、非股权支付或两者的组合。

资产收购是指一家企业（以下称为“受让企业”）购买另一家企业（以下称为“转让企业”）实质经营性资产的交易。受让企业支付对价的形式包括股权支付、非股权支付或两者的组合。

合并是指一家或多家企业（以下称为“被合并企业”）将其全部资产和负债转让给另一家现存或新设的企业（以下称为“合并企业”），被合并企业股东换取合并企业的股权或非股权支付，实现两个或两个以上企业的依法合并。

分立是指一家企业（以下称为“被分立企业”）将部分或全部资产分离转让给现存或新设的企业（以下称为“分立企业”），被分立企业股东换取分立企业的股权或非股权支付，实现企业的依法分立。

影响企业重组的因素是多种多样的，例如，企业发展战略、政府政策、融资需求、市场力量、行业壁垒、公司治理效率等，其中，税收因其独特的激励作用，成为企业重组的重要因素。

二、企业重组的课税主体

我国税法规定，对于企业重组过程中资产转移的被重组企业法人股东课征企业所得税，对于被重组企业的个人股东课征个人所得税。即企业重组过程中的纳税人既包括法人股东，也包括个人股东。

一般而言，重组是由重组企业按照公允价值计价的非货币性资产交换被重组企业的股权等非货币性资产。在这个过程中，重组企业的非货币性资产的公允价值与其计税基础之间的差异将实现所得或损失。同时，被重组企业股东股权的公允价值（等价交换的话，与非货币性资产的公允价值相等）与其股权的计税基础之间的差异也将实现所得或损失。此时，如果重组企业支付的非货币性资产对价全部或几乎为其增发股权或其控股企业的股权，将可能享受特殊性税务处理的递延纳税政策。

（一）被重组企业

1. 直接收购资产。在直接收购资产方式中，被重组企业选择直接向收购方销售资产，或是在清算中向股东分配资产，都是由被重组企业作为纳税人。无论被重组企业是否具备法人地位，此时其以现金、债券或其他非股票资产购买重组企业部分或全部资产的行为，视同被重组企业销售资产与资产变现。从所得税上来看，如果此时被重组企业的资产变现大于净资产的价值，获得了资产增益，则被重组企业为企业所得税的纳税人。

2. 股票收购。通过股票收购既不影响被重组企业的法人身份，也不进行资产过户，即被重组企业不参与销售交易，不确认利得或亏损，因而被重组企业不确认为纳税人。

（二）被重组企业股东

被重组企业将股息分配给被重组企业股东以及自然人通过股票转让获得资本利得时，被重组企业股东要对所得缴纳个人所得税，此时被重组企业股东为个人所得税纳税人。

此外，在企业重组的税收筹划中，也应考虑不同税种下纳税人身份的差异。增值税的纳税人按照累计应税销售额规模的不同，可分为一般纳税人和小规模纳税人。企业所得税的纳税人是指除个人独资企业、合伙企业以外的在中华人民共和国境内的企业和其他取得收入的组织。常见的纳税人身份划分有居民企业、非居民企业、小型微利企业、高新技术企业等。此外，就公司性质而言，又可划分为个体工商户、联营企业、合伙企业、有限责任公司、股份有限公司等多种类型。

企业在重组过程中常会涉及纳税人身份的转化问题。企业的合并、分立使得企业的资产总额、从业人数、公司形式发生改变，导致企业在重组后可能适用不同的纳税人身份判定标准。纳税人身份的不同会对企业税后收益产生重大影响，企业在进行重组筹划时，应考虑纳税人身份这一因素。

三、企业重组的税基

税基是应纳税额的基数，在所得税中表现为应纳税所得额。

被重组企业的应纳税所得额一般是通过被重组企业净资产的总价值与被重组企业净资产的计税成本两者之差计算的。被重组企业净资产的总价值代表重组企业转移资产时获得的收入，即净资产的公允价值。净资产的计税成本一般是经过调整的被转移资产的原值。

被重组企业股东的应纳税所得额是个人所得税财产转让所得中的所得额。

税率既定时，企业可以通过降低税基的方法减轻税负。企业可通过一般性税务处理和特殊性税务处理的转化来降低企业当期的应纳税额，如债务重组中应纳税所得额可在五年内均匀分摊，不确认当期债务重组所得；企业也可以通过兼并亏损企业，利用目标企业的亏损抵减当期应纳税所得额，进而少缴企业所得税来产生节税效应。

四、企业重组的税率

税基一定时，企业可以通过税率的不同进行筹划。例如，法人股东股权转让所得适用25%的税率，自然人股东股权转让所得属于财产转让所得的，适用20%的税率。

财政部、国家税务总局印发的《关于实施小微企业普惠性税收减免政策的通知》（财税〔2019〕13号）规定，小型微利企业年应纳税所得额不超过 100 万元的部分，减按 25%计入应纳税所得额，按 20%的税率缴纳企业所得税；对年应纳税所得额超过 100 万元但不超过 300 万元的部分，减按 50%计入应纳税所得额，按 20%的税率缴纳企业所得税。

五、企业重组的税收优惠

企业重组过程中常见的税收优惠包括两个方面：一是普适的政策性、行业性税收优惠，如高新技术企业的税收优惠。在这方面，企业可以通过重组兼并或分立进入新的行业领域，在扩大产品市场的同时，可利用新的税收优惠政策。二是政策的特殊规定，如财政部、国家税务总局印发的《关于企业重组业务企业所得税处理若干问题的通知》（财税〔2009〕59 号）提出的“一般性税务处理”和“特殊性税务处理”。企业通过调整，努力达成股权与非股权支付比例等条件即可享受特殊性税务处理带来的节税效应。

第二节　一般性税务处理和特殊性税务处理

财政部、国家税务总局印发的《关于企业重组业务企业所得税处理若干问题的通知》（财税〔2009〕59 号）是企业重组的框架性文件（以下简称“59 号文”），《企业重组业务企业所得税管理办法》（国家税务总局公告 2010 年第 4 号）作为程序性文件与之配套。随后，我国陆续对企业重组相关规定中的细节进行了修改和补充。

一、一般性税务处理规定

根据 59 号文的相关规定，企业重组适用于一般性税务处理时，被收购方应确认股权、资产转让所得或损失。收购方取得股权或者资产的计税应以公允价值为基础确定。被收购企业的相关所得税事项原则上保持不变。

在企业重组发生时，确认转让所得或损失，并且按照转让价格重新确定计税依据，该规定与企业其他交易行为的所得税缴纳规定相同，属于常规意义下的处理方法。

合并企业应按公允价值确定接受被合并企业各项资产和负债的计税依据。被合并企业及其股东应按清算进行所得税处理。被合并企业的亏损不得在合并企业结转弥补。

根据企业重组的不同类型，采用以下具体处理方式。

（一）企业法律形式不变

企业由法人转变为个人独资企业、合伙企业等非法人组织，或将登记注册地转移至中华人民共和国境外（包括港澳台地区），应视同企业进行清算、分配，股东重新投资成立新企业。企业的全部资产以及股东投资的计税基础均应以公允价值为基础确定。

企业发生其他法律形式简单改变的，可直接变更税务登记，除另有规定外，有关企业所得税的纳税事项（包括亏损结转、税收优惠等权利和义务）由变更后的企业承继，但因住所发生变化而不符合税收优惠条件的除外。

（二）企业债务重组

第一，以非货币资产清偿债务，应当分解为转让相关非货币性资产、按非货币性资产公允价值清偿债务两项业务，确认相关资产的所得或损失。

第二，发生债权转股权的，应当分解为债务清偿和股权投资两项业务，确认有关债务清偿所得或损失。

第三，债务人应当按照支付的债务清偿额低于债务计税基础的差额，确认债务重组所得；债权人应当按照收到的债务清偿额低于债权计税基础的差额，确认债务重组损失。

第四，债务人相关所得的税纳税事项原则上保持不变。

（三）企业股权收购、资产收购重组交易

第一，被收购方应确认股权、资产转让所得或损失。

第二，收购方取得股权或资产的计税基础应以公允价值为基础确定。

第三，被收购企业的相关所得税事项原则上保持不变。

（四）企业合并

第一，合并企业应按公允价值确定接受被合并企业各项资产和负债的计税基础。

第二，被合并企业及其股东都应按清算进行所得税处理。

第三，被合并企业的亏损不得在合并企业结转弥补。

（五）企业分立

第一，被分立企业对分立出去的资产，应按公允价值确认资产转让所得或损失。

第二，分立企业应按公允价值确认接受资产的计税基础。

第三，被分立企业继续存在时，其股东取得的对价应视同被分立企业分配进行处理。

第四，被分立企业不再继续存在时，被分立企业及其股东都应按清算进行所得税处理。

第五，企业分立，相关企业的亏损不得相互结转弥补。

二、特殊性税务处理规定

（一）特殊性税务处理的条件

特殊性税务处理需要满足以下条件：

第一，具有合理的商业目的，且不以减少、免除或者推迟缴纳税款为主要目的。

第二，被收购、合并或分立部分的资产或股权比例符合本通知规定的比例。

第三，企业重组后的连续 12 个月内不改变重组资产原来的实质性经营活动。

第四，重组交易对价中涉及股权支付金额符合本通知规定的比例。

第五，企业重组中取得股权支付的原主要股东，在重组后连续 12 个月内不得转让所取得的股权。

其中，资产或股权的比例及股权支付金额的比例因企业重组方式的不同而不同。

企业涉及中国境内与境外之间（包括港澳台地区）的股权和资产收购交易，除应符合上述条件外，还应同时符合下列条件，才可选择适用特殊性税务处理规定：

第一，非居民企业向其 100% 直接控股的另一非居民企业转让其拥有的居民企业股权，没有因此造成以后该项股权转让所得预提税负担变化，且转让方非居民企业向主管税务机关书面承诺在 3 年（含 3 年）内不转让其拥有受让方非居民企业的股权。

第二，非居民企业向与其具有 100% 直接控股关系的居民企业转让其拥有的另一居民企业股权。

第三，居民企业以其拥有的资产或股权向其 100% 直接控股的非居民企业进行投资。

第四，财政部、国家税务总局核准的其他情形。

（二）特殊性税务处理的内容

符合上述特殊性税务处理条件的企业，交易各方对其交易中股权支付部分进行特殊性税务处理。由于企业重组的类型不同，企业进行特殊性税务处理时的操作也有较大差别。

1. 债务重组

企业债务重组确认的应纳税所得额占该企业当年应纳税所得额 50%以上，可以在 5 个纳税年度内，均匀计入各年度的应纳税所得额。

企业发生债权转股权业务，对债务清偿和股权投资两项业务暂不确认有关债务清偿所得或损失，股权投资的计税基础以原债权的计税基础确定。企业的其他相关所得税事项保持不变。

2. 股权收购

收购企业购买的股权不低于被收购企业全部股权的 50%，且收购企业在该股权收购发生时的股权支付金额不低于其交易支付总额的 85%，可以选择按以下规定处理：

（1）被收购企业的股东取得收购企业股权的计税基础，以被收购股权的原有计税基础确定。

（2）收购企业取得被收购企业股权的计税基础，以被收购股权的原有计税基础确定。

（3）收购企业、被收购企业的原有各项资产和负债的计税基础和其他相关所得税事项保持不变。

3. 资产收购

受让企业收购的资产不低于转让企业全部资产的 50%，且受让企业在该资产收购发生时的股权支付金额不低于其交易支付总额的 85%，可以选择按以下规定处理：

（1）转让企业取得受让企业股权的计税基础，以被转让资产的原有计税基础确定。

（2）受让企业取得转让企业资产的计税基础，以被转让资产的原有计税基础确定。

4. 企业合并

企业股东在该企业合并发生时取得的股权支付金额不低于其交易支付总额的85%，以及同一控制下且不需要支付对价的企业合并，可以选择按以下规定处理：

（1）合并企业接受被合并企业资产和负债的计税基础，以被合并企业的原有计税基础确定。

（2）被合并企业合并前的相关所得税事项由合并企业承继。

（3）可由合并企业弥补的被合并企业亏损的限额=被合并企业净资产公允价值×截至合并业务发生当年年末国家发行的最长期限的国债利率。

（4）被合并企业股东取得合并企业股权的计税基础，以其原持有的被合并企业股权的计税基础确定。

5. 企业分立

被分立企业所有股东按原持股比例取得分立企业的股权，分立企业和被分立企业均不改变原来的实质经营活动，且被分立企业股东在该企业分立发生时取得的股权支付金额不低于其交易支付总额的85%，可以选择按以下规定处理：

（1）分立企业接受被分立企业资产和负债的计税基础，以被分立企业的原有计税基础确定。

（2）被分立企业已分立出去资产相应的所得税事项，由分立企业继承。

（3）被分立企业未超过法定弥补期限的亏损额可按分立资产占全部资产的比例进行分配，由分立企业继续弥补。

（4）被分立企业的股东取得分立企业的股权（以下简称“新股”），如需部分或全部放弃原持有的被分立企业的股权（以下简称“旧股”），新股的计税基础应以放弃旧股的计税基础确定。如不需放弃旧股，则其取得新股的计税基础可以从以下两种方法中选择确定：一是直接将新股的计税基础确定为零；二是以被分立企业分立出去的净资产占被分立企业全部净资产的比例先调减原持有的旧股的计税基础，再将调减的计税基础平均分配到新股上。

6. 资产划转

59 号文对资产划转的情形做出了相应规定：企业在 100%直接控制的居民企业之间，以及受同一或相同多家居民企业 100%直接控制的居民企业之间，按账面净值划转股权或资产，凡具有合理商业目的，不以减少、免除或者推迟缴纳税款为主要目的，股权或资产划转后连续 12 个月内不改变被划转股权或资产原来实质性经营活动，且划出方企业和划入方企业均未在会计上确认损益的，可以选择按以下规定进行特殊性税务处理：

（1）划出方企业和划入方企业均不确认所得。

（2）划入方企业取得被划转股权或资产的计税基础，以被划转股权或资产的原账面净值确定。

（3）划入方企业取得的被划转资产，应按其原账面净值计算折旧扣除。

重组交易各方对交易中股权支付暂不确认有关资产的转让所得或损失的，其非股权支付仍应在交易当期确认相应的资产转让所得或损失，并调整相应资产的计税基础。

非股权支付对应的资产转让所得或损失=（被转让资产的公允价值-被转让资产的计税基础）×（非股权支付金额÷被转让资产的公允价值）

此外，居民企业以其拥有的资产或股权向其 100%直接控股关系的非居民企业进行投资，其资产或股权转让收益如选择特殊性税务处理，可以在 10 个纳税年度内均匀计入各年度应纳税所得额。

在企业吸收合并中，合并后的存续企业性质及适用税收优惠的条件未发生改变的，可以继续享受合并前该企业剩余期限的税收优惠，其优惠金额按存续企业合并前一年的应纳税所得额（亏损计为零）计算。

第三节　股权收购的税收筹划

企业股权收购分为应税股权收购和免税股权收购。

在应税股权收购中，被收购企业应确认股权、资产转让所得或损失，收购企业取得股权或资产计税基础应以公允价值为基础确定，被收购企业的相关所得税事项原则上保持不变。

免税股权收购的条件是：收购企业购买的股权不低于被收购企业全部股权的50%，且收购企业在该股权收购发生时，股权支付金额不低于其交易支付总额的85%。在免税股权收购中，被收购企业的股东取得收购企业股权的计税基础，以被收购股权的原有计税基础确定，收购企业、被收购企业原有各项资产和负债的计税基础以及其他相关所得税事项保持不变。

企业在股权收购中，在条件许可的情况下，应当尽量选择采取免税股权收购的形式。这样可以延迟缴纳所得税，一定条件下还可以免除缴纳企业所得税。

案例5-1

（1）基本案情

假设甲单位持有A企业100%的股权，计税基础是300万元，公允价值为 600 万元。乙企业欲收购甲单位所持有的 A 企业的全部股权，价款为 600 万元，全部价款以非股权形式支付。该股权收购适用一般性税务处理，甲单位转让 A 企业股权的增值额为 300 万元（=600−300），需要缴纳企业所得税 75 万元（=300×25%）。乙企业收购甲单位所持 A 企业股权的计税基础为 600 万元。请设计税收筹划方案。

（2）税收筹划思路

如果乙企业欲收购 A 企业的全部股权，分别以 540 万元的股权和 60 万元的现金作为对价支付给 A 企业的股东甲单位，由于乙企业收购 A 企业的股权超过了 A 企业全部股权的 50%，且股权支付占全部价款的比例为 90%（=540÷600×100%），超过了 85%。假设该项收购同时也满足税法规定的其他特殊性税务处理条件，则可以按照特殊性税务处理方式处理。根据规定，540 万元的股权支付对应的股权转让不需要纳税，但 60 万元的非股权支付对应的增值额需要缴纳企业所得税。

甲单位转让所持有的 A 企业股权的增值额为 300 万元（=600−300），60 万元的非股权支付对应的增值额为 30 万元（=300×60÷600），因此甲单位需要缴纳的企业所得税为 7.5 万元（=30×25%），比全部以非股权形式支付少缴纳企业所得税 67.5 万元（=75−7.5），达到了税收筹划的目的。

案例5-2

（1）基本案情

A 公司位于上海，C 公司是 A 公司在上海的一个子公司。A 公司持有的 C 公司股权的计税基础是 4 000 万元，2017 年 12 月 31 日，资产评估机构评估其公允价值为 6 000 万元。D 公司设立于上海，B 公司是 D 公司位于上海的一个全资子公司，由于自身经营不善，B公司从2013年到2017年每年亏损50万元。2017年末，B公司股权的计税基础是2 000万元，公允价值为3 000万元。B公司的实质性经营资产主要包括固定资产和无形资产，账面价值共1 000万元，公允价值共2 000万元。B公司总资产账面价值为2 500万元，公允价值为3 000万元，净资产账面价值为1 500万元，公允价值为2 500万元。

（2）税收筹划思路

A公司对B公司进行股权收购，根据支付方式和现金比例的不同，可以分为一般性税务处理和特殊性税务处理。

方案一：选择一般性税务处理。

A公司以C公司的部分股权和现金作为支付对价，股权支付额为2 000万元。由于其股权支付额低于2 550万元（=3 000×85%），A公司只能采用一般性税务处理方式。收购方A公司购入股权的计税基础以B公司股权的公允价值3 000万元计量，D公司作为股权转让方，应就该重组行为纳税。

A公司：购入股权的计税基础为B公司股权的公允价值3 000万元，且交易中暂时不需因此缴纳所得税。

D公司：转让B公司股权应当确认股权转让所得1 000万元（=3 000-2 000），应缴纳的企业所得税250万元（=1 000×25%）。

方案二：选择特殊性税务处理。

A公司仅以持有的C公司的股权为支付对价。此时，A公司可以将其持有的C公司股权的50%为对价支付给D公司，股权支付金额占交易总额的100%。D公司获得C公司的股权后，在连续12个月内保持投资活动的连续性，不会转让A公司的股权，因此，此次交易双方都适用特殊性税务处理方式。

A 公司：通过股权收购取得 B 公司股权的计税基础为其原计税基础 2 000 万元，由于全额使用股权支付，暂不纳税。B 公司成了 A 公司的子公司，则 A 公司无法利用 B 公司的亏损额，也不能享受 B 公司的实质性经营资产所带来的税收挡板收益。

D 公司：取得的 C 公司股权应以 2 000 万元确认，同理，股权支付下，D 公司不需确认该股权转让所得，即无须纳税。

第四节　债务重组税收筹划

债务重组是指在债务人发生财务困难的情况下，债权人按照其与债务人达成的书面协议或者法院裁定书，就其债务人的债务做出让步的事项。

企业债务重组包括应税债务重组、特殊债务重组与免税债务重组。

一般情况下，企业债务重组的相关交易应按以下规定处理：①以非货币资产清偿债务，应当分解为转让相关非货币性资产、按非货币性资产的公允价值清偿债务两项业务，确认相关资产的所得或损失。②发生债权转股权的，应当分解为债务清偿和股权投资两项业务，确认有关债务清偿所得或损失。③债务人应当按照支付的债务清偿额低于债务计税基础的差额，确认债务重组所得；债权人应当按照收到的债务清偿额低于债权计税基础的差额，确认债务重组损失。④债务人的相关所得税纳税事项原则上保持不变。

企业发生债权转股权业务，对债务清偿和股权投资两项业务暂不确认有关债务清偿所得或损失，股权投资的计税基础以原债权的计税基础确定。企业的其他相关所得税事项保持不变。

企业发生债务重组，应准确记录予以确认的债务重组所得，并在相应年度的企业所得税汇算清缴时对当年确认额及分年结转额的情况做出说明。主管税务机关应建立台账，对企业每年申报的债务重组所得与台账进行比对分析，加强后续管理。

特殊债务重组的条件是企业债务重组确认的应纳税所得额占该企业当年应纳税所得额50%以上，此时，可以在5个纳税年度内均匀计入各年度的应纳税所得额。具体条件是：①具有合理的商业目的，且不以减少、免除或者推迟缴纳税款为主要目的；②被收购、合并或分立部分的资产或股权比例符合本通知规定的比例；③企业重组后的连续12个月内不改变重组资产原来的实质性经营活动；④重组交易对价中涉及股权支付金额符合本通知规定比例；⑤企业重组中取得股权支付的原主要股东，在重组后连续12个月内不得转让所取得的股权。

企业重组业务适用特殊性税务处理的，申报时，应从以下方面逐条说明企业重组具有合理的商业目的：①重组交易的方式；②重组交易的实质结果；③重组各方涉及的税务状况变化；④重组各方涉及的财务状况变化；⑤非居民企业参与重组活动的情况。

免税债务重组的条件是企业发生债权转股权业务，对债务清偿和股权投资两项业务暂不确认有关债务清偿所得或损失，股权投资的计税基础以原债权的计税基础确定。企业的其他相关所得税事项保持不变。企业在条件允许的情况下，应尽可能采取债权转股权的方式进行债务重组。

案例5-3

（1）基本案情

甲公司欠乙公司8 000万元债务，甲公司和乙公司准备签署一项债务重组协议：甲公司用购买价格为7 000万元、账面净值为6 000万元、公允价值为8 000万元的不动产抵偿乙公司的债务。在该交易中，甲公司和乙公司应当分别缴纳多少税款？应当如何进行纳税筹划？

（2）税收筹划思路

在该交易中，甲公司缴纳的各种税为：

需要缴纳的增值税＝(8 000－7 000)×5%＝50（万元）

需要缴纳的土地增值税＝8 000×3%＝240（万元）（暂按3%核定）

需要缴纳的企业所得税＝(8 000－6 000－240)×25%＝440（万元）

乙公司需要缴纳的契税＝8 000×3%＝240（万元）

甲、乙两家公司合计纳税：50+240+440+240＝970（万元）

如果乙公司将其债权转化为股权并且满足特殊债务重组的其他条件，则甲公司和乙公司不需要缴纳任何税款，即使将来乙公司再将该股权转让给甲公司或者其他企业，也只需要缴纳企业所得税，不需要缴纳增值税、土地增值税和契税。

经过筹划，甲、乙两家公司共节税530万元（＝970－440）。

案例5-4

（1）基本案情

A公司为B公司的债权人，持有B公司应收账款1 600万元。B公司当年应税所得为500万元，没有其他纳税调整事项，所得税税率为25%，由于B公司资金周转困难，经过与A公司协商，B公司采取非现金方式偿还，B公司拟以账面价值为1 200万元的存货偿还债务。该存货的公允价值为1 300万元，增值税税率为13%，计税价格等于公允价值，A公司没有另行支付增值税，取得的存货作为生产经营用固定资产。

(2) 税收筹划思路

方案一：非货币资产清偿。

依据财政部、国家税务总局《关于贯彻落实企业所得税法若干税收问题的通知》(国税函〔2010〕79 号)，企业发生债务重组，应在债务重组合同或协议生效时确认收入的实现。B 公司在债务重组日做如下会计处理：

借：应付账款　　1 600

　贷：主营业务收入　　1 300

　　应交税费——应交增值税（销项税额）　　169

　　营业外收入——债务重组利得　　131

借：主营业务成本　　1 200

　贷：库存商品　　1 200

A 公司的会计处理为：

借：固定资产　　1 300

　应交税费——应交增值税（进项税额）　　169

　营业外支出——债务重组损失　　131

　贷：应收账款　　1 600

B 债务人以非货币性资产进行偿还债务，确认资产转让所得为

主营业务收入-主营业务成本=1 300-1 200=100（万元）

债务重组利得为 131 万元，故

合计应纳税所得额=131+100=231（万元）

根据财政部、国家税务总局《关于企业重组业务企业所得税处理若干问题的通知》(财税〔2009〕59 号)，此时 B 公司采用一般性税务处理，不享受递延纳税。

企业所得税=231×25%=57.75（万元）

增值税为 169 万元。

A 公司确认债务重组损失 131 万元可以税前扣除。依据《企业所得税法》，以债务重组方式取得的固定资产应以该项资产的公允价值和支付的相关税费作为计税基础，通过固定资产折旧分期在企业所得税税前扣除。故 A 公司重组当期的损失为 131 万元，根据《国家税务总局关于印发〈企业资产损失税前扣除管理办法〉的通知》（国税发〔2009〕88 号），经税务机关批准后可税前扣除。故

$$税负合计=57.75+169=226.75（万元）$$

方案二：债转股。

A 公司和 B 公司按照双方真实一致的意思表示达成债转股书面合同，且重组后 12 个月内不转让股权，转股后形成控制。B 公司决定以市价 1.3 元、面值 1 元普通股 1 000 万元股抵偿所欠 A 公司债务 1 600 万元。

B 公司的会计处理为：

借：应付账款	1 600
贷：股本	1 000
资本公积	300
营业外收入——债务重组利得	300

第一，一般性税务处理。依据财政部、国家税务总局《关于企业重组业务企业所得税处理若干问题的通知》（财税〔2009〕59 号）的规定，重组过程的所得税除满足并选择特殊性税务处理外，均按“一般性税务处理”分解为债务清偿和股权投资两项业务，确认有关债务清偿所得或损失。此时 B 公司应缴纳企业所得税：

$$B公司应纳企业所得税=300\times25\%=75（万元）$$

B 公司暂不缴纳增值税，较方案一税负降低。

A 公司会计处理：

借：长期股权投资（市价 1.3 元/股×1 000 万股）　　1 300

营业外支出——债务重组损失　　300

贷：应收账款　　1 600

此时 A 公司确认长期股权投资 1 300 万元，同时确认债务重组损失 300 万元，根据《国家税务总局关于印发〈企业资产损失税前扣除管理办法〉的通知》（国税发〔2009〕88 号）的规定，债务重组损失经税务机关批准后可税前扣除。

第二，特殊性税务处理。本案中，B 公司当年应税所得中债务重组所得所占比例大于 50%，根据财政部、国家税务总局《关于企业重组业务企业所得税处理若干问题的通知》（财税〔2009〕59 号）的规定，适用于特殊性税务处理，其确认的应纳税所得额占该企业当年应纳税所得额的 50%以上时，可以在 5 个纳税年度内均匀计入各年度的应纳税所得额，对债务清偿和股权投资两项业务暂不确认有关债务清偿所得或损失，股权投资的计税基础以原债权的计税基础确定。此时形成应纳税暂时性差异 300 万元，确认递延所得税负债 75 万元（=300×25%）。

依据财政部、国家税务总局《关于企业重组业务企业所得税处理若干问题的通知》（财税〔2009〕59 号）的规定，债权人 A 公司享有的股份的公允价值视为对债务人的投资，不确认债务重组损失，按照债权的账面价值 1 600 万元确认为长期股权投资的计税基础。

第三，筹划结论与分析：

本案例中，企业选择债转股的特殊性税务处理方式税负成本最低。本案例存在以下三个关键点。

第一，偿债方式。债务偿还的方式有现金偿还、非现金偿还、债转股和修改其他债务条件等，选择不同的债务重组方式对涉税具有重大影响。本案例中，选择债转股方式偿还债务，无论适用于一般性税务处理还是特殊性税务处理，税负均相对较低，因此，企业在进行债务重组时可考虑债转股方式。

第二，递延纳税风险。对于税费差异形成的递延所得税何时纳税，税法上没有明确规定。如果B公司重组后进行回购，需进一步计算债务重组的利得。如B公司未来以1 900万元回购，超过了原债权1 600万元，实际上就没有利得。若以900万元回购，低于原债权1 600万元，重组利得是700万元。即重组利得如何确认，还要考虑重组后的股权转让行为。若债转股协议中没有任何迹象表明债务人对转股后的债务还有偿还责任（通过回购等方式），又选择特殊性税务处理，就可能面临涉税风险。这要求进行债转股时对必要事项进行明晰，以降低债转股风险。

第三，一致性税务处理原则。债务重组双方应遵循一致性处理原则，统一按照一般性税务处理或特殊性税务处理，债务人不确认重组收益时，债权人不能确认重组损失。

第五节　企业合并税收筹划

合并是指一家或多家企业（以下简称“被合并企业”）将其全部资产和负债转让给另一家现存或新设企业（以下简称“合并企业”），被合并企业股东换取合并企业的股权或非股权支付，实现两个或两个以上企业的依法合并。合并分为同一控制下的合并和非同一控制下合并。常见的合并方法有控股合并、新设合并和吸收合并。常见的支付方式有非股权支付、股权支付以及混合支付。

案例5-5

（1）基本案情

Y 公司拟通过横向并购的方式，即并购一家与自家主打产品一致或相关的企业以提升产能，确定了吸收合并本年发生亏损的 X 公司。Y 公司吸收合并后存续，X 公司吸收合并后解散。合并前，Y 公司和 X 公司的债权、债务由合并后存续的 Y 公司承续。合并过程中，被吸收合并的 X 公司自然人股东 C 宣布退出。

X 公司出资情况如下：A 公司认缴出资 167.13 万元，持股比例为 37.14%，B 公司认缴出资 198.63 万元，持股比例为 44.14%，自然人股东 C 认缴出资 84.24 万元，持股比例为 18.72%。Y 公司与 X 公司所在地区规定的契税征收率为 3%。

表 5-1　X 公司在合并前资产负债的账面价值、计税基础和公允价值

（单位：万元）

科目	账面价值	计税基础	公允价值
资产合计	3 852.87	3 852.87	4 591.77
其中：土地、房屋	401.24	401.24	1 039.14
负债合计	3 532.34	3 532.34	3 532.34
净资产	320.53	320.53	1 059.43

（2）税收筹划思路

筹划方案一：现金支付+股权支付（直接合并）。

①企业所得税。Y 公司以资产账面价值 18.72% 的比例支付现金 721.26 万元（=3 852.87×18.72%），取得自然人股东 C 的股权，C 退出；接着以剩余资产账面价值 3 131.61 万元支付给 A、B 两家公司，取得 X 公

司81.28%的股权。至此，Y公司获得X公司100%股权，完成对X公司的合并。股权支付比例占交易支付总额的比例为81%（=3 131.61÷3 852.87），小于85%，适用于一般性税务处理。交易完成后，X公司需确认资产转让所得，从公司和股东两个层面进行清算。

X公司的清算所得：

(相关资产公允价值-其计税基础)-(相关负债公允价值-其计税基础)-应交土地增值税

=(4 591.77-3 852.87)-(3 532.34-3 532.34)-258.76=480.14（万元）

X公司企业所得税=480.14×25%=120.04（万元）

A公司股权转让所得税：

[剩余资产-(盈余公积+未分配利润)-(实收资本+资本公积)]×持股比例×税率=

[680.36-(3.99+133.46)-(450+60.10)]×37.14%×25%=27.86（万元）

B公司同理，应纳所得税33.11万元。

②个人所得税。自然人股东C应确认股权转让所得并计算个人所得税。

股东C个人所得税=(股权转让收入-取得股权所支付的金额-

转让过程中所支付的相关费用)×20%

=(721.26-84.24)×20%=127.40（未考虑其他相关费用）

③契税。依据财政部、国家税务总局印发的《关于进一步支持企业事业单位改制重组有关契税政策的通知》（财税〔2015〕37号），公司合并且原投资主体存续的，对合并后公司承受原合并各方土地、房屋权属免征契税。本案例中，在吸收合并之前，X公司的股东为A公司、B公司和自然人C。吸收合并后，C退出不再持股，A公司、B公司继续持股，X公司的原投资主体发生了变化，因此，X公司转让土地和房屋时，需要缴纳契税。

X公司契税=土地、房屋公允价值×3%=1 039.14×3%=31.17（万元）

④土地增值税。依据财政部、国家税务总局印发的《关于继续实施企

业改制重组有关土地增值税政策的通知》（财税〔2018〕57号），公司合并且原企业投资主体存续的，对原企业将房地产转移、变更到合并后的企业，暂不征土地增值税。本案例中，X公司的原投资主体发生了变化，因此，X公司转让土地和房屋时，需要缴纳土地增值税。

土地、房屋增值额=公允价值-计税基础=1 039.14-401.24=637.90（万元）

增值率=637.90÷401.24×100%=158.98%

土地增值税=637.90×50%-401.24×15%=258.76（万元）

⑤印花税。依据财政部、国家税务总局印发的《关于企业改制过程中有关印花税政策的通知》（财税〔2003〕183号），企业因改制签订的产权转移书据免予贴花。本案例中，X公司将全部资产及负债转让给Y公司，并签署资产转让协议，该协议属于并购重组的产权转移书据，所以X公司、Y公司免交印花税。Y公司收到X公司的资产，启用了新的营业账簿并增加资产，Y公司要对未贴花的新增资产缴纳印花税0.91万元。

税负合计=31.17+0.91+258.76+27.86+33.11+127.40=479.21（万元）

Y公司同时没有可以结转的亏损额。

筹划方案二：现金回购+股权支付（自然人持股情况下，间接合并）。

X公司首先以现金721.26万元（=3 852.87×18.72%）回购自然人股东C所拥有的X公司18.72%的股权并做减资处理，同时自然人股东C退出。12个月之后，Y公司增发价值为3 131.61万元（=3 852.87×81.28%）的股权支付给A公司、B公司两股东，以获得其拥有的X公司的81.28%的股权。至此，Y公司获得X公司100%股权，完成对X公司的吸收合并。且Y公司书面承诺在企业合并完成后的连续12个月内不改变重组资产原来的实质性经营活动，A公司、B公司做出相关承诺：合并完成后的连续12个月内，不转让所取得的股权。

回购过程不涉及增值税、印花税、土地增值税、契税的应税项目，X 公司不计算股权回购的所得或损失。作为股权转让方，C 公司应确认股权转让所得并计算个人所得税 127. 40 万元。之后 X 公司的持股方为 A 公司、B 公司。

且 Y 公司书面承诺在企业合并完成后的连续 12 个月内不改变重组资产原来的实质性经营活动，A 公司和 B 公司做出相关书面承诺，合并完成后连续 12 个月内不转让所取得的股权，满足特殊性税务处理的五个条件，适用于特殊性税务处理，享受税收递延的优惠。X 公司以及 A 公司、B 公司都不需要确认所得，暂不缴纳企业所得税。故可由 Y 公司弥补的 X 公司亏损的限额=被合并企业净资产公允价值×截至合并业务发生当年年末国家发行的最长期限的国债利率。

即：1 059. 43×3. 7%=39. 20（万元）

X 公司本年亏损 183. 96 万元，大于 39. 20 万元，则可由合并企业结转利用的亏损额为 39. 20 万元。

Y 进一步吸收合并 X 时，Y 公司一并接受 X 公司全部的实物资产以及相关债权、负债和劳动力，不缴纳增值税；Y 公司和 X 公司签署的企业合并协议不征收印花税，资产转让协议免征印花税，Y 公司启用了营业账簿，但因特殊重组没有新增加资金且账载资金原已贴花，所以无须缴纳印花税；在 Y 公司吸收合并 X 公司前，X 公司的股东是 A 公司和 B 公司，吸收合并发生后 A 公司和 B 公司继续持股，原投资主体未发生改变，因此，X 公司转让土地和房屋建筑物时，不缴纳土地增值税、契税。

税负合计为 127. 40 万元，同时可以结转利用的亏损为 39. 20 万元。

筹划方案三：现金收购+股权支付（间接合并）。

X 公司的股东 A 公司首先通过现金收购自然人 C 持有的 18. 72%的股份，此时 A 公司的持股比例增加至 55. 86%，同时 C 退出。12 个月后，Y

公司增发价值3 131.60万元股权支付X公司股东A公司、B公司，以获得其拥有的X公司81.28%的股权。至此，Y公司获得X公司100%股权，完成对X公司的吸收合并。

A公司以现金收购自然人C的股权，该过程不涉及增值税、土地增值税和契税项目，A公司以公允价值作为收购股权的计税基础，不缴纳企业所得税。自然人C以股权转让所得缴纳个人所得税127.40万元。A公司与自然人C各缴纳印花税0.91万元。

Y公司对X公司进行吸收合并，股权支付比例为交易支付总额的100%，采用特殊性税务处理，涉税情况同方案二。总税负较方案二多缴纳印花税0.91万元。

（3）筹划结论与分析

本案例中三个方案相比较，采用方案二"现金回购+股权支付"进行吸收合并的方式缴纳税收合计最少，且可利用的亏损最多。

本案例中有几个关键点：

①出资方式的选择。利用股权支付金额占交易支付总金额的比重和资产总额比重上的差别，实现"一般性税务处理"和"特殊性税务处理"的转化。企业在进行重组合并筹划时，应尽可能调整股权支付与现金支付的比例，以便适用企业所得税的特殊性税务处理。

②合并方式的选择。本案例选取"吸收合并"的方式。吸收合并与控股合并的区别是被合并企业的法人资格存续问题。吸收合并下，被合并企业法人主体消失，被合并方原有的资产、负债成为合并方的资产、负债，在税务处理方面具有优势。依据财政部、国家税务总局印发的《关于进一步支持企业事业单位改制重组有关契税政策的通知》（财税〔2015〕37号）、财政部、国家税务总局《关于继续实施企业改制重组有关土地增值税政策的通知》（财税〔2018〕57号）和财政部、国家税务总局印发的

《关于企业改制过程中有关印花税政策的通知》（财税〔2003〕183 号），两个或两个以上企业合并为一个企业，且原企业投资主体存续的，对原企业将国有土地、房屋权属转移、变更到合并后的企业，暂不征土地增值税，免征契税，合并过程中已贴花的部分不再贴花和缴纳印花税。

在目标企业和行业的选择上，重组企业可选择特定行业进行重组，涉足新的产品市场时，可选择享受特定税收优惠的企业或亏损企业进行吸收合并，利用被合并企业的亏损额，在享受特殊性税务处理的同时享受亏损限额和税收优惠政策带来的减税效应。

③涉税风险。除了降低税负，重组后的企业还应结合整体合并成本考虑重组后收益。合并后的企业需要承担被合并企业的风险。由于企业之间文化不同，管理模式存在差异，企业合并后可能出现企业战略管理和规模经济上的风险。如果被合并企业作为合并企业的子公司，还可能承担关联企业之间的涉税风险。

第六节　企业分立税收筹划

企业分立是指一个企业依照有关法律、法规的规定分立为两个或两个以上的企业的法律行为。企业分立有利于企业更好地适应环境和利用税收政策获得税收方面的利益。企业分立税收筹划利用分拆手段，可以有效地改变企业的规模和组织形式，降低企业的整体税负。

企业分立税收筹划一般应用于以下几个方面：企业分立为多个纳税主体，可以形成有关联关系的企业群，实施集团化管理和系统化筹划；企业分立可以将兼营或混合销售中低税率或零税率的业务独立出来，通过单独计税来降低税负；企业分立使适用累进税率的纳税主体分化成两个或多个适用低税率的纳税主体，税负自然降低；企业分立可以增加一个流通环节，有利于货物和劳务税抵扣及转让定价策略的运用。

按照企业分立前后股东和股东持股比例是否发生变化，分为标准分立和非标准分立；按照分立前后被分立企业的法人主体是否存续，分为新设分立和吸收分立两种类型。

企业分立分为应税企业分立和免税企业分立。在应税企业分立中，被分立企业对分立出去的资产应按公允价值确认资产转让所得或损失，分立企业应按公允价值确认接受资产的计税基础。被分立企业继续存在时，其股东取得的对价应视同被分立企业分配进行处理；被分立企业不再继续存在时，被分立企业及其股东应按清算进行所得税处理，企业分立相关企业的亏损不得相互结转弥补。免税企业分立的条件是：被分立企业所有股东按原持股比例取得分立企业的股权，分立企业和被分立企业均不改变原来的实质性经营活动，且被分立企业股东在该企业分立发生时取得的股权支付金额不低于其交易支付总额的85%。在免税企业分立中，分立企业接受被分立企业资产和负债的计税基础以被分立企业的原有计税基础确定，被分立企业已分立出去的资产相应的所得税事项由分立企业继承，被分立企业未超过法定弥补期限的亏损额可按分立资产占全部资产的比例进行分配，由分立企业继续弥补。

企业在分立时，在条件许可的情况下，应当尽量选择采取免税企业分立的形式，这样可以延迟缴纳所得税，在一定条件下还可以免除缴纳企业所得税。

案例5–6

（1）基本案情

甲公司将其一家分公司（其计税基础为5 000万元，公允价值为8 000

万元）变为独立的乙公司，甲公司的股东取得乙公司100%的股权，同时取得2 000万元现金。在该交易中，甲公司和乙公司应当如何纳税？该交易如何进行纳税筹划？（不考虑印花税）

（2）税收筹划思路

在该交易中，非股权支付额占整个交易的比例为：

$$2\ 000 \div 8\ 000 \times 100\% = 25\%$$

不符合免税企业分立的条件。

如果甲公司的股东是公司，取得2 000万元现金，视同分配股息，免税。甲公司应缴纳企业所得税：

$$(8\ 000-5\ 000) \times 25\% = 750\text{（万元）}$$

如果甲公司的股东取得乙公司的全部股权，同时不再取得现金，这样就符合企业分立适用特殊税务处理的条件。甲公司将免于缴纳750万元的企业所得税。此时，甲公司取得乙公司股权的计税基础相对变小，但甲公司的股东因此获得了延迟纳税的利益。

案例5-7

（1）基本案情

奥维公司拟将一个非货币性资产价值500万元的分公司分离出去，分离方式可以是资产收购，也可以是分立。不论采取哪种分离方式，都涉及确认财产转让所得、计算缴纳所得税的问题。但只要把握好筹划空间，避免财产转让所得的实现，就可以避免缴纳所得税。

（2）税收筹划思路

①如果采取资产收购方式，将分公司全部资产转让给永信股份公司

（系公开上市公司），则根据税法规定，只要永信公司支付的交换额中非股权支付额（如现金、有价证券等）不高于奥维公司所取得永信公司支付对价的15%，就可以不确认财产转让所得。

假设分公司与永信公司股票的市场交易价为1∶4.8，将支付给奥维公司的股票面值设为X、现金设为Y，则

$$4.8X+Y=500$$

$$Y=15\%\times 500=75$$

$$X=88.54$$

解得：

$$X=88.54$$

$$Y=75$$

这表明奥维公司应争取取得永信公司88.54万元以上的股票、75万元以下的现金，就可避免缴纳企业所得税。

②如果采取分立方式，将分公司分立出去，成立独立的法人单位奥新公司，则奥新公司应向奥维公司及其股东支付资产价款，只要其非股权支付额不高于所支付总对价的15%，并且奥维公司所有股东按原持股比例取得奥新公司的股权，两家公司均不改变原来的实质性经营活动，那么奥维公司就可不确认财产转让所得。本案例中，奥新公司应支付给奥维公司不低于425万元（=500×85%）的股权、不高于75万元（=500−425）的现金，奥维公司就可避免缴纳企业所得税。

企业进行分立时，除了考虑税收成本，还应考虑其他直接与间接成本。直接成本，如交易成本、整合成本、咨询成本等。间接成本，如企业分立后由于政策不稳定而带来的风险成本、税收政策时效性带来的涉税风险、企业的机会成本等。企业可以选择定性与定量的方法进行分析。如果采用定量的方法，则可以使用现金流量折现的方法，分别对比每一个方案

的成本现值。如果是采用定性的方法进行分析，则可以考虑企业分立的纳税筹划方案是否可以增加企业的价值，该税务筹划方案形成的短期效益是否与企业的长期效益相一致，是否有利于企业的持续发展。

思考题

1. 企业合并业务如何进行税收筹划？请举例说明。

2. 企业分立业务税收筹划有哪些要点？请举例说明。

3. 试比较股权收购的特殊性税务处理、非货币性资产出资的所得税递延分别适用的条件。

4. 自行选择国内某一上市公司的案例，分析其在上市前的重组过程中可能面临哪些税收影响。

作为
公民，你有义务纳税，同时
你也必须了解你作为纳税人的权利。

——唐纳德·C. 亚历山大

第六章

房地产行业的税收筹划

本章导读：

房地产企业是以开发土地、房屋等不动产为主的生产经营性企业。20 世纪 80 年代以来，我国房地产业得到了突飞猛进的发展，企业数量日益增多，规模不断扩大，逐步成为我国国民经济中的一个重要产业。

从税收方面来看，房地产企业的显著特点是，它是土地增值税及销售不动产增值税最主要的纳税人。可以说，房地产企业所要考虑的税收筹划问题主要是土地增值税和销售不动产增值税的税收筹划问题。本书将房地产企业的税收筹划单列为一章来讨论，实际上仍然是按税种介绍税收筹划方法，只不过同时针对的是土地增值税和增值税的销售不动产税目。

本章首先介绍我国房地产企业所涉及的具体税种，然后针对房地产企业纳税的特点，按税收筹划基本策略分别介绍我国房地产企业的税收筹划方法。

第一节　房地产企业税收状况

我国房地产企业所涉及的税种较多，在介绍房地产企业的税收筹划方法之前，有必要先介绍我国房地产企业所涉及的具体税种的基本情况。由于房地产企业主要缴纳土地增值税和销售不动产增值税，所以会比较详细地介绍这两种税，而对于所涉及的其他税种，则只予以简单介绍。

一、土地增值税

（一）一般规定

1. 纳税义务人和征税范围

（1）纳税义务人。转让国有土地使用权、地上建筑物及其附着物并取得收入的内外资企业、行政事业单位、中外籍个人等单位和个人是土地增值税的纳税义务人。房地产企业是土地增值税最主要的纳税人之一。房地产企业转让房地产并取得收入的行为，是土地增值税的应税行为。

（2）征税范围。与房地产企业相关的土地增值税征税范围主要包括以下几个方面：土地增值税的征税范围包括转让国有土地使用权；地上建筑物及其附着物连同国有土地使用权一并转让；存量房地产买卖；单位之间交换房地产；合作建房建成后转让；抵押期满以房地产抵债。

2. 税率及应纳税额的计算

（1）税率。土地增值税采用四级超率累进税率，具体规定如表 6-1 所示：增值额未超过扣除项目金额 50%的部分，税率为 30%；增值额超过扣除项目金额 50%、未超过扣除项目金额 100%的部分，税率为 40%；增值额超过扣除项目金额 100%、未超过 200%的部分，税率为 50%；增值额超过扣除项目金额 200%的部分，税率为 60%。

表 6-1　土地增值税税率

级数	增值额占扣除项目比重	税率（%）
1	不超过 50%的部分	30
2	超过 50%未超过 100%的部分	40

续表

级数	增值额占扣除项目比重	税率（%）
3	超过100%未超过200%的部分	50
4	超过200%的部分	60

（2）应纳税额的计算。土地增值税的具体计算公式如下：

应交土地增值税＝增值额×适用税率

房地产企业销售房地产按规定需要缴纳土地增值税的，应按转让房地产取得的收入减去法定扣除项目后的金额，即土地增值额和规定的税率计算纳税。企业转让房地产取得的收入包括转让房地产取得的全部价款及有关的经济收益。转让计算增值额时，允许扣除项目包括按税法规定可以扣除的成本费用、税金和其他项目。

3. 减免税政策

至于土地增值税减免税政策，根据《中华人民共和国土地增值税暂行条例》（以下简称《土地增值税条例》）、《中华人民共和国土地增值税暂行条例实施细则》（以下简称《土地增值税实施细则》）及相关规定，可以整理归纳为以下四个方面内容，前三类是针对企业的，第四类针对个人。

（1）不征收土地增值税的政策。不征收土地增值税的情形主要包括以下两点：

①《土地增值税实施细则》规定，以继承、赠与方式无偿转让房地产的行为不征收土地增值税；

②房地产开发企业将开发的部分房地产转为企业自用或用于出租等商业用途，产权未发生转移的，不征收土地增值税（国税发〔2006〕187号）。

（2）免征土地增值税的政策。《土地增值税条例》及《土地增值税实施细则》规定，下列情形免征土地增值税：

①纳税人建造普通标准住宅出售，增值额未超过扣除项目金额20%的；

②因国家建设需要依法征用、收回的房地产，包括因城市实施规划、国家建设的需要而搬迁，由纳税人自行转让原房地产的。

（3）暂免征收土地增值税的政策。财政部财税字〔1995〕48号文规定了三种暂免征收土地增值税的情况：

①对于以房地产进行投资、联营的，投资、联营的一方以土地（房地产）作价入股进行投资或作为联营条件，将房地产转让到所投资、联营的企业中时，暂免征收土地增值税。对投资、联营企业将上述房地产再转让的，应征收土地增值税。但要注意，以土地（房地产）作价入股进行投资或联营的，凡所投资、联营的企业从事房地产开发的，或者房地产企业以其建造的商品房进行投资和联营的，不得免征土地增值税（财税〔2006〕21号）。

②对于一方出地，一方出资金，双方合作建房，建成后按比例分房自用的，暂免征收土地增值税；建成后转让的，应征收土地增值税。

③在企业兼并中，被兼并企业将房地产转让到兼并企业中的，暂免征收土地增值税。

（4）针对居民个人的土地增值税优惠政策。

①《土地增值税实施细则》规定，个人因工作调动或改善居住条件而转让原自用住房，经向税务机关申报核准，凡居住满五年或五年以上的，免予征收土地增值税；居住满三年未满五年的，减半征收土地增值税；居住未满三年的，按规定计征土地增值税。

②对个人销售住房暂免征收土地增值税（财税〔2008〕137号）。

③对个人之间互换自有居住用房地产的，经当地税务机关核实，可以免征土地增值税（财税字〔1995〕48号）。

4. 土地增值税的发展

土地增值税是房地产企业特有的税种，此税种的征收管理近年来有比较大的变化。在讨论此税种的税收筹划之前，有必要对土地增值税近年来的发展变化做一个简单介绍。

土地增值税是对有偿转让国有土地使用权及地上建筑物和其他附着物产权、取得增值性收入的单位和个人所征收的一种税。土地增值税的设计是为了合理调节土地增值收益，抑制房地产的投机炒卖活动。自1994年1月1日开始实施以来，土地增值税一直被业内看作对房地产企业收益影响最大的税种之一。但该税种计算复杂，再加上房地产开发周期长，投资活动比较复杂，征收和缴纳成本较高。所以自开始实施以来，税务部门由于信息不对称，一直倾向于采用较低预征率（0.5%~5%）对纳税人按销售额进行预征，在项目竣工时清算。因多数房地产开发企业账目较混乱，清算成本很高，土地增值税的清算一直难以真正落实。

在土地增值税预征制下，房地产企业税收流失问题比较严重。2007年1月，国家税务总局发文，规定从2007年2月1日起，房地产企业土地增值税的缴纳将由先前的“预征制”转为“清算制”，正式向企业征收0%~60%不等的土地增值税，清算条件包括房地产开发项目全部竣工完成销售、整体转让未竣工决算房地产开发项目的、直接转让土地使用权等三种情况。

2009年5月20日，国家税务总局发布了对土地增值税征收管理工作较完整的规范性文件（国税发〔2009〕91号），特别强调税务机关在清算中需要明确的管理事项及清算审核的重点关注内容。2013年6月20日，国家税务总局发布了税总发〔2013〕67号文，要求进一步加强土地增值税的征收管理，着力抓好清算这一关键环节，并强调国家税务总局的督导检查，以强化土地增值税征管。

土地增值税实行清算制以后，对房地产企业来说，进行有效的土地增值税税收筹划势必成为当前及今后企业发展中的重要课题。其实，尽管我国土地增值税实行四级超率累进税率计算征收，税负比较重，但是国家也相继出台一系列配套管理措施和相应的税收优惠政策，这为纳税人进行土地增值税税收筹划提供了一定的空间。

二、销售不动产增值税

销售不动产是增值税的一个税目，房地产企业是销售不动产增值税的主要纳税人。销售不动产增值税的适用范围是房地产企业销售自行开发的房地产项目，包括房地产开发企业以接盘等形式购入未完工的房地产项目继续开发后，以自己的名义立项销售的。除此之外，房地产企业缴纳增值税的范围还包括自营建筑施工业务、对外出租自行开发的商品房业务等，不过这些业务的增值税额显然很少。

销售不动产是房地产企业最主要的经营活动。所谓不动产，是指不能移动，移动后会改变资产的性质、形状及使用价值的各种资产。作为增值税征税范围的销售不动产业务，包括销售建筑物或构筑物、销售其他土地附着物、转让不动产有限产权或永久使用权，以及单位将不动产无偿赠予他人，视同销售不动产，征收增值税。房地产企业销售不动产，应以销售不动产向对方收取的全部价款和价外费用为计税依据，按 9%的税率向不动产所在地主管税务机关申报纳税。

房地产企业销售自行开发的商品不动产，按收款方式分为一般方式销售和预收货款方式销售两种类型。一般方式销售不动产，增值税的纳税义务发生时间为纳税人收讫营业收入款项或取得索取营业收入款项凭据的当天。采用预收款方式销售不动产的，其增值税纳税义务发生时间为收到预收款的当天。由于收到预收款时，销售收入尚未实现，因此，按预收款征税后，待正式实现销售时，应当注意已税销售额的调整问题，以免重复计税。

自营建筑施工业务，是指房地产企业自营兴建各种建筑物、构筑物的工程作业后将其销售，税率为9%。自建行为的纳税义务发生时间为其销售自建建筑物并收讫营业收入款项或者取得索取营业额凭据的当天。

对外出租自行开发的商品房业务是指房地产企业将已开发未出售的房屋转让给人使用而取得租金的业务。该业务按不动产租赁服务项目计算缴纳增值税，税率为9%。

三、其他税收

房地产企业除了缴纳上述两种主要税种之外，还需要或可能缴纳许多其他税种，下面将择要介绍几种房地产企业较多涉及的其他税种。至于增值税附加税费，几乎所有企业都要涉及的企业所得税，以及某些特殊情况下，如进口货物、企业所属建材经营单位销售各种建筑材料等，也会发生的增值税、关税等，此处就不予赘述。

（一）房产税

房产税是以房产为征税对象，以房屋产权所有人为纳税义务人，按照房屋的计税余值或出租房屋的租金收入，向产权所有人征收的一种税。此税在城市、县城、建制镇和工矿区征收。房地产企业开发的房屋没有销售，而是用于出租或者自用时，就需要缴纳房产税。

房产税的计算方法分从价计征和从租计征两种。从价计征房产税适用于自有房产用于生产经营的纳税人，依照房产原值一次减除10%~30%后的余值作为计税依据，依1.2%的税率计算年应纳税额；非居住房屋出租的，以房产租金收入为计税依据计算年应纳税额，适用税率为12%。自2021年10月1日起，企事业单位向个人、规模化住房租赁企业出租住房，减按4%税率征收房产税。

（二）契税

契税是以在境内转移土地使用权、房屋产权为征税对象征收的一种税。契税由土地、房屋权属的承受人缴纳。契税的计税依据是土地、房屋的成交价格。契税的适用税率是3%～5%的幅度税率，具体税率标准由省级人民政府确定。

房地产开发企业承受土地使用权，应按照支付的地价款（出让金或转让价款）和规定的税率计算缴纳契税。缴纳了契税以后，才能办理土地使用权过户登记手续。企业为受让土地使用权缴纳的契税将计入土地使用权的成本。

（三）印花税

印花税是对在经济活动和经济交往中书立、使用、领受的具有法律效力的凭证征收的一种税。各种应税凭证分为五大类：合同或具有合同性质的凭证、产权转移书据、营业账簿、权利许可证照和经财政部确定征税的其他凭证。与房地产开发业务有关的印花税政策主要有以下三种。

1. 土地使用环节

在土地使用权取得环节，开发企业取得土地使用权，或者购买旧房及建筑物，涉及的产权转移书据、房屋产权证和土地使用证是印花税的应税凭证，应按规定贴花，计税依据是书据上所记载的金额，税率是万分之五。

2. 房地产转让环节

在房地产转让环节，开发企业对外签订的房地产销售合同，按购销合同计算印花税，计税依据是购销合同上所记载的金额，税率是万分之三；如果开发企业销售旧房及建筑物，对外签订的房屋销售契约按产权转移书据贴花，计税依据是产权转移书据上所记载的金额，税率是万分之五。

3. 房地产自用环节

在房地产自用环节，即开发企业将开发产品用作固定资产等，要办理房屋产权证，采取定额贴花，每件5元。企业缴纳的印花税可以直接计入管理费用。

（四）城镇土地使用税

城镇土地使用税是以城镇土地为征税对象，对拥有土地使用权的单位和个人征收的一种税。征税对象包括在城市、县城、建制镇和工矿区内的国家所有和集体所有的土地。城镇土地使用税采取从量定额征收，计税依据是纳税人实际占用的土地面积（平方米）。按照有关税收制度的规定，房地产开发企业有偿取得土地使用权的，按合同约定交付土地时间的次月起缴纳城镇土地使用税；合同未约定交付土地时间的，从合同签订的次月起缴纳城镇土地使用税［《中华人民共和国城镇土地使用税暂行条例》（财税〔2006〕186号文）］。

土地使用税每平方米的年税额如下：大城市1.5至30元；中等城市1.2至24元；小城市0.9至18元；县城、建制镇、工矿区0.6至12元。

经济落后地区城镇土地使用税的适用税额标准可适当降低，但降低额不得超过上述规定最低税额标准的30%。经济发达地区的适用税额可以适当提高，但须报财政部批准。

第二节　房地产企业规避纳税义务策略

房地产企业所涉及的税种较多，而正是由于房地产企业税收的复杂性，房地产企业经营方式的转变往往会引起其应纳税种及税收负担的较大变化，往往可很好地利用规避纳税义务策略进行税收筹划。

例如，企业利用闲置的房地产进行投资现在已经成为一种普遍的投资形式。房地产投资，采取不同的投资方式，所涉及的税种不同，所承担的税负也必然不同。企业以房地产投资最常见的方式有两种：出租取得租金收入；以房地产入股联营分得利润。这两种方式所涉税种及税负各不相同。

一、变房屋出租业务为投资业务

房地产企业将开发的商品房对外出租收取租金，按规定应缴纳房产税、增值税、附加税费，之后还要缴纳企业所得税，税种多，税收负担较重。

如果将不动产投资入股，参与接受投资方利润分配，共同承担风险的，由产权所有人按房产余值作为计税依据，并按照 1.2%的税率缴纳每年房产税。对只收取固定收入、不参与利润分配、不承担投资风险的，应按租金收入从租计征房产税。通常情况下，房屋年租金高于房价原值的 7%，按照从租计税计算的房产税要高于按照从价计税计算的房产税。

投资利润是税后分配的，按照最新颁布的企业所得税的规定，投资方收到的投资收益不用再缴纳企业所得税。这样，通过将房屋出租业务转化为投资业务，可以有效降低企业的税收负担。

假设 2020 年位于市区某企业有一处空置房产，其原值为 K，如果出租，则每年可取得租金收入 X_1；如果用于联营，则预期每年从联营企业税后利润中分配红利为 X_2（不考虑增值税）。

（一）采取出租方式双方的收益和支出分析

1. 提供房产方

提供房产方取得的租金收入应承担相应的各项税收如下：

（1）房产税。依照房产租金收入计算缴纳，税率为12%，所以，应纳房产税 $=12\%\times X_1$

（2）所得税。租金收入应纳所得税，其附加税费和房产税均可在所得税前扣除，所以：

$$应税所得=X_1-12\%\times X_1=88\%\times X_1$$

$$应纳所得税=88\%\times X_1\times 25\%=22\%\times X_1$$

$$税后净收益=88\%\times X_1\times(1-25\%)=66\%\times X_1$$

2. 使用房产方

使用房产方支付的租金按规定可以在所得税前扣除，抵减企业所得税，所以其净支出实际上要少一些：

$$税后净支出=(1-25\%)\times X_1=75\%\times X_1$$

若将出租和承租双方看成一个整体，我们可以将用房者税后净收益的减少理解为税后净收益的负增加，则整体净收益为：

$$66\%\times X_1-75\%\times X_1=-9\%\times X_1$$

（二）采取联营方式双方的收益和支出分析

1. 提供房产方

提供房产方应承担的各项税收负担如下：

提供房产方获取的红利来源于接受投资方的税后利润分配，按照新《企业所得税法》的规定，企业所获得的股息红利等权益性投资收益免征企业所得税，应纳企业所得税为0，税收净收益为 X_2。

2. 使用房产方

使用房产方应承担的各项税收负担如下：

（1）在联营方式下，房产发生了产权转移，使用房产方成为房产所有人，要按税法规定缴纳房产税。使用房产方应缴纳的房产税依照房产原值一次减除10%至30%的余值计税，税率为1.2%，则：

$$应交房产税 = 1.2\% \times (1-30\%) \times K = 0.84\%K$$

（2）使用房产方用税后利润支付红利给提供房产方，直接减少税后收益，其缴纳的房产税可以在税前扣除。两项合计，总共产生的税后净支出为：

$$税后净支出 = 0.84\%K \times (1-25\%) + X_2 = 0.63\%K + X_2$$

出租和承租双方整体利益为：

$$整体净收益 = X_2 - 0.63\%K - X_2 = -0.63\%K$$

（三）两种方式税负和净收益比较

从以上分析可以看出，采取联营方式省掉了很多税，仅从减轻税负的角度看，应该是联营方式较好。从净收益角度看，比较两种方式哪种好，要有不同的评价指标。

1. 整体利益指标

假设联营方式优于出租方式，则意味着前者的整体净收益高于后者，即 $-0.63\% \times K > -9\% \times X_1$；解方程得 $X_1 > 0.07K$，或者 $X_1 > 1 \div 14.29K$，$K < 14.29X_1$。

在不考虑增值税的情况下，只要房产原值小于 14.29 年的租金收入，采用联营方式的整体利益优于出租方式，在目前的市场情况下，随着经济的发展，我国房屋的租金收入日益走高，而很多使用年限较长的老房子房产原值是普遍偏低的。所以，房产原值小于 14.29 年的租金收入是一个普遍现象。也就是说，对于大多数企业而言，采用联营方式的整体利益优于出租方式。

2. 税后净收益和税后净支出双项指标

假设联营方式优于出租方式，是指相对于出租方式而言，联营方式下提供房产方的税后净收益较大，而使用房产方的税后净支出较小，即 $X_2 > 66\%X_1$，同时 $0.63\%K + X_2 < 75\%X_1$。

将这两个方程联立求解，得

$$X_1>1/14.29K,\ X_2>1/21.65K$$

或

$$K<14.29X_1,\ K<21.65X_2$$

也就是说，只要房产原值小于14.29年的租金收入，而且房产原值小于21.62年的红利分配收入，采用联营方式，无论从提供房产方还是从使用房产方的角度，其利益都优于出租方式。

案例6-1

（1）基本案情

2019年，华中房地产公司将开发的店面出租给某贸易公司，租期六年，年租金200万元（由贸易公司税前支付，不考虑增值税）。当年该房地产公司应缴纳各种税收如下：

$$房产税=200\times12\%=24（万元）$$

$$税后净收益=(200-24)\times（1-25\%）=132（万元）$$

在此方案中，因为租金高，房地产公司缴纳的房产税很高。而对于承租方（即贸易公司），其税前支付的租金可以抵减所得税，我们也可以计算贸易公司税后净支出：

$$税后净支出=200\times(1-25\%)=150（万元）。$$

（2）税收筹划思路

我国房产税有从价计征和从租计征两种方式。从价计征的税率为1.2%，从租计征的税率为12%。纳税人将不动产投资入股，参与接受投资方利润分配，共同承担风险的，按照1.2%的税率缴纳房产税。纳税人可以比较两种方案的税负，选择税负较低的方案。

(3) 税收筹划方案

为减轻税负，该企业对上述经营行为重新进行筹划，变出租业务为投资业务。该企业与贸易公司商定将房屋作价 1 000 万元，作为对贸易公司的投资入股，贸易公司每年对该企业进行利润分红，税后分配红利 150 万元 [=200×(1-25%)]。这项筹划对房地产公司和贸易公司都会产生减轻税负的影响。

对于房地产公司：假定房地产公司和贸易公司均适用 25%的企业所得税率，房地产公司接受的贸易公司所分配的税后利润不用再缴纳企业所得税，按规定，投资联营的房产所有权属于被投资方，房地产公司不用缴纳房产税，则该业务的税后净所得为 150 万元，这比税收筹划前的方案增加了税后净所得 18 万元。

对于贸易公司：以支付租金的方式使用房产，每年支付租金 200 万元，这部分租金是准予税前扣除的，相当于减少税后净收益为 150 万元 [=200×(1-25%)]。以接受投资的方式使用房产，由于房屋产权发生转移，贸易公司成为房产税的纳税义务人，每年按房屋计税余值的 1.2%缴纳房产税，即缴纳房产税额为：

$$1\ 000\times(1-30\%)\times1.2\%=8.4\ (万元)$$

8.4 万元的房产税可以税前扣除，另外，贸易公司在税后支付红利 150 万元，两项支出合计使贸易公司减少税后净收益为：

$$8.4\times(1-25\%)+150=156.3\ (万元)$$

这比税收筹划前的方案多减少了税后净收益 6.3 万元。

对比两方案可以发现，改变房屋租赁业务为投资业务后，房地产公司规避了房产税负担，得到了较大的经济利益。虽然贸易公司减少了一部分税后净收益，但是远低于房地产公司增加的税后净收益。如果房地产公司让一部分利给贸易公司，这个矛盾是可以解决的。所以变房屋出租业务为投资业务只要筹划得当，是可以使房屋的提供方和需求方双方都受益的。

二、企业间合作建房规避纳税义务的方法

（一）土地使用权和房屋所有权相互交换

目前房地产企业已形成多种开发形式，有一部分房地产开发企业以转让部分房屋的所有权为代价，换取部分土地的使用权，即一方出土地，一方出资金，房屋建成后按比例分配房屋，形成所谓的合作建房。国税函发〔1995〕156号文对合作建房的有关税收问题进行了规定。按照该文件的规定，合作建房有两种方式，即纯粹“以物易物”（土地使用权和房屋所有权相互交换）方式和成立“合营企业”方式，两种方式又因具体情况的不同产生了不同的纳税义务。

（二）成立“合营”企业

对于“合营”企业，税法对不同的投资方式规定了不同的计税方式和适用税率。对于以房产投资入股，投资者参与投资利润分红，共同承担投资风险的，投资方需要按照销售不动产项目缴纳增值税；同时，按照《企业所得税法》第二十六条的规定，符合条件的居民企业之间的股息、红利等权益性投资收益免征企业所得税，因此，投资方分得的利润不缴纳企业所得税。被投资方需要的房产余值作为计税依据，从价计征房产税。对于以房产投资入股，取得固定收入，不承担投资风险的，投资方应按照租金收入缴纳房产税，适用12%的房产税税率。对合作建房的情况，纳税人只要认真筹划，就会取得很好的效果。

三、自建自售房地产规避纳税义务的方法

对于很多企业自建房产的行为，若自建的房地产不出售，则建筑行为

属于单位或个体经营者聘用的员工为本单位或雇主提供的应税劳务，不构成对外经营，不缴纳增值税。但是，如果自建的房地产对外出售，那么建筑行为就不是为本单位或雇主提供的应税劳务，而是一种对外的经营行为，应按照建筑服务项目缴纳增值税，否则就会造成税负不公，不利于企业的公平竞争。

2016 年营改增后，自建销售不动产行为不再被分割成自建和销售两种行为，只需在销售环节缴纳一次增值税，消除了重复征税现象。除特殊规定外，纳税人自建自用不动产，只要权属发生变更，就应按销售不动产缴纳增值税。财政部财税〔2016〕36 号文件规定，对于房地产老项目，可选择以 5%的征收率或 11%的税率缴纳增值税，新项目则按 11%的税率缴纳增值税。当选择按 5%简易征收率时：

$$应纳税额=(全部价款+价外费用)\div(1+5\%)\times5\%$$

当收到预收款需按 3%的税率预缴增值税时：

$$预缴增值税=(全部价款+价外费用)\div(1+5\%)\times3\%$$

当按 11%的税率缴纳增值税时：

$$应纳税额=(全部价款+价外费用-当期销售房地产项目对应的土地价款)\div(1+11\%)\times11\%$$

$$当期允许扣除的土地价款=(当期销售房地产项目建筑面积\div房地产项目可供销售建筑面积)\times支付的土地价款$$

当收到预收款需按 3%的税率预缴增值税时：

$$预缴增值税=(全部价款+价外费用)\div(1+11\%)\times3\%$$

2018 年 5 月 1 日，制造业等增值税税率从 17%降至 16%，交通运输、基础电信等增值税率从 11%降至 10%。（财税〔2018〕32 号）

2019 年 4 月 1 日，增值税一般纳税人发生增值税应税销售行为或者进口货物，原适用 16%税率的，税率调整为 13%；原适用 10%税率的，税率调整为 9%。纳税人购进农产品，原适用 10%扣除率的，扣除率调整为

9%。纳税人购进用于生产或者委托加工13%税率货物的农产品，按照10%的扣除率计算进项税额。原适用16%税率且出口退税率为16%的出口货物劳务，出口退税率调整为13%；原适用10%税率且出口退税率为10%的出口货物、跨境应税行为，出口退税率调整为9%。适用13%税率的境外旅客购物离境退税物品，退税率为11%；适用9%税率的境外旅客购物离境退税物品，退税率为8%。(财政部　税务总局　海关总署公告2019年第39号)

案例6–2

（1）基本案情

2019年9月，甲市某公司为增值税一般纳税人，销售自建写字楼，并于当月办妥了相关产权转移手续。该写字楼于2015年12月建成并投入使用，根据有关原始凭证，确认该写字楼投入使用前发生的建设成本为5 355万元，销售写字楼取得含税收入11 445万元。在销售过程中共发生其他税费1 000万元，已用银行存款缴纳。请问该企业选择何种计税方法可以节约增值税？

（2）税收筹划思路

房地产企业开发的工程项目分为老项目和新项目两部分。对于老项目在2016年5月1日之后发生纳税义务时，可以采用增值税简易计税方法，即按照5%的征收率计算应纳税额。销售“营改增”试点后开工的新项目，或者销售未选择简易计税方法的老项目，适用一般计税方法，税率为9%，但可从销售额中扣除上缴政府的土地价款。小规模纳税人适用5%的征收率。

在两种计税方法下的增值税应纳税额不同，企业应根据自己的具体情况选择税负较低的计税方法。具体而言，企业的税收筹划思路如下：

第一，如果已开发的项目在整个开发项目中占的比例很小，且有大量的进项发票可以抵扣增值税，则可以选择增值税一般计税方法，按照 9%的税率计算增值税。

第二，如果已开发的项目在整个开发项目中所占的比例较大，已经收到了大部分采购发票（增值税普通发票），增值税进项抵扣很少，则应选择适用简易计税方法，按照 5%的征收率征收增值税。

如果纳税人选择适用简易计税方法计税，要以取得的全部价款为销售额：

$$应纳增值税税额=11\,445\times\frac{5\%}{1+5\%}=545（万元）$$

如果纳税人选择适用一般计税方法计税，要以取得的全部价款为销售额按照 9%的税率申报纳税：

$$应纳增值税税额=11\,445\times\frac{9\%}{1+9\%}=945（万元）$$

由此可见，纳税人选择简易计税方法比选择一般计税方法少缴增值税 400 万元（=945−545）。

（3）税收筹划政策依据

①财税〔2016〕36 号文件；

②财税〔2018〕32 号文件；

③财政部　税务总局　海关总署公告 2019 年第 39 号文件。

知识链接

关于纳税人销售不动产的增值税征收规定：

1. 房地产开发企业销售自行开发的房地产项目

《房地产开发企业销售自行开发的房地产项目增值税征收管理暂行办

法》（国家税务总局公告 2016 年第 18 号）规定：

（1）房地产开发企业中的一般纳税人销售自行开发的房地产项目，适用一般计税方法计税，按照取得的全部价款和价外费用，扣除当期销售房地产项目对应的土地价款后的余额计算销售额。销售额的计算公式如下：

销售额=(全部价款和价外费用−当期允许扣除的土地价款)÷(1+9%)

（2）一般纳税人销售自行开发的房地产老项目，可以选择适用简易计税方法，按照 5%的征收率计税，以取得的全部价款和价外费用为销售额，不得扣除对应的土地价款。

房地产老项目是指：

①《建筑工程施工许可证》注明的合同开工日期在 2016 年 4 月 30 日前的房地产项目。

②《建筑工程施工许可证》未注明合同开工日期或者未取得《建筑工程施工许可证》，但建筑工程承包合同注明的开工日期在 2016 年 4 月 30 日前的建筑工程项目。

2. 非房地产企业销售不动产

《纳税人转让不动产增值税征收管理暂行办法》（国家税务总局公告 2016 年第 14 号）规定，一般纳税人转让其取得的不动产，按照以下规定缴纳增值税：

（1）一般纳税人转让其 2016 年 4 月 30 日前取得（不含自建）的不动产，可以选择适用简易计税方法计税，以取得的全部价款和价外费用扣除不动产购置原价或者取得不动产时作价后的余额为销售额，按照 5%的征收率计算应纳税额。纳税人应按照上述计税方法向不动产所在地主管税务机关预缴税款，向机构所在地主管税务机关申报纳税。

（2）一般纳税人转让其 2016 年 4 月 30 日前自建的不动产，可以选择适用简易计税方法计税，以取得的全部价款和价外费用为销售额，按照

5%的征收率计算应纳税额。纳税人应按照上述计税方法向不动产所在地主管税务机关预缴税款，向机构所在地主管税务机关申报纳税。

(3) 一般纳税人转让其2016年4月30日前取得（不含自建）的不动产，选择适用一般计税方法计税的，以取得的全部价款和价外费用为销售额计算应纳税额。纳税人应以取得的全部价款和价外费用扣除不动产购置原价或者取得不动产时作价后的余额，按照5%的预征率向不动产所在地主管税务机关预缴税款，向机构所在地主管税务机关申报纳税。

(4) 一般纳税人转让其2016年4月30日前自建的不动产，选择适用一般计税方法计税的，以取得的全部价款和价外费用为销售额计算应纳税额。纳税人应以取得的全部价款和价外费用，按照5%的预征率向不动产所在地主管税务机关预缴税款，向机构所在地主管税务机关申报纳税。

(5) 一般纳税人转让其2016年5月1日后取得（不含自建）的不动产，适用一般计税方法，以取得的全部价款和价外费用为销售额计算应纳税额。纳税人应以取得的全部价款和价外费用扣除不动产购置原价或者取得不动产时作价后的余额，按照5%的预征率向不动产所在地主管税务机关预缴税款，向机构所在地主管税务机关申报纳税。

(6) 一般纳税人转让其2016年5月1日后自建的不动产，适用一般计税方法，以取得的全部价款和价外费用为销售额计算应纳税额。纳税人应以取得的全部价款和价外费用，按照5%的预征率向不动产所在地主管税务机关预缴税款，向机构所在地主管税务机关申报纳税。

第三节　房地产企业缩小税基策略

由于房地产企业涉及的税种较多，其税基的形式也因税而异，根据各种税的特点，可运用合理的财务规定分解或转换销售额，通过缩小税基进行税收筹划。

一、合理分解租金收入

房地产企业将开发的商品房对外出租收取的租金直接关系到应缴纳的增值税、房产税，租金收入高则承担的税负重。企业在进行税收筹划时，应考虑尽量降低租金收入或者将房屋租金收入以其他形式加以表现，这样就能有效减轻企业税收负担。

案例6-3

（1）基本案情

某市房地产企业开展多种经营，兼营房屋出租、建筑材料销售、装饰装修等业务，遂取得一般纳税人资格。该企业某年将位于市区的营业房一幢出租给某商贸公司，双方签署了房屋出租合同，租金为每年 150 万元，租期为 5 年，租金中包含简单的家具、空调，并包括电话费、水电费。房地产企业当年购买家具、空调等家电 16.95 万元（含税价，并获得了增值税专用发票）用于出租营业房，预计使用年限为 5 年。另外，当年为营业房支付电话费 6 万元，水费 4.52 万元、电费 7.02 万元。

家具家电购置成本为 15 万元（=16.95÷1.13），按照 5 年折旧，为简化分析，假定无残值，年折旧费为 3 万元（=15÷5）。

根据《增值税暂行条例》及《房产税暂行条例》的规定，该企业房屋租赁行为每年应缴纳的税额及收益如下：

$$增值税及附加=150\times9\%\times(1+12\%)=15.12（万元）$$

$$增值税附加=150\times9\%\times(7\%+3\%+2\%)=1.62\ (万元)$$

$$房产税=150\times12\%=18\ (万元)$$

该房屋折旧费及各项维护费用为50万元/年。由此计算，该企业当年房屋出租成本为房屋年折旧费及维护费、家具家电折旧费、水电费使用成本、电话费、应纳增值税及附加、房产税之和，故

$$房屋出租成本=50+3+(6+4.52+7.02)+1.62+18=90.16\ (万元)$$

$$所得税前收益=150-90.16=59.84\ (万元)$$

（2）税收筹划思路

房产税从租计征的税率为12%，计税依据为房产租金收入。因此，租金收入越高，纳税人承担的房产税税负越重。房产税纳税人可以通过降低租金的方式减轻税负。

（3）税收筹划方案

为使企业收益最大化，该企业对前述经营行为重新进行筹划，该企业与商贸公司分别签订房屋租赁合同、转售家具空调合同、电话费水电费代理合同，并对以上业务分别核算。家具空调按分期付款方式，以22.6万元的价格转卖给商贸公司，商贸公司每年付款4.52万元，分5年全部付清。电话费、水电费均由商贸公司自行承担，但由该企业代为缴纳。以上项目单列后，为保证租赁方和承租方双方的利益，那么，房屋租赁价格按前述150万元扣除以上费用后收取，以使承租方总支出不变。

$$新租赁价格=150-4.52-(6+4.52+7.02)=127.94\ (万元)$$

在这种方案下，由于电话费、水电费由该企业代缴，不构成企业的房屋出租成本。这样，该企业的房屋租赁行为每年应缴纳的税额及收益如下：

$$增值税及附加=127.94\times9\%\times(1+12\%)=12.90\ (万元)$$

$$增值税附加=127.94\times9\%\times(7\%+3\%+2\%)=1.38\ (万元)$$

$$房产税=127.94\times12\%=15.35\ (万元)$$

转卖家具空调的增值税＝4.52÷(1+13%)×13%＝0.52（万元）（增值税附加忽略）

房屋出租成本＝50+1.38+15.35＝66.73（万元）

租金及销售收入＝127.94+4.52÷(1+13%)＝131.94（万元）

出租所得税前收益＝131.94−66.73＝65.21（万元）

第二种方案比第一种方案多获得税前收益5.37万元（＝65.21－59.84），而且少缴纳增值税及附加1.7万元（＝15.12−12.9−0.52）。

从以上分析可看出，两个方案的差异在于对提供家具家电、提供电话费和水电费的处理方式不同。前一方案中，该企业与商贸公司仅签订了一份房屋租赁合同，租赁收入包含家具家电使用费、电话费和水电费等，租赁价格高，企业由此也承担了较高的增值税及附加、房产税。后一方案中，该企业合理地将各种开支项目与房屋出租收入分开核算，在实际收入不变的情况下，降低了房屋出租的名义收入，也降低了应纳房产税、增值税及附加。从综合效果看，后一种方案减轻了企业的税收负担，获得了正当的税收效益。

二、分解不动产销售价格

房地产企业销售不动产须缴纳增值税、附加税费、土地增值税、企业所得税等，其中主要的税负是增值税和土地增值税，这两种税又与房地产销售价格直接相关。房地产销售价格增加，应税收入就会增加，而土地增值税因为适用超率累进税率，会成倍地增加。如果能想办法使得转让收入变少，从而减少纳税人转让房地产应缴纳的增值税和土地增值税，显然是能节省税款的。但转让收入变少，会直接使企业收益降低，这对企业是很不利的。如何能够既使企业的收益不降低，又减轻税收负担呢？

其他业务收入相对于房地产销售收入而言涉及的税种主要是增值税，不缴纳土地增值税，税负会轻一些，若能合理降低房地产销售价格，将房地产销售收入转移到其他业务收入形式上，在土地增值税超率累进税制下，企业税收负担会成倍地减轻。因为在累进税制下，收入的增加预示着相同条件下增值额的增加，从而使得高的增值额适用较高的税率，档次爬升现象会使得纳税人税负急剧上升，因此，分解不动产销售价格有着很强的现实意义。如何能够使分解不动产销售价格合理合法，是这个方法的关键。

一般的方法是将可以单独处理的收入项目尽量从房地产价格中分离出来，以减少房地产价格，控制土地增值率。比如，房屋里面的各种设施在出售房地产时既可以整体一起出售，也可以分开计价，分开计算收益。整体出售的方法操作简便，但不利于减轻税收负担；分开计价的方法实施起来虽然比较麻烦，程序复杂一些，但对减轻税负很有好处。

考虑到当前房地产开发企业大多是多种经营，既从事建筑业，又从事加工业，既有房屋销售业务，又有各种设施销售和装饰装修业务及物业管理服务。因此，房地产企业通过将不动产销售价格部分分解至其兼营业务的收入上，就可以大幅度降低税率。具体做法如下：

房地产企业进行房屋建造出售时，将合同分两次签订。当住房初步完工但没有安装设备，以及进行装潢、装饰时，便和购买者签订房地产转移合同，接着再和购买者签订设备安装及装潢、装饰合同，则纳税人只就第一份合同上注明的金额缴纳增值税及附加、土地增值税，而第二份合同上注明的金额只征收增值税及附加，不用计征土地增值税。这样就使得应纳税额减少，达到了增加经营收益的目的。

案例6-4

（1）基本案情

某房地产公司为增值税一般纳税人，2020 年出售位于市区的商品房一幢，收入为800万元，房屋已进行部分室内装修，里面的各种设施已经安装齐全。按规定计算的扣除项目为300万元，增值额为500万元。该公司应就该业务缴纳增值税、土地增值税、企业所得税、附加税费等（均为不含税价格）。

土地增值税按土地增值率计算，土地增值率为166.67%（=500÷300），适用第三档税率50%，速算扣除系数为15%，则：

$$土地增值税=500\times50\%-300\times15\%=205（万元）$$

$$增值税=(800-300)\times9\%=45（万元）$$

$$增值税附加=(800-300)\times9\%\times(7\%+3\%+2\%)=5.4（万元）$$

$$所得税前收益=800-300-205-5.4=289.6（万元）$$

此外，该公司还要缴纳企业所得税。

此方案中，土地增值额和增值率都较大，导致土地增值税较高，企业承担的总体税负影响了该项目的经济效益。为减轻企业税负，可以对上述行为重新进行筹划。

（2）税收筹划思路

土地增值税适用的是累进税率，增值率越高，税负越重。纳税人可以通过降低房屋销售的增值额来降低增值率。

（3）税收筹划方案

考虑到房屋已进行了简单装修，该房地产企业在和购买者签订合同时，采取变通的方法，将收入分散，就可以节省不少的税款。具体做法是将房屋装修业务独立出来，单独签订合同，单独核算收入，将企业的收入项目和成本项目进行分解。第一份合同：商品房销售收入490万元，成本为250万元，增值额240万元；第二份合同：房屋装修业务收入310万元，成本50万元。这里第一份合同属于房地产销售业务，既要按照合同上注明的金额缴纳增值税及附加，还要按照合同上注明的金额缴纳土地增值税；

而第二份合同是提供装饰装修服务，只需按照合同上注明的金额缴纳增值税及附加，而不用缴纳土地增值税。这样就使得应纳税额大为减少。

第一份合同需要承担的税负如下：

房屋销售增值税＝(490－250)×9%＝21.6（万元）

房屋销售增值税附加＝(490－250)×9%×（7%+3%+2%）＝2.59（万元）

房屋增值率＝240÷250＝96%

土地增值税＝240×40%－250×5%＝83.5（万元）

第二份合同需要承担的税负如下：

房屋装修增值税＝(310－50)×9%＝23.4（万元）

房屋装修增值税附加＝(310－50)×9%×（7%+3%+2%）＝2.8（万元）

所得税前收益＝800－300－83.5－2.59－2.8＝411.1（万元）

两个方案相比，税收筹划后的方案的税收利益是明显的。

三、控制开发项目的增值额

土地增值税是房地产开发承担的一个重要税种，该税的税收筹划受到房地产企业的普遍关注。其原因：一是税率较高，税负重；二是税率为超率累进税率，跳跃性大，不同级次之间税收负担的差距大。因此土地增值税筹划的余地也大。

从计税原理上讲，控制、降低增值额的途径有两条：减少销售收入或增加可扣除项目。从表面上看，这样做都会减少企业的利润，损害企业的利益，其实不尽然。如果增值率略高于两级税率档次交界的增值率，通过适当减少销售收入或增加可扣除项目，可以减少增值额，降低土地增值税的适用税率，从而减轻土地增值税税负。这种情况如果把握得好，不一定减少企业的利润，可能还会增加企业的收益。

（一）通过减少销售收入降低增值额

《土地增值税暂行条例实施细则》规定，纳税人建造普通标准住宅出售，增值额未超过扣除项目金额20%的，免征土地增值税；增值额超过扣除项目金额20%的，应就其全部增值额按规定计税，不得免税。按此原则，纳税人建造住宅出售的，应考虑增值额增加带来的效益和放弃起征点的优惠而增加的税收负担间的关系，避免增值率稍高于起征点而导致得不偿失。

案例6-5

（1）基本案情

洪兴房地产开发公司开发一批普通商品房住宅，销售价格共计3 100万元，按税法规定计算的可扣除项目金额为2 500万元。该企业应缴纳土地增值税计算如下：

增值额=3 100−2 500=600（万元）

增值率=600÷2 500=24%

土地增值税=600×30%=180（万元）

（2）税收筹划思路

该公司开发的属于普通标准住宅，由于增值率为24%，超过20%，不能享受免征土地增值税的优惠。因此，该公司可以采取降低销售价格的方法，让增值率低于20%。

（3）税收筹划方案

如果该公司对商品房降低售价，按3 000万元的价格销售这批商品房，其他条件不变，则纳税情况为：

增值额=3 000−2 500=500（万元）

增值率=500÷2 500=20%

土地增值税可免征。与筹划前相比，企业收入减少了100万元，应纳税额减少了180万元，所得税前实际收益反而增加80万元。税收筹划的效果显著。

将上例推而广之。假设房地产开发公司建成一批商品房待售，包括地价款、房地产开发成本和费用等除销售税金及附加以外，全部允许扣除项目的金额为 C。若房屋销售价格为 P，在不考虑教育费附加和城建税的情况下，允许扣除项目金额为 C，享受免征土地增值税的销售价格 $P \leq 1.2 \times C$

当 $P=1.2C$ 达到最高售价时：

$$允许扣除项目金额=C$$

$$房地产销售收益=1.2C-C=0.2C$$

企业如果销售情况很好，可以采取提价的销售方式。要使提价后纯收益能够增加，必须使提价带来的效益超过因突破起征点而新增加的税金。假设提价后房屋销售价格为 P_1，增值率高于20%但低于50%，土地增值税税率为30%，则：

$$允许扣除项目金额=C$$

$$增值额=P_1-C$$

$$土地增值税=30\% \times (P_1-C)=0.3P_1-0.3C$$

$$销售收益=P_1-C-0.3P_1-0.3C=0.7P_1-0.7C$$

要使提价后纯收益能够增加，须满足：

$$0.7P_1-0.7C>0.2C$$

即 $P_1>1.29C$。

这就是说，如果想通过提高售价获取更大的收益，就必须使价格高于1.29C。

通过以上分析可知，转让房地产的企业除销售税金及附加以外的全部允许扣除项目的金额为 C 时，将售价定为1.2C 是该纳税人可以享受土地增值税起征点照顾的最高价位。在这一价格水平下，既可以享受土地增值税起征点的照顾，也可以获得较大的收益。如果售价低于此数，虽能享受土地增值税起征点的照顾，却只能获取较低的收益。如果要提高售价，则会失去享受土地增值税起征点照顾的优惠，而要按照30%的税率缴纳土地增值税。因此必须使价格高于1.29C，否则，价格提高带来的收益将不足以弥补价格提高所带来的税收负担的增加。

（二）通过增加可扣除项目降低增值额

房地产企业在房屋销售价格不变的情况下增加可扣除项目金额，增值率也会降低，从而带来应纳土地增值税税额的减少。这样做的好处有两个：一是可以免缴或少缴土地增值税；二是提高了房屋质量、改善了房屋的配套设施等，可以在激烈的销售战中取得优势。

案例6-6

（1）基本案情

仍以案例6-5加以说明。假定其他条件不变，商品房价格仍为3 100万元。

（2）税收筹划思路

洪兴房地产开发公司开发的属于普通标准住宅，由于增值率为24%，超过20%，不能享受免征土地增值税的优惠。因此，该公司也可以采取提高住房成本的方法，使增值率下降。

（3）税收筹划方案

洪兴房地产开发公司增加商品房内部设施，使其可扣除项目增加为

2 600 万元，则应纳土地增值税为：

$$增值额 = 3\ 100 - 2\ 600 = 500\ (万元)$$

$$增值率 = 500 \div 2\ 600 = 19.23\%$$

土地增值税可免征。

与筹划前相比，企业商品房开发成本增加 100 万元，应纳税额减少了 180 万元，所得税前实际收益增加了 80 万元。与筹划前相比，企业提高了房屋质量，减少了净支出，获得了净利益的增加。这种筹划使得商品房买卖双方均受益，是一种互惠互利的行为。

增加可扣除项目金额的途径很多，比如增加房地产开发成本、房地产开发费用等，使商品房的质量进一步提高。在增加可扣除项目时，应注意税法对可扣除项目的具体规定。税法规定，纳税人能够按转让房地产项目计算分摊利息支出并能提供金融机构贷款证明的，开发费用在“利息+(取得土地使用权所支付的金额+房地产开发成本)×5%”以内进行扣除；纳税人不能按转让房地产项目计算分摊利息支出或不能提供金融机构贷款证明的，开发费用在“取得土地使用权所支付的金额+房地产开发成本)×10%”以内进行扣除，而各省市在10%之内确定了不同的比例，纳税人要注意把握。如果税法允许扣除的项目比企业自己实际核算中涉及的项目要少，计算增值额时必须以税法的规定为准。

四、转换房地产收入结构

房地产交易的金额往往很大，工业企业的房地产项目与企业的设备、专有技术等经常相伴而生，这样房地产的交易与设备转让、专有技术转让、技术服务、技术咨询等也经常同时发生。我们知道，房地产交易除承担增值税及附加外，还须承担超率累进的土地增值税，交易价格越高，税收负担越重。专有技术转让和技术服务、技术咨询只涉及增值税，进项税额可以扣除，税负也相对较轻。因此，当房地产交易与设备转让、专有技术转让同时发生且房地产交易金额偏高时，可以考虑在保持总销售额不变的情况下进行收入结构策划，将包含于房地产销售的价格部分转移至设备的售价，或者转移至技术服务、技术咨询、技术转让的价格，即将重税负的部分收入转移至其他税负较轻项目的收入，通过适当转变自身涉税事项的税收属性，调整涉税事项的应税税种或税目，进而选择对自身最为有利的税收政策，以达到降低税收成本的目的。

案例6–7

（1）基本案情

2020年，山西某煤厂二期产煤系统建设项目的法人由原A公司转换为B公司。基建项目法人变更后，A公司经与B公司协商，将二期产煤系统建设项目转让给了B公司。由于二期产煤系统已经进行了前期建设，作为转让补偿，A公司收取B公司前期工作转让收入6 000万元。2020年中此项交易完成，款项已经收到。由于A公司原有输煤系统的建设规模已考虑了自身将来扩建二期产煤系统的需要，为有利双方生产系统的管理，在转让二期产煤系统的同时，A公司计划下一年度向B公司进行输煤系统的转让。转让的输煤系统资产包括为二期产煤系统准备的输煤综合楼、碎煤机室、翻车机室、输煤栈桥、转运站等，以及二期产煤系统占用土地的使用权。此项转让的交易金额为7 000万元。由于输煤系统的转让将直接影响到A公司现有产煤系统的生产能力，为了弥补由此造成的损失，两家公司商议由B公司给予A公司5 000万元的输煤系统转让补偿款，用于购置新产煤系统。

（2）税收筹划思路

从本案例的角度看，A公司取得首笔6 000万元的转让收入后，在其2020年的年报中已经披露确认了这一资产转让事项及其收入，会计处理上也已进行了相关收入成本项目的配比，并正确履行了流转税和所得税的纳税义务，因此并不存在涉税风险。同样，由于纳税义务已经形成并且已经履行，所以对于相应的涉税事项也就不存在纳税筹划的空间。如果再试图通过账务上的更改来改变已经形成的纳税义务，则不再属于纳税筹划的范畴，而是一种偷逃税的违法行为。

当时A公司在此项资产转让业务中还可进行筹划操作的是其中所涉及的土地增值税。由于A公司此次输煤系统的转让是将输煤系统所占用的土地、房屋及上面的各类机械整体转让给B公司，按照《土地增值税暂行条例》的规定，转让国有土地使用权、地上建筑物及其附着物所取得的收入，应在计算扣除项目金额后对增值额缴纳土地增值税，因此，A公司转让输煤系统获得的7 000万元应确认为土地增值税的应税收入。而且由于A公司在转让的同时相应获得了5 000万元的补偿款收入。根据《土地增值税暂行条例实施细则》的规定，土地增值税的转让收入是指转让房地产的全部价款及有关的经济利益。由于此笔5 000万元的补偿收入是由于A公司转让输煤系统而获得的，应算作转让房地产（土地、房屋及上面的附着物）获得的相关经济利益，因而也应一并计入土地转让收入计算缴纳土地增值税。

（3）税收筹划方案

经过测算，A公司此项输煤系统转让按照规定可以扣除的项目金额总计为3 285万元，A公司涉及的土地增值税计算如下：

$$增值额=7\ 000+5\ 000-3\ 285=8\ 715（万元）$$

$$增值率=8\ 715\div 3\ 285=265\%$$

$$土地增值税=8\ 715\times60\%-3\ 285\times35\%=4\ 079.25（万元）$$

$$土地增值税平均税负率=4\ 079.25\div12\ 000=33.99\%$$

A公司获取的5 000万元补偿收入并入了土地转让收益，造成土地增值额急剧加大，从而在超率累进税率的作用下，税负大幅增加。从税收筹划的角度考虑，如果能改变这笔5 000万元补偿款的性质，使其不再与转让土地使用权相关，将可以降低整体增值率，适用较低的税率，从而合理地达到减轻税负的目的。

鉴于以上A公司涉税义务的履行情况及公司整体对外会计信息披露的要求，对这笔转让补偿收入可以通过以下两种转换方式进行筹划。

第一种方式：A公司与对方重新单独签订一笔金额5 000万元的煤厂附属设施使用合同，以此达到相同的目的。这种筹划思路的可行性在于，由于对方新建煤厂离A公司的煤厂较近，而A公司煤厂长期以来已经在当地厂区周围形成了比较完善的、具有一定规模的职工生活附属设施。对方在投产经营之后，完全可以通过签订这笔煤厂附属设施使用合同来避免重复建设新的生活设施，可以直接使用已有的设施。因此，对方也就应当具有签订这种合同的意愿。在合同具体条款上，煤厂可以与对方约定设施的使用年限，并约定违约责任。如果煤厂本身在原有的计划安排中已经想通过这种租赁自身生活设施给对方而赚取一定的营业外收入，那么在合同金额的确定上，可以以双方协商后的租赁费用加上原有的5 000万元的转让费用作为此项附属设施使用的总金额。这样，A公司只需就这笔合同收入按不动产租赁项目缴纳9%的增值税及附加税，在所得税税负不变的情况下，既可以保证合同双方原有的经济利益和经营意向不受损失，同时又达到节省税款的目的。

第二种方式：A公司煤厂与对方重新单独签订一笔金额为5 000万元的煤厂初期投产生产管理咨询合同。由于对方刚开始投产经营煤厂，在生产运作、企业管理制度制定、生产人员培训等各个方面都可以向具有成熟的煤厂生产管理运作经验的A公司咨询，由此，A公司可以通过这种煤厂管理咨询合同的签订来达到将这笔5 000万元收入转变性质的目的。同样，如果煤厂确实已经或打算向对方提供这种咨询服务，那么也可以将协议后的费用与5 000万元加总后确定一个最终的合同金额，新增的咨询服务收入只需按照鉴证咨询服务缴纳6%的增值税及附加税，无须计入房地产转让收入计算缴纳土地增值税。这样亦可以达到相同的筹划目的。

如果按照上述两种思路操作的话，A公司涉及的土地增值税负担将会降低，具体计算如下：

增值额=7 000-3 285=3 715（万元）

增值率=3 715÷3 285=113%

土地增值税=3 715×50%-3 285×15%=1 364.75（万元）

故税收筹划的结果是，A公司土地增值税比筹划前节省了2 714.5万元（=4 079.25-1 364.75）。

五、利用代建房业务

现行税法对不同的建房方式进行了一系列界定，其中包括对代建房方式的界定。代建房方式是指房地产开发公司代客户进行房地产开发，开发完成后向客户收取代建房报酬的行为。对于房地产开发公司来说，虽然取得了一定的收入，但由于房地产权属自始至终是属于客户的，没有发生转移，其收入也属于劳务性质的收入，故不属于土地增值税的征税范围，不用缴纳土地增值税，只需按照经纪代理服务项目缴纳增值税，计税依据为收取的全部价款和价外费用，适用6%的增值税税率。而根据现行税法的规定，销售不动产应按照9%的税率，以取得的全部价款和价外费用扣除当期允许扣除的土地价款后的差额征收增值税，而且还要缴纳土地增值税。相比之下，手续费收入较不动产销售价格要低得多，也就是说，代建房业务的增值税负担低于销售不动产业务。

同时，如果代建房的土地使用权为客户自有的，客户在取得时缴纳土地增值税；如果代建房的土地使用权是房地产开发公司先行转让给客户的，则在转让时由房地产开发公司缴纳土地增值税。仅仅转让土地使用权，其土地的增值率一般会低于开发完工的房地产项目的增值率，故两种情况下，土地增值税负担都不会太高。

综上所述，代建房业务的税收负担比销售不动产业务的税收负担就要低许多。在有条件的情况下，房地产开发公司将销售房产业务转换为代建房业务乃是避税筹划的明智之举。

代建房业务在税收上有哪些具体的要求和规定呢？关于房地产开发公司代建房的增值税问题，符合委托代建条件的，受托方取得的代建收入按照“现代服务业——商务辅助服务——经纪代理”缴纳增值税，企业按照一般纳税人适用税率为6%，小规模纳税人适用3%征收率。委托代建应当同时符合以下五个条件：一是由委托方自行立项；二是不发生土地使用权或产权转移；三是受托方不垫付资金，单独收取代建手续费或管理费；四是事先与委托方签订有委托代建合同；五是施工企业将发票开具给委托建房单位。如果不能同时满足，不论开发商如何核算，一律按“销售不动产”税目缴纳增值税。因此，房地产开发企业为减轻税负，将销售房产业务转换为代建房业务需满足以上几个条件。

以上所有条件都必须要用房单位愿意配合房地产开发企业进行纳税筹划。为了使该项筹划更加顺利，房地产开发公司可以降低代建房劳务性质收入的数额，以取得客户的配合。由于房地产开发公司可以通过该项筹划节省不少税款，让部分利于客户也是可能的。如果用房单位与房地产开发公司的房产结算价格加上手续费不超过房地产开发公司自行开发房地产的销售价格，用房单位也不会有异议。

案例6-8

（1）基本案情

某市的一家房地产开发公司拟建一幢写字楼出售给买房单位。经事先进行成本预核算，销售价格应为8 000万元，各种可扣除项目金额为5 000万元，其中土地使用权取得成本为1 200万元，则该房地产开发公司应纳各税情况为：

$$增值税=(8\ 000-1\ 200)\times9\%=612（万元）$$

$$土地增值额=8\ 000-5\ 000=3\ 000（万元）$$

$$增值率=3\ 000\div5\ 000=60\%$$

$$土地增值税=3\ 000\times40\%-5\ 000\times5\%=950（万元）$$

（2）税收筹划思路

代建房业务按照“现代服务业”项目征收6%的增值税，纳税人可通过采用代建房业务降低企业的税收负担。

（3）税收筹划方案

为降低纳税成本，房地产开发公司将其自有的土地使用权先行转让给买房单位，土地使用权转让价格为1 400万元。同时，房地产开发公司还与买房单位签订了综合大楼代建合同。建房过程由买房单位预付建设款项（房地产开发公司联系的贷款并且承担担保责任）。按照合同约定，工程结算价6 000万元，房地产开发公司另收代建手续费600万元。改变经营方式后，买房单位购置写字楼的成本由土地使用权转让价格1 400万元、工程结算价6 000万元及手续费600万元三部分构成，购置成本仍为8 000万元，与筹划前的成本一致。

筹划后，房地产开发公司首先要对土地使用权转让计算缴纳增值税、土地增值税，然后还需根据手续费收入按代理业6%的税率缴纳增值税。

转让土地使用权应承担的各项税收负担如下：

土地使用权转让增值税＝1 400×9%＝126（万元）

土地增值额＝1 400－1 200＝200（万元）

增值率＝200÷1 200＝16.67%

土地增值税可免征。

收取代建房手续费应承担的各项税收负担如下：

增值税＝600×6%＝36（万元）

与筹划前相比，房地产开发公司的税收负担大为减轻。

六、售后回租业务的差额征税

房地产企业销售房屋时会采用多种销售手段，其中一种是售后回租，即房地产企业销售房产后再将房产租回，统一对外出租，每年按售价的一定比例返还给购房者。售后回租应分解为销售和租赁两项业务，分别进行税务处理，房地产企业可以通过合理设计，降低租赁部分的增值税税负。

案例6-9

（1）基本案情

2019年，某市一家房地产公司主要开发商用房产，最近新开发商用楼一幢，共有商铺100间，每间10平方米，每平方米售价2万元，支付土地价款为800万元。公司和购房者约定，回租后将房屋统一对外出租，每年收取租金300万元，合约期10年，每年按售价的10%返还给购房者。

《增值税暂行条例》规定，纳税人兼营不同税率的货物或者应税劳务，应当分别核算不同税率货物或者应税劳务的销售额；未分别核算销售额的，从高适用税率。该房地产公司应按销售和租赁两种业务进行税收处理，分别缴纳增值税、印花税、城市维护建设税和教育费附加。

按销售不动产缴纳增值税=(100×10×2-800)×9%=108（万元）

按有形动产租赁业缴纳增值税=300×13%=39（万元）

按产权转移书据缴纳印花税=100×10×2×0.05%=1（万元）

按财产租赁合同缴纳印花税=300×0.1%=0.3（万元）

该房地产企业共需缴纳税款148.3万元，其中房屋租赁相关税金为39万元。

（2）税收筹划思路

根据国家税务总局公告2016年第54号文件规定，从事物业管理的单位，以与物业管理有关的全部收入，减去代业主支付的水、电、燃气以及代承租者支付的水、电、燃气、房屋租金的价款后的余额为销售额，按照6%的税率缴纳增值税。

（3）税收筹划方案

如果该房地产公司另外成立一家物业公司，由物业公司与购房者签订委托代理租房合同。

按服务业差额缴纳增值税=(300-100×10×2×10%)×6%=6（万元）

按财产租赁合同缴纳印花税=300×0.1%=0.3（万元）

该物业公司合计缴纳税款6.3万元。

对比前述按销售和租赁分别纳税的情形来看，该房地产公司单独成立物业公司，由物业公司与购房者签订委托代理租赁合同，房屋租赁相关的税金少缴税32.7万元。

第四节 房地产企业使用低税率策略

土地增值税和增值税是房地产企业涉及的主要税种，税率档次较多，尤其是土地增值税，适用的是超率累进税率，因此可设法采取适用低税率的策略进行税收筹划。

一、均衡申报各种房地产价格

在房地产行业，通常同一家房地产企业开发的房地产有不同的档次，其品味、市场定位不一样，销售价格也不一样。也就是说，既有低价格的普通标准住宅，也有中档住宅、写字楼，还有高档住宅、别墅和写字楼，不同地方或地区的开发成本比例因为物价或其他原因可能不同，这就会导致有的房屋开发出来销售后的增值率较高，而有的房屋增值率较低，各类房地产的增值额和增值率都有悬殊。房地产的增值额和增值率是计算销售不动产业务应纳土地增值税的主要依据，而土地增值税实行超率累进税率，增值率越大，适用税率越高。在累进税率制度下，纳税的原则是应尽量避免太高税率的出现，避免收入呈波峰与波谷的大幅变化，不均衡的状态实际上会加重企业的税收负担，较均衡的收入则能减轻税负。所以，为减轻土地增值税税负，企业可以采取不单独核算的方法，将价格不同的房地产销售收入合并申报，以适用较低的土地增值税率；或者对各个开发项目的开发成本进行必要的调整，使得各处开发业务的增值率大致相同，从而节省税款。

案例6-10

(1) 基本案情

泰和房地产公司2020年同时开发四个工程项目。项目1为安居工程住房，可扣除项目为2 000万元，销售收入2 500万元；项目2为普通住宅，可扣除项目为2 500万元，销售收入3 900万元；项目3为别墅住宅，可扣除项目为3 000万元，销售收入为8 000万元；项目4为写字楼，可扣除项目6 000万元，销售收入20 000万元。可扣除项目总和为13 500万元，销售收入总和为34 400万元。下面分别对这四个工程项目应纳的土地增值税进行计算。

项目1：

增值额＝2 500−2 000＝500（万元）

增值率＝500÷2 000＝25%

土地增值税＝500×30%＝150（万元）

项目2：

增值额＝3 900−2 500＝1 400（万元）

增值率＝1 400÷2 500＝56%

土地增值税＝1 400×40%−2 500×5%＝435（万元）

项目3：

增值额＝8 000−3 000＝5 000（万元）

增值率＝5 000÷3 000＝167%

土地增值税＝5 000×50%−3 000×15%＝2 050（万元）

项目4：

增值额＝20 000−6 000＝14 000（万元）

增值率＝14 000÷6 000＝233%

$$土地增值税=14\ 000\times60\%-6\ 000\times35\%=6\ 300\text{（万元）}$$

$$四个项目土地增值税=150+435+2\ 050+6\ 300=8\ 935\text{（万元）}$$

（2）税收筹划思路

土地增值税适用累进税率，增值率越高，适用的税率也越高。因此，纳税人应尽量降低销售价格或者提高可扣除项目金额。

（3）税收筹划方案

该公司为减轻税负，对上述经济行为进行重新安排。将项目 1 的销售收入核算为 2 350 万元，可扣除项目仍为 2 000 万元；项目 2、项目 3、项目 4 合并核算，可扣除项目共 11 500 万元，销售收入共 32 050 万元，再对这些工程应纳土地增值税进行计算。

项目 1：

$$增值率=(2\ 350-2\ 000)\div2\ 000=17.5\%$$

增值率没有超过 20%，土地增值税可免征。

合并后的项目 2、项目 3、项目 4：

$$增值率=(32\ 050-11\ 500)\div11\ 500=178.7\%$$

$$土地增值税=20\ 550\times50\%-11\ 500\times15\%=8\ 550\text{（万元）}$$

土地增值税总额为 8 550 万元，较之筹划前，企业税负得到了有效减轻。

实践证明，平均费用分摊是抵消增值额、减轻税负的极好选择。只要生产经营者不是短期行为，而是长期从事开发业务，那么将一段时间内发生的各项开发成本进行最大限度的平均，就不会出现某处或某段时期增值率过高的现象，从而有效地减轻税负。

二、利用土地增值税的税率特点

根据我国土地增值税制度，纳税人既建造普通标准住宅，又进行其他房地产开发的，应分别核算增值额；不分别核算增值额或不能准确核算增值额的，其建造的普通标准住宅不享受免税优惠。

房地产开发企业如果既建造普通住宅，又进行其他房地产开发，分开核算与不分开核算税负会有差异，这取决于两种住宅的销售额和可扣除项目的金额。在分开核算的情况下，如果能把普通标准住宅的增值额控制在扣除项目金额的20%以内，从而免缴土地增值税，则可以减轻税负。

案例6-11

（1）基本案情

某房地产开发企业2020年商品房销售收入为3亿元，其中普通住宅的销售额为2亿元，豪华住宅的销售额为1亿元。税法规定的可扣除项目金额为2.2亿元，其中普通住宅的可扣除项目金额为1.6亿元，豪华住宅的可扣除项目金额为6 000万元。

（2）税收筹划思路

我国税法规定，纳税人建造的普通住宅增值率不超过20%的，免缴土地增值税。纳税人可以分别计算普通住宅和非普通住宅的增值率，分开核算和不分开核算的税负会有差异。纳税人应选择税负较低的方案。

（3）税收筹划方案

首先考虑分开核算与不分开核算税负孰轻孰重的问题。

如果不分开核算，该企业应缴纳土地增值税：

$$增值率=(3-2.2)\div 2.2=36.36\%$$

$$土地增值税=(3-2.2)\times 30\%=0.24（亿元）$$

如果分开核算，应缴纳土地增值税：

$$普通住宅增值率=(2-1.6)\div 1.6=25\%$$

$$普通住宅土地增值税=(2-1.6)\times 30\%=0.12\ (亿元)$$

$$豪宅增值率=(1-0.6)\div 0.6=67\%$$

$$豪宅土地增值税=(1-0.6)\times 40\%-0.6\times 5\%=0.13\ (亿元)$$

$$土地增值税合计=0.12+0.13=0.25\ (亿元)$$

分开核算比不分开核算多缴纳土地增值税100万元。

然后想办法增加可扣除项目金额并进行税收筹划。假定本案例中其他条件不变，房地产开发企业应想办法使普通住宅的可扣除项目金额发生变化，使普通住宅的增值率限制在20%。设普通住宅可扣除项目为A。令

$$(2-A)\div A=20\%$$

解方程得：

$$A=1.6666\ (亿元)$$

也就是说，房地产开发企业如能想办法将普通住宅的可扣除项目增加0.066亿元，即可免交普通住宅的土地增值税。此时，该企业应缴纳的土地增值税仅为豪华住宅应缴纳的0.13亿元，比上面所计算的不分开核算少缴纳0.11亿元，比分开核算少缴纳0.12亿元。

当然，如果可扣除项目金额的增加难以实现，房地产企业也可以改变思路，从普通住宅的销售收入入手。如果案例中普通住宅的可扣除项目金额不变，仍为1.6亿元，令普通住宅销售收入为B，要使增值率为20%，有：

$$(B-1.6)\div 1.6\times 100\%=20\%$$

解方程得：

$$B=1.92\ (亿元)$$

此时，该企业降低普通住宅的销售收入0.08亿元，则只需就豪华住宅缴纳土地增值税0.13亿元，节省了普通住宅的税金0.12亿元，与减少的

收入 0.08 亿元相比，节省了 0.04 亿元。同时，由于降价，房子也更好销售，企业所得税等其他税的计税依据也变得更少。

三、利用关联方税收优惠降低税负

房地产企业在经营过程中经常会与关联方合作开发房地产项目，如果合作开发的关联方能够享受增值税或企业所得税的优惠，企业可以设法利用合作方的税收优惠降低总体税负。

案例6-12

（1）基本案情

2020 年，金域湾房地产项目是深圳鑫万房地产开发企业（以下简称“A 方”）和 B 房地产开发公司（以下简称“B 方”）合作建设的项目，双方均为增值税一般纳税人。A 方投资土地，B 方投资资金，双方共同开发建设深圳金域湾房地产项目。A 方自成立以来主要从事房地产开发业务，曾开发的项目有秋安花园、潇湘城一期等。B 方为 2019 年安置军队转业干部成立的新企业，自成立之日起三年内享受安置军队转业干部免征增值税优惠政策。此外，B 方还适用企业所得税两免三减半优惠政策，其主要经营范围是：房地产开发经营，高科技产业、基础设施、文化艺术品、旅游产业、能源产业投资和咨询服务等。

金域湾房地产项目由 A、B 双方合作建设开发，其中 A 方投资土地，B 方投资资金。金域湾房地产开发所需的施工许可证、预售证等及商品房产权证、土地使用证等由 A 方办理；房地产开发所需资金、具体开发业务、商品房的销售由 B 方负责。

金域湾房地产项目的成本由A、B双方共同投入，其中土地成本和前期各种费用支出是双方合作前的投资，是A方进行合作的基础，为A方的开发成本。其在开发中发生的各种成本费用由B方出资，作为B方的开发成本。房屋建成后，按双方的投资比例分配商品房销售收入，据此各自缴纳增值税和附加税。办理房屋产权证时由A方负责开具销售不动产发票。

（2）税收筹划思路

由于B方可以享受增值税和所得税的税收优惠政策，所以，A方可以把金域湾房地产项目的土地变更到B方名下。可选择的变更土地模式有两种：B方买断金域湾房地产项目和B方整体收购A方。分别计算两种方案下的税负，选择税负较低的方案。

（3）税收筹划方案

①金域湾房地产在建项目买断模式。

A、B双方签订一个整体项目转让合同，由B方全部买断金域湾房地产开发项目，即在金域湾房地产项目投入建造期间，A方将在建工程整体转让给B方，由B方全盘接管，具体操作细则如下：

第一步，金域湾房地产项目前期投入期间，B方以债权形式投资。

金域湾房地产项目前期投入期间，B方对合作开发项目的投入主要采取债权形式投资，其中B方已经支付的对外合同价款约定为对A方的借款，A方需支付B方利息费用。2020年，B方对外签订合同5项，合同总价款193.73万元，截至2020年5月31日，B方已支付64.8万元。A方投入土地时，土地价格为450元/平方米，土地开发面积为36 616.985平方米，则土地使用权投资价值为1 647.76万元（=450×36 616.985÷10 000）。转让时暂估价格为458元/平方米，暂估价值为1 677.06万元（=458×36 616.985÷10 000）。

第二步，金域湾房地产项目整体转让前，B方继续投资。

按《城市房地产转让管理规定》，在建项目转让的，应完成开发投资总额的25%以上。深圳鑫万房地产项目的预计总投资额为1.45亿元，则在建项目转让时：

最小投资额=14 500×25%=3 625（万元）

第三步，金域湾房地产项目整体转让。

以金域湾房地产项目评估价值进行整体转让。转让时评估金域湾房地产项目总价值，估测应该与前期投入持平或略有增加。假定增值率为5%，则在建项目转让时的评估价值为：

转让时土地暂估价值=458×36 616.985=1 677.06（万元）

转让时B方累积投资额=193.73+3 625=3 818.73（万元）

在建项目转让时的账面价值=1 647.76+3 818.73=5 466.49（万元）

在建项目转让时的评估价值=(1 677.06+3 818.73)×(1+5%)=5 770.58（万元）

A方转让金域湾房地产项目损益=5 770.58-5 466.49=304.09（万元）

转让环节相关税收计算如下：

转让时应缴增值税=(5 770.58-1 647.76)×9%=371.05（万元）

应缴企业所得税=304.09×25%=76.02（万元）

相关总税负=371.05+76.02=447.07（万元）

第四步，B方后期投入，实现房地产销售并收回投资。

该环节利用B方的税收优惠政策，享受增值税减免，收益实现全部在B方，若所得税也享受优惠政策，则该环节总税负为零。

②B方整体收购A方模式。

为享受B方的各种税收优惠，需把A方投资的土地变更到B方，为此，B方也可采取资本运作模式，即B方整体收购A方的资本运作模式。

第一步，通过企业分立进行资产剥离。

A方剥离一部分优良资产，进行企业分立，成立一家房地产开发公司——新A方，在资产剥离过程中，若资产评估增值，需要就增值部分缴纳企业所得税。

第二步，B 方整体收购 A 方。

B 方整体收购 A 方，企业合并过程中，对 A 方增值部分征收企业所得税。这里假设 A 方净资产增值率为 10%~20%，2019 年末，A 方净资产为 3 011.72 万元。在增值率为 10%的情况下：

净资产增值额=3 011.72×10%=301.17（万元）

应纳企业所得税=301.17×25%=75.29（万元）

若增值率为 20%，则：

应纳企业所得税=3 011.72×20%×25%=150.59（万元）

第三步，B 方后期投入，实现房地产销售并收回投资。

该环节利用 B 方的税收优惠政策享受增值税免征，收益实现全部在 B 方，若所得税也享受优惠政策，则该环节总税负为零。

从以上两种不同的土地变更模式下的税负分析可知，两种模式下转让产生的税负不同，前者总税负为 396.29 万元，后者在净资产增值率为 20%的情况下，税负也仅为 150.59 万元。

第五节　房地产业的税收政策变动与利用

房地产业既可以是拉动经济增长的切入点，也可以是形成经济泡沫的重要原因，所以，政府的房地产业政策是随着经济形势的变化而变动最为频繁的政策之一。回顾中国房地产业的发展，20 世纪 90 年代初，全国各地数千亿资金蜂拥扑向海口、广西北海等南方沿海城市，一时间，这些城市的房地产价格扶摇直上，这是中国改革开放之后有记录的第一次房地产热。这一次房地产热在 1993 年 6 月一次极其猛烈的宏观调控之后，迅速烟消云散。

1998 年，政府开始深化城镇住房制度改革，停止住房福利分配政策，建设新型市场化住房体系，房地产业开始进入一个全新的发展阶段。1998 年 4 月，中国人民银行颁布文件，明确指出要加大住房信贷投入，支持住房建设与消费，将住房建设培育成国民经济新的经济增长点，正式启动了房地产业的高速发展。房地产业进入市场最初的几年，政府在宏观调控上相对宽松，1999—2003 年四年多的时间里，政策大体维持在一个宽泛的框架内。这一时期，各地方政府也纷纷出台了一系列税收优惠政策。例如，北海市出台政策，1998 年 12 月 31 日以前建成尚未售出的空置商品房，在 2004 年 12 月 31 日以前销售的，实行免征营业税、契税的优惠政策。又如 1999 年，上海市政府为了提升房地产业，将契税从 3%降到 1. 5%，后来再下调到 0. 5%。在部分城市，房地产企业几乎完全不缴纳土地增值税。而固定资产投资方向调节税也自 2000 年 1 月 1 日开始在全国范围停征。在这样的经济形势和政策环境下，大大小小的公司不断涌入房地产业，就连海尔、TCL、联想集团等属于“外行”的中国龙头企业，当时也纷纷涉足房地产业。房地产业一跃成为国民经济支柱产业之一，对国家财政做出了巨大贡献。

2003 年 4 月，中国人民银行出台文件，对房地产信贷做出规范。2004 年，国土资源部（即今自然资源部，下同）又下发文件，进一步规范土地市场（“8. 31 大限”），中央政府开始从信贷政策和土地供给上采取措施抑制房地产过热。2005 年 3 月，国务院办公厅下发《关于切实稳定住房价格的通知》，提出了针对一些地方住房价格上涨过快的八条政策；该月底，中国人民银行调整商业银行住房信贷政策，宣布取消住房贷款优惠利率并提高个人住房贷款最低首付款比例，中央政府对房地产业的政策调控力度进一步加大。2006 年，国务院九部委颁布了关于调控房地产市场的六条政策，就调整住房供应结构、稳定住房价格提出了一系列具体的措施，由此开启了对房地产业新一轮调控的大幕。

2009年，国务院常务会议研究完善促进房地产市场健康发展的政策措施，明确提出："加强市场监管，稳定市场预期，遏制部分城市房价过快上涨的势头。"国务院颁布"国四条"，明确提出加强房地产市场调控，抑制投资投机性住房。2010年，国务院常务会议指出，全球金融危机的影响仍在持续，将保持货币信贷适度增长，坚决抑制住房价格过快上涨，并将加快研究制定合理引导个人住房消费的税收政策。国土资源部出台了19条土地调控新政，即《关于加强房地产用地供应和监管有关问题的通知》。

在一系列调控措施中，税收政策是重要的组成部分。2006年3月6日，国家税务总局下发文件加强对房地产开发企业的所得税税收管理（国税发〔2006〕31号）。对房地产预售收入的计税毛利率、房地产开发产品完工标准、房地产开发企业代收代缴款项税务处理、买断方式、委托销售开发产品的收入确认、代建工程和提供劳务的税务处理，以及开发产品成本、费用的扣除等问题予以了明确，同时进一步加强了税收征管，对房地产开发企业开始进行税收调控。

此后，二手房税收政策也进行了改革。为抑制投机和投资性购房需求，自2006年6月1日起，个人将购买不足五年的住房对外销售全额征收营业税，而此前的规定是两年。不久后，国家税务总局发文，自2006年8月1日起，在全国范围内加强个人住房转让所得的个人所得税征收（国税发〔2006〕108号）。同时，土地增值税预征政策造成的房地产企业税收流失问题也引起了税务管理部门的高度重视。2007年1月16日，国家税务总局下发通知，将土地增值税由"预征"改为"清算"，加大通过税收环节对房地产市场进行调控的力度。同年1月1日起，城镇土地使用税税额标准在1998年条例规定的基础上平均提高2倍。同时，新批准新增建设用地的土地有偿使用费征收标准在原有的基础上提高1倍的政策也正式实施。自此，土地增值税清算、土地使用税和新增建设用地使用费提高，三者构成了土地环节的“一费二税”上调政策。在一系列针对房地产市场的宏观调控政策下，不少地区的新房销售量和二手房市场整体成交量开始明显下降，调控效果初步显现。

进入2008年，随着国家宏观调控力度的不断加大，调控效果日趋显现，各地房地产开始出现交易量价齐跌的现象。而此时，由美国次贷危机引发的金融危机波及全球，世界经济金融危机日趋严峻。11月上旬，为抵御国际经济环境对我国的不利影响，中央出台扩大内需十项措施，促进经济增长。税收政策方面，从2008年11月1日起，对个人首次购买90平方米及以下普通住房的契税税率暂统一下调到1%；对个人销售或购买住房暂免征收印花税；对个人销售住房暂免征收土地增值税（财税〔2008〕137号）。各地方政府也纷纷制定鼓励住房消费的减免政策，如上海规定，个人将购买超过2年的普通住房对外销售免征营业税，若该住房是家庭唯一生活用房，还可免征个人所得税。武汉、长沙、南京、厦门、杭州等城市也相继出台楼市新政，在营业税、个人所得税、契税、印花税以及附加税费上给予减免或补贴。

2008年12月出台的国办131号文件规定，对住房转让环节的营业税暂定一年实行减免政策；规定个人购买普通住房超过2年（含2年）转让，免征营业税；将个人购买普通住房不足2年转让的，按其转让收入减去购买住房原价的差额征收营业税。个人购买非普通住房超过2年（含2年）转让，按其转让收入减去购买住房原价的差额征收营业税；个人购买非普通住房不足2年转让的，仍按其转让收入全额征收营业税。这次税收政策调整和原来执行的政策相比，调整了住房转让环节营业税的征免期，同时加大了税收优惠的力度。

2009年1月1日起，国家废止了《城市房地产税暂行条例》，消除了内外资企业在房产税征收方面的“双轨制”。2009年12月22日，国家下发财税〔2009〕157号文，将个人购买普通住房后转让免征营业税的时间从2年恢复为先前的5年，政策较之前开始趋紧。

2010年，国家针对房地产业的调控政策密集出台。从4月17日出台的“国十条”、9月29日再次出台的“新国五条”，还包括各部委出台的一系列政策文件及各城市陆续出台的落实国家二次调控的实施细则，分别就限购、执行差别化房贷、加大住房供应和保障房建设等多个方面做出规定，从紧的政策成为房地产调控的主旋律。国发〔2010〕10号文指出，应发挥税收政策对住房消费和房地产收益的调节作用，税务机关要认真做好土地增值税的征收管理工作，对定价过高、涨幅过快的房地产开发项目进行重点清算和稽查。

而在个人所得税方面，国税发〔2010〕54号文强调要做好房屋转让所得征收个人所得税管理工作，对转让住房收入计算个人所得税应纳税所得额时，纳税人可凭原购房合同、发票等有效凭证，经税务机关审核后，允许从其转让收入中减除房屋原值、转让住房过程中缴纳的税金及有关合理费用。对于纳税人未提供完整、准确的房屋原值凭证，不能正确计算房屋原值和应纳税额的，税务机关可对其实行核定征税，即按纳税人住房转让收入的一定比例核定应纳个人所得税额。文件虽无新意，但其个人所得税调控目的作用明显。例如，河北省地方税务局下发的冀地税〔2010〕33号文规定，从2010年8月1日起，对不能提供原始凭证的，一律按3%的征收率进行定率征收。对于国家住房制度改革前通过福利分房取得的住房，在进行转让时，必须提供房屋原始凭证，一律不得定率征收。在该政策的直接作用下，河北省省会石家庄的二手房市场成交量呈大幅度下滑趋势。此外，财政部、国家税务总局及住房和城乡建设部联合下发财税〔2010〕

94 号文，自 2010 年 10 月 1 日起，对出售自有住房并在 1 年内重新购房的纳税人，不再减免个人所得税。这也意味着财税字〔1999〕278 号文中鼓励个人换购住房的相关减免税优惠同时废止。同样在这一文件中，还对房地产交易环节的契税做出了规定：个人购买普通住房，且该住房属于家庭（成员范围包括购房人、配偶以及未成年子女）唯一住房的，减半征收契税；对个人购买 90 平方米及以下普通住房，且该住房属于家庭唯一住房的，减按 1%税率征收契税。这一规定体现出对首购普通住房税收政策的倾斜。

土地增值税政策更是重磅出击，预征和清算同时收紧。2010 年 5 月 19 日发布的国税函〔2010〕220 号文对土地增值税清算工作的相关问题做出了一系列明确规定，内容涉及清算收入的确定、土地闲置费的扣除方法、房地产开发费用的扣除等。2010 年 5 月 25 日，国家税务总局发布国税发〔2010〕5 号文，其调控原则一是预征率大幅上调，二是核定征收率大于 5%，且强调严禁在清算中出现“以核定为主”“一核了之”“求快图省”的做法。此后，各地税务局陆续发布相关文件，其重磅出击的调控效果显现。例如，河北省地方税务局规定自 2010 年 10 月 1 日起，除保障性住房外，房地产开发项目土地增值税预征率统一调整为 2%。广东省深圳市则按房产类型规定了不同的预征率：普通标准住宅按销售收入 2%预征，别墅为 4%，其他类型房产为 3%。上海的政策更为复杂，除保障性住房外，住宅开发项目销售均价低于项目所在区域（区域按外环内、外环外划分）上一年度新建商品住房平均价格的，预征率为 2%；高于但不超过 1 倍的，预征率为 3.5%；超过 1 倍的，预征率为 5%。查账清算条件下，预征率的提高不一定提高企业的最终税负，但是对于房地产开发企业不断绷紧的资金链影响不可小视。此后几年，国家又陆续出台了加强土地增值税征收管理的规范性文件，并继续缩紧住房转让环节的营业税政策。

在房产税方面，上海和重庆从 2011 年 1 月 28 日开始对居民住房征收房地产税的试点工作，这是自2003年提及对个人住房征税以来，首次在个人住房房地产税方面的实践，在我国房地产税的历史征程上具有里程碑的意义。从试点的覆盖范围来看，上海市的征税覆盖区域为上海所有行政区，对于行政区内所有超过免征面积的房产都有缴纳房地产税的义务；重庆市覆盖了九个主城城区，相较于上海市的覆盖范围更窄。从征税对象来看，上海的房地产税方案比较温和，试点方案将房产税的征税对象大大缩小了，具体来看，从改革开始实施之日起，上海房地产税征税对象仅为上海市本地居民家庭购入的第二套及以上住房，或非本市居民新购住房；重庆的房地产税试点方案与上海市不同，重庆市将以下类型住房纳入征税范围：一是个人拥有的独栋商品住宅；二是个人新购置的单价在主城区新建商品房近两年单位面积成交均价两倍以上的住房；三是在重庆市同时没有户籍、工作和企业的个人购入的第二套及以上住房。从计税依据的设计来看，上海采用了市场价格作为计算房地产税的依据。上海市规定，以房产交易价格的70%作为基础计算应缴纳的房产税，并规定使用税率为0.4%~0.6%；重庆也采用市场价格作为房产税的计税依据，重庆提出以房产的评估价值作为计税依据，并待时机成熟时开始实施，适用税率为0.5%~1.2%。

国家针对房地产业的政策是随经济形势的变化而不断调整的，因此房地产企业应根据政策变化及时调整和变更筹划方案，结合房地产业开发建设周期长、开发经营复杂、开发建设多样等行业特点，综合利用各税种多项具体优惠政策，实现企业整体税收筹划目标。一般来说，契税是一个小税种，而且是由买方缴纳的，因而不太受到房地产业的重视，然而，上述政策变动表明，契税其实是房地产税收调控政策的重要内容，从充分利用优惠政策的角度来看，房地产企业也应该重视契税优惠政策的利用。

思考题

1. 房地产企业涉及的主要税种包括哪些？

2. 房地产企业如何就规避纳税义务进行税收筹划？

3. 房地产企业缩小税基进行税收筹划的方法包括哪些？

4. 房地产企业如何使用低税率策略来进行税收筹划？

税收

的合法性取决于其实质，而

不是其名称。

——本杰明·N. 卡多佐

第七章

跨国公司的税收筹划

本章导读：

跨国公司税收筹划是指纳税人利用有关国家和地区之间税法的差异，通过人和资金、财产等的国际流动，减少甚至免除其纳税义务的行为。在经济全球化的进程中，跨国公司的纳税活动将呈现更为复杂的特点。由于各国税收管辖权的不同，税收制度及税收负担的差别，以及大量国际税收协定及避税地的存在，跨国公司可以通过合理安排全球经营活动来减轻其税收负担。

跨国公司要减轻或消除自己的纳税义务，需要在纳税人和征税对象两方面下功夫：一是避免居民税收管辖权的约束，避免成为一国的纳税人，这可以通过人的流动来实现；二是避免地域税收管辖权的约束，使自己的所得或财产避免成为一国的征税对象，这可以通过物的转移来达到目的。人的因素和物的因素在自身运动和结合运动过程中产生了一系列跨国公司税收筹划方法，如套用税收协定、利用避税地、合理安排转让定价等。这些筹划方法实际上是规避纳税义务、适用低税率和充分利用优惠政策等基本策略应用的扩展和特殊形式。

为了简洁、直观地体现跨国公司在其跨国经营活动中的税收策略，本章按其表现形式来介绍这些筹划方法。同时，跨国公司税收筹划由于其跨越国境的特点，显然有别于国内税收筹划，且其筹划方法与国际双重征税有着紧密的联系，因此，本章首先将介绍跨国公司税收筹划的基本知识及国际双重征税的规避。

第一节　跨国公司税收筹划原理

跨国公司税收筹划具有国内税收筹划的所有特征：非违法性、反避税性、低风险性、高效益性、筹划性，但同国内税收筹划相比，跨国公司税收筹划又有自己的显著特征。首先，跨国公司税收筹划的主体一般是实力雄厚的跨国企业，其业务遍及世界多个国家和地区，而国内税收筹划的主体则可以是任何法人和个人。其次，跨国公司税收筹划的依据是多个国家的税收法律制度，而国内税收筹划则根据本国的税收法律制度，因此，跨国税收筹划必须关注不同国家税制结构的差别和税负的轻重。最后，跨国公司税收筹划的后果一方面减轻了本身的税收负担，另一方面，在不同的国家之间，它可能减少一个国家的税收收入而增加另一个国家的税收收入；而国内税收筹划只是减轻本国的税收收入，因此，跨国公司税收筹划形成了世界范围内的财富再分配。

一、跨国公司税收筹划产生的原因

减轻税负、追求利润最大化，是跨国公司税收筹划的主要原因。跨国公司面临着复杂的国际竞争，税负轻重直接影响其国际竞争力，所以，跨国公司试图通过减轻纳税负担来尽可能地增加其税后利润，这已成为实现其经营战略目标的一个重要方面。这种状况驱使着跨国公司千方百计地寻找规避税负的各种时机和方法。国家间税收差别的存在意味着人、收入来源或资金的流动会影响纳税义务和实际税负。跨国纳税人不止在一个国家纳税，不止受一个国家的税收管辖权管辖，各国税收制度的差异性给跨国公司税收筹划提供了客观条件。

（一）各国税收管辖权的不统一

税收管辖权是指国家在税收领域的主权，是一国政府行使主权征税所拥有的管理权力。国际上确立税收管辖权的原则有：地域管辖权、居民管辖权、地域管辖权和居民管辖权相结合。各国居民身份和收入来源地确定标准不一致，这为跨国公司提供了一个避免成为某一国居民或避免收入来源于某国的机会，跨国公司可以借此条件减少或不承担纳税义务。例如，有的国家只采用地域管辖权，只就来源于本国境内的所得征税，比如，巴拿马和我国的香港特别行政区。而大多数国家一般是同时行使两种税收管辖权，比如在我国，根据企业所得税法的有关规定，依法在中国境内成立，或者依照外国（地区）法律成立但实际管理机构在中国境内的居民企业应就其来源于中国境内、境外的所得缴纳企业所得税；而非居民企业只就其所设机构、场所取得的来源于中国境内的所得，以及发生在中国境外但与其所设机构、场所有实际联系的所得，缴纳企业所得税。此外，即使行使同样的管辖权，各国管辖权的具体内容也会有所不同。例如，居民管辖权的行使，判断是否成为一国税收居民的标准包括：注册地标准、机构所在地标准和管理控制中心所在地标准。跨国纳税人可以利用这些判断标准之间的差异进行税收筹划。

（二）各国税收负担的差异性

所得税、财产税等直接税的税收负担一般不易转嫁，其课税对象的所有人发生国际双重征税的情况较多，因此，跨国公司税收筹划主要发生在直接税方面，即所得税、财产税和资本税是跨国公司税收筹划的着力点。

国家之间税收制度或多或少存在税收负担上的差别，这为跨国公司税收筹划提供了可能性。各国税制和税收负担的差异性主要表现在以下四个方面。

1. 课税的程度和方式不同

对于所得、财产及财产转移，有的国家征税，有的国家不征税。有些国家虽然对所得和财产及财产转移征税，但课征范围和缴纳方式也不一致。

2. 税率的差别

各国税率高低不一，有的采取比例税率，有的采取累进税率，对跨国公司而言，这种差别就是税收筹划的一个基本条件。通过人、资金及所得的适当流动，避开高税负国家，获取低税负利益。

3. 税基的差别

所得税的税基是应纳税所得额，公司所得税的应纳税所得额是指公司在一个纳税年度内的收入总额减去国家规定准予扣除项目金额后的余额，各国成本费用扣除的标准不一样，对于一些特定的成本费用，有的国家规定可以在所得税前扣除，而有的国家不允许在所得税前扣除，这就引起各国税基范围的差别。

4. 税收优惠不一致

一般而言，发展中国家经济发展迫切需要大量投资，这些国家便大力吸引外资，同时，这些国家采用大量对外资的税收优惠措施；而发达国家更倾向于鼓励国内资本向外流动，可能会规定对外投资减免税的措施。从国内税收优惠的范围来看，一般说来，发达国家税收优惠的重点放在高新技术的开发、能源的节约、环境的保护上；发展中国家一般不如发达国家那么集中，税收鼓励的范围相对广泛得多，为了引进外资和先进技术、增加出口，经常对某一地区或某些行业给予普遍优惠。不同的国家，税收优惠的方法也有差异，发达国家较多采取与投入相关的间接性鼓励方法，如加速折旧、投资抵免、再投资免税等，而发展中国家经常采用一般性的减税期或免税期的政策。各种税收优惠使得实际税率大大低于名义税率，这为跨国公司的税收筹划提供了许多机会。

（三）免除国际重复征税的方法不同

从跨国公司的角度来看，如果对一笔所得双重征税，将不堪重负，这将严重损伤跨国公司生产经营的积极性。重复征税的根本原因是各国税收管辖权的重叠行使。国际双重征税既违反了税收公平负担原则，也不利于经济效率的提高。所以，减少、避免或消除国际双重征税是各国政府和从事国际经济活动人们的共同要求，也是国际税收领域需要解决的一个主要问题。各国从合理调整税收负担、充分运用国际资金流向方面考虑，都采取了免除国际双重征税的措施。有的国家采用免税法，有的国家采用抵免法；有的国家采用分国抵免限额，有的国家采用综合抵免限额；一些国家允许税收饶让，而另一些国家则不允许。同时，要解决国际重复征税问题，必然会涉及国家之间的税收主权与税制的协调，这是任何一个企业或个人都无法做到的，必须通过各国税法和国际税收协定与合作来实现。这些方法的存在给跨国纳税人带来了减轻税负的机会。

（四）各国税收管理的差异

各国法制化程度不一样，税收征收管理的手段和方法不一样，会造成税收征收管理制度方面的差异。一般而言，发达国家的市场经济比较成熟，政府税收征管能力较强，征管漏洞少；而许多发展中国家正处于市场经济发展的初期，税收征管能力较弱，漏洞也比较多，甚至有的国家虽然在税法中规定有较重的纳税义务，但征管工作不力、漏洞百出，使本国法规如一纸空文。这样，除了合法的税收筹划，非法的偷税、逃税也层出不穷，从而造成税负的名高实低。对于跨国税收筹划来说，各国征收管理水平上的差异是十分重要的，其中比较明显的例子就是，各国在执行税收协议中的情报交换条款时，各有关税务当局管理水平存在较大差别。如果某一缔约国的税收管理水平不佳，会导致该条款大打折扣，从而为国际税收筹划提供了客观条件。

除了税收本身的因素刺激了跨国公司税收筹划以外，还有一些非税因素也能刺激跨国公司税收筹划的产生，经济全球化的发展为跨国公司税收筹划提供了全新的外部环境。这些新的税收筹划环境有：贸易自由化和金融市场自由化，为跨国公司及资金的流动提供了更大的可能，这是跨国公司税收筹划的基本条件；交易手段的简便易行和交易地点的难以确认，使国际避税地更有可能成为避税者的天堂；现代化的交通运输和遍布全球的通信网络大大加强了跨国公司的活动能力，给跨国公司税收筹划提供了更方便的手段和更安全隐蔽的环境。

二、跨国公司税收筹划的复杂性

正如国内税收筹划所表现出来的合法性、预期性及节税性的特征一样，跨国公司在进行税收筹划时也应遵循一定的原则，以保证其国际税收筹划计划的可行。结合跨国公司经营活动的特点，跨国公司税收筹划具体有三项原则。

（一）合法性原则

跨国公司税收筹划要以各国税法和国际税收协定为依据，不能触犯有关国家的税法和国际税收协定。

（二）策划性原则

跨国公司税收筹划要做出细致的安排，并适时进行检查和调整，以免与有关国家变更后的税法和国际税收协定相抵触。

（三）经济性原则

经济性原则要求跨国公司税收筹划既能够减轻总体税收负担，又不因取得税收利益而影响其全球经营战略的实施，牺牲其整体利益。

然而，尽管这些原则看起来与国内税收筹划极其相近，但在跨国经营的背景下，具体实现起来则要复杂得多。跨国公司下属公司所在各国的税收环境各异，每个公司内部涉税的各生产经营环节、各公司之间的税负、各税种的税基均有不同程度的关联。跨国公司一方面税负的减少可能带来另一方面税负的增加；近期税负的减少可能使远期税负增加；整体税负的下降可能导致其他方面的负面影响。因此，跨国公司的税收筹划必须综合考虑各下属公司、各生产经营环节、各个时期的涉税事项，并结合企业的发展目标、经营方向、社会形象等进行全方位、多层次的整体运筹和安排，才能筹划出能增加跨国公司整体和长远利益的纳税方案。

此外，跨国公司税收筹划对税收筹划人员提出了相当高的专业要求：其一，要深入了解各个国家的税法及国情，并能充分预计其税法变动趋势；其二，要熟悉各国的财务会计制度及其与税法的关系；其三，要掌握各公司生产经营状况及其涉税事项；其四，要熟悉各公司之间的税务联系及各税基间的相互关系。另外，随着跨国公司数量和规模的扩大、国际税收环境日趋复杂，各国税法日益呈现复杂性和频变性，单靠跨国公司自己进行税收筹划已显得力不从心，并且税收筹划成本也十分高昂。事实上，跨国公司可以将税收筹划工作委托给各国从事税务代理、咨询及筹划业务的专业人员和专业机构去做，这样既可以降低税收筹划成本，也可以获得更好的税收筹划方案。

第二节　国际重复征税及其消除

跨国公司税收筹划具备涉外因素，并与两个或两个以上国家的税收管辖权产生联系。由于世界各国行使不同的税收管辖权，居民管辖权和地域管辖权的行使会造成管辖权的重叠，从而产生国际双重征税。国际双重征税是当今国际税收领域最普遍、最突出的问题之一，也是跨国公司在世界性经营管理中不可避免的税收问题，因此，在介绍跨国公司的税收筹划方法之前，我们首先要了解国际双重征税的含义、产生及其规避。

一、国际双重征税的定义和分类

国际双重征税（international double taxation）一般是指两个或多个国家在相同时期对同一纳税人的相同所得征收类似的税收而表现出来的国家之间的税收分配关系。国际双重征税按照其性质的不同，可分为法律性双重征税和经济性双重征税，二者的区别主要在于纳税人是否具有一致性。

法律性双重征税是指两个或两个以上拥有税收管辖权的征税主体对同一纳税人的同一课税对象同时行使征税权，其实质是两个或两个以上的国家就各自的税收管辖权，在税收分配关系上的矛盾。这种重复征税显然超出一国范围限制而进入国际范围。

而当两个或两个以上拥有税收管辖权的征税主体对不同纳税人的同一或不同课税对象同时行使征税权时，产生的重复征税就是经济性双重征税。经济性双重征税是由经济制度造成的对同一税源的重复征税。比如，甲国母公司在乙国设有子公司，每年，甲国母公司都有从其设在乙国的子公司处取得的股息收入，这部分股息收入是乙国子公司就其利润向乙国政府缴纳公司所得税后的利润中的一部分。由于甲乙两国没有签订税收协定，依据甲国税法的规定，甲国母公司获得的这笔股息收入也要向甲国政府纳税。这样，甲乙两国政府对不同的纳税人（母公司和子公司）的同一税源（子公司的利润和股息）都进行了征税，这就是国际经济性双重征税。

二、国际双重征税产生的原因

国际双重征税产生最根本的原因是不同国家的税收制度有差异，其主要表现形式是不同国家的税收管辖权有所重叠。任何一个国家都有权选择自己的税收管辖权，要么按照属地主义原则行使地域管辖权，要么按照属人主义原则行使居民管辖权，要么兼而行使两种税收管辖权，这样必然会产生税收管辖权的重叠现象。请看以下几种情形。

（一）两国都只行使地域管辖权

两国都只行使地域管辖权，意味着双方都放弃了居民管辖权。这种情形一般不会导致国际双重征税，因为一项收入只有一个来源国，来源国征了税，则另一国就不再征税。但这也只是一般情况，在某些条件下也会导致双重征税，这主要是各国对收入来源地的确认标准不同造成的。例如，在跨国集团内部，通常会发生 A 国的公司委派其雇员去 B 国工作，报酬由 A 国支付。A 国可能会认为该项报酬的支付者在本国，从而要对其从源课税；B 国也可能认为该项报酬的收入者在本国，从而要对其从源课税。这样就产生了国际双重征税。

（二）两国都只行使居民管辖权

两国都只行使居民管辖权，意味着双方都放弃了地域管辖权。这种情形一般不会导致国际双重征税，因为各个国家的居民都只就其收入在本国缴纳税收。但也有例外，这个例外主要是各个国家对于居民身份确认标准的不同造成的。如果A、B两国由于居民身份确认标准不同，都将某纳税人确认为本国的居民，就会产生国际双重征税。

（三）两国各行使一种且不相同的税收管辖权

这种情形下的国际双重征税问题要具体分析。假定A国行使地域管辖权，B国行使居民管辖权，如果A国的某居民从B国获取一笔所得，这笔收入由于不来源于A国，A国按属地主义原则不对其征税；同时该居民不属于B国，B国按属人主义原则也不能对其征税。此时A国居民在B国的收入可以规避两个国家的税收管辖权。但如果B国的某居民从A国获取一笔所得，情况就不一样了。此时这笔收入由于来源于A国，A国按属地主义原则要对其征税；同时该居民属于B国，B国按属人主义原则也要对其征税，这时就产生了国际双重征税。

（四）两国同时行使两种税收管辖权

这种情形下，无论A国居民从B国获取所得还是B国居民从A国获取所得，两个国家的不同的税收管辖权都会在同一笔所得上发生重叠，使这些收入规避不了两个国家的税收管辖权。如果两个国家都行使自己的征税权，势必造成国际双重征税。由于世界上大多数国家都同时实行地域管辖权和居民管辖权，因此这两种税收管辖权的交叉重叠最为普遍。

从上述情况我们可以总结出导致国际双重征税的三个原因：地域管辖权与地域管辖权的重叠；居民管辖权与居民管辖权的重叠；地域管辖权与居民管辖权的重叠。

三、国际双重征税的规避

作为一个跨国纳税人，不仅面对着居民地所在国，而且面对着收入来源地所在国的复杂税制。各国税收法规越复杂，税收负担差别越明显，可筹划的余地也就越大。跨国纳税人针对国际双重征税进行税收筹划的总原则是：若某国行使居民管辖权，则尽量回避成为该国居民；若某国行使地域管辖权，则尽量回避从该国取得收入。例如，田中先生是日本居民，打算在避税港某国设立一家公司，并拥有该公司40%的股权，另外60%的股权由李先生、琼斯女士和山本先生各拥有20%。李先生、琼斯女士为非日本居民，山本先生是日本居民。依据日本税法，设在避税港的公司企业，如50%以上的股权由日本居民所拥有，这家公司视为基地公司，其税后利润即使没有汇回日本，也要申报合并计税。公司采纳会计师的建议，山本先生的20%股权转为其他非日本居民所拥有，从而享受了税收优惠。

在各国税法和国际税收协定中，通常使用以下三种基本方法规避跨国纳税人的国际双重征税：免税法、扣除法和抵免法。由于抵免法同时兼顾了居住国的居民管辖权、非居住国的地域管辖权和纳税人的税收负担三方面的利益关系，所以被世界上绝大多数国家所采用，成为使跨国纳税人避免国际双重征税最普遍的方法。此外，当存在对外国投资有税收优惠的情况时，跨国公司税收筹划还要考虑税收饶让条款。

（一）免税法

免税法是指实行居民管辖权的国家，对本国居民来源于国外的所得免税，只对其来源于国内的所得征税。免税法的指导原则是：承认非居住国地域管辖权优先执行的地位，对本国居民来源于国外并已在国外纳税的那部分所得，在一定条件下，放弃行使居民管辖权，以避免国际双重征税。免税法又分为全额免税法和累进免税法两种。

全额免税法是指居住国政府在确定其居民应纳税额时，对来源于国外的所得完全不予考虑，既不征税也不与本国所得税的税率相联系。其计算公式可表示如下：

在本国应纳税额＝国内所得×本国税率

累进免税法是指居住国政府在确定其居民应纳税额时，对国外所得虽然给予免税，但在本国居民国内所得适用的累进税率方面要综合考虑。即居住国一方面对居民的境外所得予以免税，另一方面在确定居民纳税人国内来源所得的适用税率时，将其境外所得一并加以考虑，按国内、国外所得总额在税率表中查找对应税率计征税款。其计算公式可表示如下：

在本国应纳税额=(国内外应税所得总额×本国税率)

×(国内所得÷国内外所得总额)

例如，甲跨国公司是 A 国的居民公司，同时在 A、B 两国开展业务，A 国行使居民管辖权，B 国行使地域管辖权。假设甲跨国公司在某年度之内的营业所得总计为 5 万元，其中来自 B 国 1 万元，来自 A 国 4 万元，在 B 国已纳所得税额为 3 000 元。A 国实行超额累进税率，所得在 1 万元以下税率为 20%；所得为 1 万~4 万元，税率为 30%；所得超过 4 万元以上，税率为 40%。

在 A、B 两国没有签订国际税收协定的情况下，甲跨国公司在 B 国的所得一方面要向 B 国纳税；另一方面，作为其在来自世界范围的全部所得的一部分，要向 A 国纳税，即对 A、B 两国双重纳税。

甲跨国公司在 A 国应纳税：

$$1\times20\%+(4-1)\times30\%+(5-4)\times40\%=1.5\text{（万元）}$$

甲公司全球范围内所得总税负=1.5+0.3=1.8（万元）

如果在本例中，其他条件不变，A 国使用全额免税法来避免对甲跨国公司的国际双重征税，则甲跨国公司在 A 国应纳税：

$$1\times20\%+(4-1)\times30\%=1.1\text{（万元）}$$

甲公司全球范围总税负=1.1+0.3=1.4（万元）

另外，如果其他条件不变，A 国使用累进免税法来避免对甲跨国公司的国际双重征税。则甲跨国公司在 A 国应纳税：

$$1.5\times(4\div5)=1.2\text{（万元）}$$

甲公司全球范围总税负=1.2+0.3=1.5（万元）

在执行免税法的过程中，当居住国的税率高于收入来源国时，其实际免除的税额会大于国外已纳税额，从而使居住国少征部分税款，因此，采用此法的国家并不多，即使采用此法，也往往要附加一些限制性条款。目前，实行免税法的有波兰、丹麦（限于股息和常设机构的所得）、法国（限于常设机构的所得）、罗马尼亚、南斯拉夫、澳大利亚（对联邦以外的国家和地区）、巴西、智利、委内瑞拉等国家和地区。

（二）扣除法

扣除法是指实行居民管辖权的国家，对本国居民已经缴纳的外国所得税额，允许其从来自世界范围内的应税总所得中作为费用扣除。扣除法的指导原则是：对本国居民有限度地放弃居民管辖权。其计算公式可表示如下：

本国应纳税额=(国内外所得总额-国外已纳所得税额)×本国税率

例如，上例中，如果其他条件不变，A国使用扣除法来避免对甲跨国公司的国际双重征税。

甲公司全球范围应税所得=4+1-0.3=4.7（万元）

则甲跨国公司在A国应纳税：

1×20%+(4-1)×30%+(4.7-4)×40%=1.38（万元）

甲公司全球范围总税负=1.38+0.3=1.68（万元）

由于扣除法对本国居民的国外已纳税额只是给予一部分照顾，并没有真正避免纳税人国际双重纳税的负担，目前采用此法的国家不多。实行扣除法的国家和地区有秘鲁、挪威、西班牙、葡萄牙、哥伦比亚、肯尼亚、泰国等。

（三）抵免法

抵免法是目前国际上普遍采用的避免纳税人国际双重征税负担的方法。抵免法是指实行居民管辖权的国家，对其居民来自世界各国的所得征税时，允许居民把已经缴纳的外国税额从其应向本国缴纳的税额中扣除。抵免法的指导原则是兼顾收入来源国、居住国和纳税人三方利益的同时，对本国居民有限度地放弃居民管辖权。其计算公式可表示如下：

在本国应纳税额 =（国内外所得总额×本国税率）−国外已纳所得税额

理论上，抵免法可以分为全额抵免和普通抵免两大类。全额抵免是指对纳税人在国外实际缴纳的税款，不加任何限制条件地全部从本国应纳税额中扣除。普通抵免，又称限额抵免，即居住国对可以从本国税款中扣除的外国税款规定了限额，以外国所得额乘以本国税率计算出的税额为限。这一限额称为抵免限额，为外国税款的最高扣除额。目前，我国实施的抵免限额包括分国抵免限额和综合抵免限额，其中，分国抵免限额是指居住国政府对其居民纳税人来自每一个外国的所得，分别计算抵免限额。综合抵免限额是指居住国政府对其居民纳税人的全部外国来源所得，不分国别、项目汇总在一起计算抵免限额。抵免限额的计算公式可表示如下：

分国抵免限额 = 国内外应税所得总额×本国税率×

（某一外国应税所得额÷国内外应税所得总额）

综合抵免限额 = 国内外应税所得总额×本国税率×

（国外应税所得÷国内外应税所得总额）

在税收抵免计算中，确定允许抵免的已缴外国税额时，要通过抵免限额与已缴外国税额相比较确定，即“两者取其小”，当抵免限额大于已缴外国税额时，表明跨国纳税人已缴外国政府的税额不足抵免限额，出现了抵免余额，需要向其所在国政府补缴其不足限额部分的税款；当抵免限额小于已缴外国税额时，即跨国纳税人已缴外国政府的税额超过了抵免限额而出现了超限额时，这个限额部分是不予抵免的。除了分国抵免限额和综合抵免限额外，许多国家还实行专项限额法、非专项限额法等其他抵免限额措施。

在各国的实践中，普通抵免真正体现抵免法兼顾收入来源国、居住国和纳税人三方利益的原则，而全额抵免在收入来源国税率高于居住国税率时，则会造成居住国利益的损失，实行抵免法的国家实际上都采用有限额的抵免，即普通抵免法。

例如，甲公司是C国的居民公司，某年在C国获得所得1 000万元，C国的所得税税率为33%；甲公司在D国设有分公司，同年获取所得300万元，D国的所得税税率为50%，已向D国政府缴纳所得税150万元。

如果采用全额抵免，

甲公司在C国的所得税=(1 000+300)×33%-150=279（万元）

这种计算结果比甲公司在没有其分公司的300万所得的情况下，所计算的应缴所得税税款（1 000万元×33%=330万元）还少51万元。

如果采用限额抵免，则：

甲公司在C国的所得税=(1 000+300)×33%-300×33%=330（万元）

这种方法避免了C国税收利益的损失。通过规定抵免限额，实施限额抵免保障本国的税收利益成为各国在采用抵免法时的一致选择。

（四）税收饶让抵免

税收饶让抵免，简称“饶让抵免”，并不是一种避免国际双重征税的方法，而是配合抵免方法的一种特殊方式，是税收抵免内容的附加。税收饶让是指居住国政府对其居民在国外得到减免税优惠的那一部分视同已经缴纳，同样给予税收抵免待遇，不再按居住国税法规定的税率予以补征。税收饶让的目的不是避免和消除法律性国际双重征税或经济性国际双重征税，而是使来源地国利用外资的税收优惠政策与措施真正收到实际效果。税收饶让实际上是居住国对从事国际经济活动的本国居民采取的一种税收优惠措施，税收饶让是在税收抵免的基础上进行的，因此跨国公司也可以利用税收饶让进行税收筹划。

税收饶让抵免的适用范围：一是对股息、利息和特许权使用费等预提税的减免税予以饶让抵免；二是对营业所得的减免税给予税收饶让抵免；三是对税收协定缔结以后，来源地国政府依据国内税法规定的新出台的税收优惠措施做出的减免税，经缔约国双方一致同意，给予税收饶让抵免。比如，在中国和韩国签订的税收协定中规定，在消除双重征税时，在缔约国一方应缴纳的税额，应视为包括假如没有按照该缔约国为促进经济发展的法律规定给予减免税或其他税收优惠而本应缴纳的税额，这就是税收饶让抵免。

例如，甲国某总公司在乙国设立一个分公司，该分公司来源于乙国所得 1 000 万元，乙国的所得税税率为 30%。乙国为鼓励外来投资，对该分公司减按 15%的税率征收所得税。这样，该公司在乙国按税法规定应纳税额 300 万元，减按 15%税率征税后，实际只缴纳 150 万元。甲国政府对该总公司征收所得税时，对其分公司在国外缴纳的所得税，不是按实际纳税额 150 万元进行抵免，而是按税法规定的税率计算的应纳税额 300 万元给予抵免，这就是税收饶让。

第三节 挂靠税收协定

挂靠税收协定是跨国纳税人设法获得或利用中介体的居民身份，主动“靠”上某国居民管辖权来享受税收协定待遇，从而减轻在另一非居住国的有限纳税义务，这是对地域管辖权的规避行为。值得注意的是，在双边税收协定中，通常是在股息、利息和特许权使用费等这些消极所得的预提税上，缔约国互相给予减税或免税的待遇。因此，非缔约国居民企业税收筹划套用税收协定，主要是集中在减轻或规避非居住国对消极投资所得征收的预提税方面。

一、国际税收协定

为解决国际双重征税问题，以鼓励物质和劳务的交换，以及资本、技术和人员的流动，国与国之间一般都签订协定来避免对所得和资本的重复征税，这种协定即是国际税收协定。

国际税收协定（international tax convention），又称国际税收条约，是指两个或两个以上的主权国家，为协调相互之间一系列税收分配关系，通过谈判而签订的一种书面税收协议或条约。国家之间签订税收协定是目前协调各国税收分配关系，避免各国因税收管辖权的重叠而对同一纳税人的跨国经济活动重复征税的重要措施。

国际税收协定按参加国多少，可以分为双边税收协定和多边税收协定。双边税收协定是指只有两个国家参加缔约的国际税收协定，是目前国际税收协定的基本形式。多边税收协定是指有两个以上国家参加缔约的国际税收协定，现在国际上还不多，但代表了国际税收协定的发展方向。国际税收协定按其协调范围的大小，可以分为一般税收协定和特定税收协定。一般税收协定是指各国签订的关于国家间各种国际税收问题协调的税收协定；特定税收协定是指各国签订的关于国家间某一特殊国际税收问题协调（如有关国际运输收入税收问题）的税收协定。

二、国际税收协定范本的产生

为了统一协调各国的征税权，目前国际上主要有经济合作与发展组织和联合国两个税收协定范本，这样各国签订税收协定时就有了统一的格式和基本相同的内容。经济合作与发展组织《关于对所得和财产避免双重征税的协议范本》（简称《经合组织范本》）的前身是1928年国际联盟双边协议范本、1943年国际联盟财政委员会墨西哥范本、1946年国际联盟财政委员会伦敦范本及1963欧洲经合组织《关于对所得和财产避免双重征税的协议范本》，现在应用的《经合组织范本》是经合组织2010年修订的范本。20世纪60年代以来，大批发展中国家加入联合国，他们认为经济合作与发展组织范本倾向于发达国家，没有全面反映发展中国家的要求。为此，联合国经济与社会理事会于1967年成立由发达国家和发展中国家共同组成的专家小组，于1979年通过了《联合国关于发达国家与发展中国家间避免双重征税的协定范本》，简称《联合国范本》，2012年又公布了修订后的新范本。

《经合组织范本》和《联合国范本》在总体结构上相似，两者的主要区别在于，前者偏重居民税收管辖权，后者则强调地域税收管辖权。《经合组织范本》旨在促进经合组织成员国签订双边税收协定的工作；而《联合国范本》则主要是促进发达国家和发展中国家之间签订双边税收协定，同时也促进发展中国家相互签订双边税收协定。

《联合国范本》在注重收入来源国税收管辖权的基础上，兼顾了缔约国双方的利益，因此，该范本被发展中国家广泛接受。目前，世界上国家与国家之间签订的双边税收协定已有1 000多个。从1983年9月我国与日本签订第一个避免双重征税协定以来，截至2014年3月，我国已与99个国家签订了避免双重征税协定，与香港和澳门两个特别行政区签订了避免双重征税安排。

三、国际税收协定中的避税点

为了避免国际双重征税，缔约国双方都要做出相应的让步，从而使得缔约国双方居民都享有优惠，而且这种优惠只有缔约国一方或双方的居民才有资格享受。但是，当今资本的跨国自由流动和新经济实体的跨国自由建立，使跨国公司税收筹划与税收协定的结合成为可能，这便为跨国纳税人进行国际税收筹划开辟了新的领域。国际税收协定中的税收利益具体包括以下几个方面：

第一，跨国企业的营业利润只在其为居民的缔约国一方征税，收入来源的缔约国免于征税，除非该企业在收入来源国设有常设机构。在设有常设机构的情况下，收入来源国也只就其归属于该机构的利润征税，而且所征税款可以在居民所在国得到抵免。

第二，股息、利息、特许权使用费等投资所得在收入来源缔约国可以按照比该国常规税率低的限制税率缴纳预提税，有的还可以免税。

第三，财产所得通常由财产所在国征税。财产所有人为一国居民，如果该国对其在其他国家的财产征税，也可用其在财产所在国已纳税款抵免。

第四，在居民所在国允许提供“饶让抵免”的条件下，跨国纳税人在收入来源国所享有的减免税优惠的税款可视同缴纳，在其为居民的缔约国得到抵免。这样，跨国纳税人得到的税收利益可以全额成为其不负担税收的净所得。

第五，国际税收协定包含了许多法律没有规定的地方，这样，缔约国双方都没有办法让跨国公司承担纳税义务。比如一家设在游船上的博彩公司，一年四季在公海上流动，就不用向任何国家纳税。

第六，避税地没有所得税或财产税，不和其他国家签订税收协定，其他国家就无法从避税地获得税收情报，增加了这些国家的反避税难度，而且避税公司本身也不用纳税。因此，利用避税地避税是跨国公司的极佳选择。

由于税收协定提供上述这么多的税收利益，所以跨国纳税人在选择投资国时要注意这些国家对外缔结协定的状况，对外缔结协定越多的国家对投资者越有吸引力。

四、挂靠税收协定筹划方法

利用税收协定筹划法主要发生在税收协定缔约国双方的非居民身上。那些非缔约国一方或双方的居民利用各种巧妙的手段从事跨国经营活动，享受税收协定规定的税收优惠，从而减轻或消除自己的纳税义务比较常见的做法是：作为缔约国一方或双方的非居民，也就是没有资格享受税收协定待遇的第三国居民，利用各种巧妙的手段安排经营活动，可以设法从两个国家之间签订的税收协定中得到好处。挂靠税收协定进行税收筹划的方式以设置中介体为主要特征，大体可归纳为以下三类。

（一）建立直接导管公司

直接导管公司是指为获取某一特定税收协定待遇的好处而在某一缔约国中建立的一种具有居民身份的中介体公司。

案例7-1

南非的利尔公司原打算在美国拥有一家子公司，但美国要对美国公司汇往南非的股息征收较高的30%的预提税，南非与荷兰缔结有相互减按5%征收股息预提税的税收协定，美国与荷兰也签订了相互减按5%征收股息预提税条款的税收协定。此时，南非公司便可以在荷兰建立一个持股公司，通过荷兰持股公司收取来自美国公司的股息。这样，南非公司就可以减少其股息所得的总纳税义务，这是一种典型的套用税收协定进行跨国公司税收筹划的方法。由于南非公司通过荷兰公司就能得到荷兰与南非、美国两国签订的税收协定的税收优惠，荷兰公司犹如一根直接吸取缔约国公司所得的导管，因此被形象地称为导管公司。

（二）建立脚踏石导管公司

脚踏石导管公司是指为获取某些特定税收协定待遇的好处而在相关缔约国中建立的两个或两个以上具有居民身份的中介体公司。这是在设立直接导管公司不能直接奏效的情况下所采取的一种更间接、更迂回的税收筹划方式，涉及在两个以上国家设立子公司来利用有关国家所签订的两个或两个以上税收协定。

案例7-2

甲国公司原打算在乙国拥有一家公司，但乙国要对乙国公司汇往甲国的股息征收较高的20%的预提税，而乙国与丙国、甲国与丁国都缔结有相互减按5%征收股息预提税的税收协定，丙国与丁国则签订相互对持股公司免征股息预提税的税收协定。此时，甲国公司便可以在丁国建立一个持股公司，通过丁国持股公司在丙国建立一个持股公司，再通过丙国持股公司在乙国建立一个子公司。这样，甲国公司就可以减少其股息所得的总纳税义务，这也是一种典型的套用税收协定进行跨国公司税收筹划的方法。由于甲国公司一定要通过建立丙国公司和丁国公司才能取得乙国公司股息并规避税负，丙国公司和丁国公司在其中犹如两块到达目的地所必需的脚踏石，通过它们作为中介吸取丙国与丁国、丙国与乙国税收协定所给予的税收优惠才能减轻税负，因此被形象地称为脚踏石公司。

(三) 直接利用双边关系设置低股权控股公司

由于一些国家对外签订的税收协定中有明确规定，缔约国一方居民向缔约国另一方居民支付股息、利息和特许权使用费享受协定优惠的必要条件是，该公司由同一外国投资者控制的股权不得超过一定比例。因此，这些国家的跨国公司在缔约国另一方建立子公司时，往往把公司分立成几个公司，使每个公司持有该子公司的股份都在限额以下，以便使股息能够享受到优惠。这种做法实际上是分割技术在跨国公司税收筹划中的应用。

值得注意的是，许多为利用税收协定而设立的以上几类公司由于没有实质性的经营业务，只起着控制投资的作用，具有明显的避税动机，有时会被各国税务征管部门认定为“税收协定的滥用”，受到来自道德方面的谴责和各国法律的反对，并被税务部门处罚。

判定跨国公司没有滥用税收协定，目前国际通行的判定标准如下：①在中间国建立公司不是以获取税收协定优惠为唯一目的；②所得的支付和取得必须出于真正的商业动机；③对间接性收入，中间国公司有长期的实际占有权；④中间国公司最终受益人必须是缔约国一方的真正居民。

因此，跨国公司利用税收协定筹划法规避国际税收负担时，要注意对其中间国公司经营范围的筹划和安排，比如，在中间国建立的实体除了控制投资以外，还起着服务某些企业的作用，其强烈避税动机的缺陷也许可以避免。

知识链接

代理人、导管公司与受益所有人

受益所有人的概念来自英美法系，是指拥有受益所有权的人，这个概念与名义或法律所有人的概念相对。在中世纪，封建贵族为了逃避税收和继承规则，通常将财产转让给某个受托人，由其经营管理，过一段时间再转回本人或继承人，由此就产生了信托制度。信托制度中本人就是受益所有人。受益所有权经过长时间的发展，已逐渐被不同的法律部门接纳，我国政府对外谈签的一些税收协定也引入了有关受益所有人的条款。

根据中国政府对外签署的避免双重征税协定的有关规定，缔约对方居民申请享受股息、利息和特许权使用费等条款规定的税收协定待遇时，会涉及认定申请人的“受益所有人”身份的问题。国税函〔2009〕601号文要求，受益所有人是指对所得或所得据以产生的权利或财产具有所有权和支配权的人。受益所有人一般从事实质性的经营活动，可以是个人、公司或其他任何团体。

代理人、导管公司等不属于“受益所有人”。导管公司是指通常以逃避或减少税收、转移或累积利润等为目的而设立的公司。这类公司仅在所在国登记注册，以满足法律要求的组织形式，而不从事制造、经销、管理等实质性经营活动。在判定“受益所有人”身份时，不能仅从技术层面或国内法的角度理解，还应从税收协定的目的（即避免双重征税和防止偷漏税）出发，按照实质重于形式的原则，结合具体案例的实际情况进行分析和判定。

利用导管公司搭建企业股权架构是海外投资者来华投资时惯用的一种安排或设计。如果将导管公司设在避税地国家，那么无论股权转让价格有多高，也不会增加实际控制人的税收负担。但中国税务管理部门不可能对滥用税收协定的种种避税手段熟视无睹，如果导管公司被中国税务当局“穿透”，即剥夺导管公司的受益所有人身份，则相关股权转让的收益就要在中国被课税。

第四节　避税地分类与利用

避税地（tax haven）的英文含义是避税港，或称为税收避难所，即纳税人可以减少税收的场所。避税地是指一国或地区政府为吸引外国资本流入，繁荣本国或本地区经济，弥补自身资本不足和改善国际收支状况，或者引进外国先进技术以提高本国或地区的技术水平，在本国或本地区确定一定范围，允许外国人在此投资和从事各种经济贸易活动，取得收入或拥有财产而可以不必纳税或只需支付很少税款的地区。简言之，避税地是指对所得和财产免税或抵税，而使纳税人不负担或负担较轻税负的国家或地区。显而易见，跨国公司可以很好地利用避税地实现课税客体的转移，以达到税收筹划的目的。

避税地通常是一个广泛意义上的术语，不同的利益主体对它有不同的解释。在纳税人眼里，只要能够为他提供税收上的特别好处和财务上的特别利益的国家和地区，就是避税地；在各国政府的眼里，凡是能被用来使征税对象或税源从本国政府税收管辖权下转移出去，从而躲避本国税收的某些国家和地区，就是避税地；而在国际税务专家眼里，凡是征税对象或税源从别国政府管辖下转移到其境内的国家或地区，就是避税地。

避税地是跨国企业集团设立子公司的热点地区，在跨国公司的税收筹划中起着举足轻重的作用，它们实际上成了国际税收筹划人员的“税收天堂”。尽管现在一些发达国家对避税港采取警惕甚至敌视或限制态度，但避税地的出现是经济在世界范围内发展的必然结果。

一、避税地的分类及特征

根据避税地提供税收优惠的程度，国际上形形色色的避税地主要分为以下三类。

（一）纯避税地

这类避税地不征收所得税、一般财产税和资本利得税，即不征收直接税。属于这一类型的避税地有巴哈马、百慕大、开曼群岛、瑙鲁和索马里等。巴哈马共和国是一个岛国，位于拉丁美洲，加勒比海东岸，西印度群岛最北部，它与美国本土的佛罗里达州最近距离仅 50 英里。它由 70 多个低平的石灰岩小岛和数以千计的珊瑚礁组成。巴哈马群岛拥有许多国际金融事务所、国际银行和众多的律师事务所，更有先进的通信服务。其银行和金融产业是仅次于旅游业的第二大产业，是影响巴哈马经济的重要方面。巴哈马拥有 400 多家银行、信托公司和其他特许的金融机构，是世界上最大的海外金融中心之一，以其免税政策和银行保密制度而著名。一定规模的金融系统和宽松的立法环境吸引了众多企业在这里落户。在巴哈马，48 小时内便可登记完一个公司，公司在何处经营也不受限制。但在境内注册公司、办事处或机构必须保留有档案、成员和董事登记簿复印件及公司标志印模。在这里，注册内容和年收益不需要公开，其财务报表也不需要归档，没有外汇管制和双边税收协定，投资者在这里可谓如鱼得水。巴哈马作为一个避税地，其主要的吸引力在于它没有所得税、公司税、资本利得税、遗产税或继承税，对股息、利息和特许权使用费没有预提税，也没有工资税，甚至没有营业税。对于本国居民，就其拥有的财产的增值额征收少量财产税。政府的收入主要依靠关税、印花税、注册费、执照费、娱乐和赌博税、不动产税等，这些税费征收率均不高。

百慕大自然资源贫乏，最主要的经济部门是旅游业，一年接待外国游客近百万人，是本土人口的 15 倍多。第二大经济部门是金融业，仅国际受控保险公司就有 1 400 多家，年保险收入 40 多亿美元，其中仅由美国公司控制的就有 900 多家。百慕大是一个典型的避税港，不征公司所得税和个人所得税，不征普通销售税，只对遗产课征2%~5%的印花税，按雇主支付的薪金课征5%的就业税、4%的医疗税和一定的社会保障税；对进口货物一般课征20%的关税。另外，百慕大针对旅游业兴盛的特点，征收税负较轻的饭店使用税、空海运乘客税。百慕大因其无所得税和非外汇管制而备受企业青睐。这里有发达的证券交易系统，稳定的政治环境，现代商业法律，完备的司法和高度发达的专业人才结构，海空交通便利，保险业高度发达，形成了本地的强大优势。因此这里也成了英国和美国人常去的避税港。百慕大内的企业每年的政府费用是1 680美元，公司遵照1981年颁布的公司法案免税条款，可以享受以下优惠：不缴纳资本税；公司办公地点不受限制；年收益和年度会计资料也不需要申报，没有外汇管制，没有双边税收协定，不要求账簿公开，只要求公开董事、主管人员及股东成员名单，这对于那些股东情况不保密的企业十分有吸引力。

避税港开曼群岛位于加勒比海西北部，毗邻美国。全岛两大经济支柱：一是金融，二是旅游。金融收入约占政府总收入的40%，占国内生产总值的70%，占外汇收入的75%。开曼群岛课征的税种只有进口税、印花税、工商登记税、旅游者税等简单的几种，30多年来没有开征个人所得税、公司所得税、资本利得税、不动产税、遗产税等直接税。各国货币在此自由流通，外汇进出自由，资金的投入与抽出完全自由，外国人的资产所有权得到法律保护，交通运输设施健全，现已成为西半球最大的离岸融资业中心。至20世纪90年代初，全世界最大的25家跨国银行几乎都在那里设立了子公司或分支机构，在岛内设立的金融、信托类企业的总资产已超过2 500亿美元，占欧洲美元交易总额的7%，涉及56个国家。在开曼群岛，有相当多的银行及信托公司是免征所得税的，其条件是交易行为在境外进行。在开曼群岛设立的受控保险公司已有370家，仅次于卢森堡、百慕大，居世界第三位，每年保险费收入约为20亿美元。受控保险公司的发展得益于几个因素：一是手续简便，资本额在120万美元以上便可登记；二是起步较早，1979年就对离岸保险公司制定了正式法规；三是配套条件健全，银行、律师事务所、会计师事务所相当发达，还有大量的保险管理人才。

（二）普通的避税地

这种类型的避税地一般只征收税率较低的所得税和财产税。有些国家或地区还对来源于境外的所得免税。这类避税地具体又可分为两种情况：一是只行使地域管辖权的国家或地区，只对境内所得或财产征税，且税负较轻，对来源于境外所得不征税，如中国香港、哥斯达黎加、利比里亚等。二是对境内外所得或财产均征税，但税负较轻，对外国经营者给予特殊优惠的国家或地区，如瑞士、巴林、以色列、牙买加、中国澳门、塞浦路斯、海峡群岛等。

瑞士是位于欧洲中部的内陆国家，东邻奥地利和列支敦士登，南面与意大利为邻，西面与法国接壤，北部与德国交界，是高度发达的工业国，实行自由经济政策，政府尽量减少干预；对外主张自由贸易，反对贸易保护主义政策。瑞士为永久中立国，奉行积极的中立政策，普遍性、善良服务和国际合作是其外交政策的三要素。瑞士虽然开征公司所得税和个人所得税，但税率明显低于其他欧美国家。例如，瑞士联邦公司所得税（累进税率）最高税率仅为8.5%，地方公司所得税实际税负为4.5%。此外，瑞士拥有广泛的税收协定，相对于第一类无所得税也无任何国际税收协定的纯避税地，瑞士在跨国公司的国际税收筹划中更受青睐。

塞浦路斯是地中海东部岛国，亚、非、欧三洲海上交通要冲，为地中海第三大岛，海岸线长537千米。塞浦路斯对于在本国注册成立、由非居民拥有，而且对于境外企业开展业务的公司，只征收相当于正常税率 10% 的所得税。塞浦路斯的所得税率很低，税后所得分配给投资者，不另征股息预提税，资本利得一般也不课征所得税。外国公司设在塞浦路斯的分公司不征任何所得税。当然，这些公司也不能享受塞浦路斯和加拿大、丹麦、德国、芬兰、英国、澳大利亚、美国等国签订的双边税收协定所提供的税收优惠。

海峡群岛是位于英吉利海峡中的群岛，这些岛屿分为泽西和根西两个行政区。泽西岛和根西岛并非纯避税港，对居民纳税人来源于境内外的所得课征 20%的所得税，但是跨国公司可以在那里组建一个基本免税的非居民持股公司。具体做法是，公司的注册登记设在岛上，控制管理中心设在岛外，这样就不必缴纳 20%的公司所得税，每年只要缴纳 500 英镑的定额执照税。泽西岛对信托业的税收也比较优惠，境内的受托人如取得信托财产的境外所得，而受益人又不是泽西岛居民，这一信托企业不必缴纳所得税。

（三）局部的避税地

属于这一类型的避税地有加拿大、希腊、英国、菲律宾、卢森堡、爱尔兰、荷兰等。这些国家税制完备，税率也不低，之所以称为避税地，是因为它们对某些行业或特定的经营形式提供了极大的税收优惠条件。例如，希腊以海运业和制造业、英国以国际金融业、卢森堡以控股公司、荷兰以不动产投资公司而成为特定经营形式的著名国际避税地。

例如，荷兰已同澳大利亚、奥地利、丹麦、芬兰、德国、法国、希腊、瑞士、匈牙利、印度、日本、韩国、卢森堡、马来西亚、新西兰、新加坡、南非、西班牙、泰国、英国、美国、俄罗斯等四五十个国家缔结了全面税收协定，对以上协定国均实施低税率的预提税。预提税税率：通常股息税率为 25%，对协定国降为 5%、7.5%、10%或 15%；利息和特许权使用费不征税。其中还对丹麦、芬兰、爱尔兰、意大利、挪威、瑞典、英国、美国的股息预提税限定税率为零。此外，对汇出境外的公司利润，也可比照股息享受低税或免税的优惠。荷兰税法规定，居民公司所取得的股息和资本利得按35%的公司所得税课征，但对符合一定条件的公司中的外资部分所取得的股息和资本利得所占比例，全额免征公司税。

经济发达的卢森堡位于欧洲西部，与比利时、法国、德国毗邻。卢森堡作为国际避税港有其特殊性，因为卢森堡有着健全的税收制度，对公司所得、净财富、资本交易、遗产和商品流通都毫不含糊地征税，税种之完善和税率之高与西欧国家难分伯仲。例如，该国公司税是对公司的全球所得征收，为三级累进税率，税率为20%至40%，此外，还加收2%的附加税；个人所得实行21级超额累进税率，从18%至57%。但自1929年起对持股公司实行一种特殊的税收优惠，几乎免征一切所得税、资本利得税、预提税和个人所得税。只对符合一定条件的新增资本课征1%的资本税和对公司的股份资本课征0.2%的财产税。这就为控股公司提供了繁衍滋生的温床，使卢森堡成为闻名于世的控股公司的绿洲。

二、避税地的条件

一个国家或地区如果要想成为避税地，并非仅靠提供某一种或几种税收方面的优惠就可以了。实际上，一个成功的避税地除了当地政府执行轻税政策外，还需要其他一些条件，具体如下。

（一）政局的稳定和地理上的便利性

任何跨国纳税人都把财产和所得的安全放在第一位。如果政局不稳定，财产和所得不能得到安全保证，减免税收就变得毫无意义。方便的交通和发达的通信也是避税地必须具有的。

（二）税收优惠政策的多样化

世界上几乎没有税收优惠完全一样的避税地，它们各自都有独特之处，使用者可以按纳税筹划的目的和方式各取所需。例如，列支敦士登一般被欧洲富人用作控股和投资的避税地；卢森堡是与其他国家签有税收协定的避税地，又可作为利用税收协定的理想场所。

（三）流动的自由、法律的健全和齐全的服务设施。

避税地在法律上必须是开放的，即对进入避税地营业或居住的法人和自然人流动统统不加法律限制。优秀的避税地一般具有金融业发达、银行商业活动严格保密、外汇流进和流出自由等特点，并有配套宽松的海关条例、银行管理条例等。特别是对于想移居的跨国纳税人来说，适宜的自然环境、一流的旅游资源和服务设施也是应具备的硬件条件。

形形色色的避税地由于所处地理位置、经济水平及缔结税收协定网络的情况不同，各个避税地提供的税收利益也很不相同，甚至在同一税种上，不同类型企业集团的子公司所能享受的税收利益也很不一样，有的是控股公司受益大，有的则是受控保险公司或者购销公司受益更多。作为跨国企业集团，设立什么类型的子公司以及如何选择适合的地点，需在充分掌握国际低税区经济税制、法律等资料的基础上，结合整个集团的经营战略精心斟酌和设置。当今，不同特色的避税港以其各自的魅力，吸引着不同类型的公司在那里“安居乐业”。

知识链接

“避税天堂”瑞士的银行保密制度

国土面积只有4万多平方公里的瑞士坐拥大大小小银行5 000多家，

其中每1 400多人就有一家银行办事机构。瑞士在国外还开设了400多个分行，国外银行在瑞士的机构也有200多家，可以说，没有银行就没有瑞士。不过，在这儿存钱待的遇不同于其他银行，储户不但得不到利息，反而要向银行缴纳管理费。即便如此，全球仍有1/3的私人财产存在这里，因为它有极其严格的银行保密制度。

正因为它的隐秘性、缺乏透明度，各国政要、商业巨子、演艺明星都很踏实地把钱放在瑞士银行，而它也因涉嫌帮助客户逃税饱受外界诟病，还有个雅致的名字——“避税天堂”。然而，从2009年美国政府掀起查税风暴后，瑞士银行开始向美国开口了，双方签了一份可以绕过瑞士银行保密规定的查税协议，并先后向美国查证部门提供了近5 000份客户资料，协助美国政府海外追金。“避税天堂”或将不再是富人资产的保险库。

三、通过基地公司进行税收筹划

利用避税地避税的方式多种多样，而且在各避税地的表现形式也不一样。尽管如此，还是有一个总的、规律性的方式，这就是设立基地公司进行避税。通过基地公司进行税收筹划，就是利用避税地的“基地作用”来建立基地公司。基地公司是跨国公司税收筹划中的一个重要概念，它是从基地国概念引申出来的。一个对其本国法人来源于国外的收入只征收轻微的所得税或资本税，或者不征这类税，从而被外国公司用作国外经营活动基地的国家，称为基地国。出于同第三国进行经营的目的而在基地国中组建的法人，称为基地公司。所谓第三国经营，包括通过代理人和分支机构进行的营业，以及借助控股公司收取外国子公司支付的股息、利息或特许权使用费这两方面的活动在内。

在跨国公司税收筹划中，基地国有时成为低税国或避税地的代名词，基地公司也随之成了避税地公司的同义语。基地公司具有如下基本特征：

涉及两国或多国之间的关系；经济利益全部或主要部分处于基地国之外，基地公司的经济职能是充当资金的中转站和提供资金的迂回途径；税务因素决定着公司建立地点的选择；必须具有法人资格；是一个单独的纳税主体，不受高税国无限纳税义务的制约；可以被基地国之外的企业合法利用。

基地公司又可分成两种情况。例如，假定原居住国 A 公司想在被投资国进行投资，那么它可先在避税地建立基地公司 B，然后通过 B 公司向被投资国投资或从事交易，B 公司即为出于向第三国进行经营的目的而建立的典型基地公司。

另外，如果再假定原居住国 A 公司想在本国进行再投资或经营，而 A 公司所在国只对外来投资给予税收优惠，那么，它可以在避税地建立基地公司 B，然后通过在 B 公司进行的积累，将资金再投向 A 公司原居住国，即把对本国的投资通过基地公司 B 以外资形式来进行，以争取税收优惠。这时，B 公司就是非典型基地公司。基地公司受控的独立法人身份是其进行跨国公司税收筹划的关键特征。如果在避税地建立的是不具备法人地位的分支机构，因为分支机构的经营成果仍然处在总机构居住国税收管辖权的控制范围内，所以并不会带来很大的税收利益。只有通过在避税地建立受控的法人实体这一纳税主体变相转移方式，才能使转移出去并体现在避税地实体手中的利润既能够摆脱高税国居民管辖权的直接制约，又可以保证仍归该跨国企业法人所有。

基地公司可以以各种形式存在，如可以以控股公司的形式设立，并以从事真实投资方式存在，也可以以金融公司的形式设立和存在。此外，还有贸易公司、信托公司、投资公司、保险公司、海运公司等形式。

（一）基地公司为中转销售公司

跨国集团选择一个适当的地点设立专门的销售基地公司或采购基地公

司是十分常见的。这些公司往往被称为“文件公司”或“信箱公司”，这些公司仅仅完成所在国必要的注册登记手续，实际上只拥有法律所要求的组织形式和一个信箱。有些公司即便在某种意义上具有经济职能，如承担国外营业风险、集中开具对外贸易发票或保守营业秘密等，但只要其主要的真实经济活动是在别的国家进行，该公司就仍应被列为信箱公司。信箱公司的主要作用，是把公司集团在其他国家经营活动中产生的大量收入，通过中介业务归在自己的名下，在低税或无税的条件下积累资金。

跨国企业纳税人在避税地建立了各种基地公司，尤其是在建立信箱公司后，就要让这些公司介入其国际交易活动，使之成为经营链条上的一环。通过避税地公司进行的业务通常称为中介业务。基本做法是母公司将本应直接销售或提供给另一国子公司的原材料、产品、技术和劳务等，通过避税地的受控基地公司转手进行，将所得的一部分甚至全部转入并滞留在避税地，借以规避在高税国应承担的税负。积累下来的资金可能以贷款或投资等方式，在享受利息扣除或投资优惠的条件下，重新流回高税国，或者投向别的国家。

实践中，基地公司与其关联企业之间的许多商品买卖交易业务只是一种账面上的数字游戏，并不涉及货物的接收、保管、装配加工、仓储和发运等实际业务，不过是转手开一道发票，记录收支账目，真正的业务活动实际上也许是在千里之外的其他国度中进行的。

案例7–3

（1）基本案情

M 国母公司辛加力公司在避税地 N 国设有子公司辛地公司，N 国公司所得税率为10%，M国公司所得税率为40%。现辛加力公司意欲销售一批货物给L国某公司，这批货物成本分摊的经营管理费用为50万美元，双方议定离岸价（FOB价）为80万美元。

如果不通过辛地公司中转，则辛加力公司承担的所得税负担为：

$$(80-50)\times40\%=12\text{（万美元）}$$

（2）税收筹划思路

通过基地公司中转并压低销售给基地公司的价格后，国际贸易货物的一部分利润转移到避税地，并体现在辛地公司账上，辛地公司按较低税率纳税，从而可以减轻总体税负。本案例是以设在低税国的子公司作为买方，采取低价卖出的方法；如果以设在高税国的母公司为买方，基地公司为卖方，则要采取高价卖出的手段，同样将所得的大部分实现在基地公司，从而减轻税负。

（3）税收筹划方案

为减轻税负，辛加力公司将这批货物压低价格按60万美元先销售给N国的辛地公司，再由辛地公司以80万美元的价格销售给L国的公司，30万美元的差价（假设就是利润）由辛加力公司和辛地公司分享。通过基地公司中转后，所得税负担状况如下：

$$\text{辛加力公司所得税}=(60-50)\times40\%=4\text{（万美元）}$$

$$\text{辛地公司所得税}=(80-60)\times10\%=2\text{（万美元）}$$

$$\text{母子公司总税负}=4+2=6\text{（万美元）}$$

$$\text{母子公司减轻总税负}=12-6=6\text{（万美元）}$$

（二）基地公司为控股公司

通常情况下，跨国集团的子公司向母公司支付股息时，子公司所在国要征收较高的预提所得税，但有些国家之间签订有税收协定，对于已缴纳企业所得税的股息，在汇回母公司所在国时，可以按低税率缴纳预提所得税。在这种方式下，跨国集团就可以在与母公司所在国签订有此类税收协定的国家设立基地公司，要求其他子公司将所获得的利润以股息形式汇回到基地公司，以达到避税目的。

案例7–4

乐世集团设在挪威的子公司向德国的母公司汇回利润时，挪威的预提所得税税率为15%。为了减少应纳税额，集团利用设在瑞士的特别控股公司RBA的服务汇回股息。瑞士与挪威、德国都签订了税收协定，按照税收协定，从挪威向瑞士汇回股息免征预提所得税，而从瑞士向德国汇回股息的预提所得税税率仅为5%，其结果是预提所得税的税收负担降低了67%。由于利用瑞士的控股基地公司，股息的预提所得税税率减少了10%。如果瑞士基地公司的所有业务完全与控股活动相关联，那么它还可以避免基地公司的瑞士所得税。这里要引起注意的是，基地公司的活动也可能会出现一些费用。

控股基地公司的优势在于：它不仅能将来自子公司的股息重新分配，还能在不增加跨国集团税收负担的条件下，将这些利润进行再投资。从财务角度看，在控股基地公司的所在国集中利润，然后将其向国外再投资，要比将利润汇回所得税税率较高的母公司所在国更有利。因此，在自己的账目上积聚来自外国子公司以股息、资本利得或受控子公司清算所得形成的利润，也是控股基地公司的一项重要任务。在考虑税收负担最小化的条件下，把这些资金再投资于外国基金或跨国公司制定的项目。

以基地公司为控股公司进行税收筹划，控股公司的收入不仅限于股息，还包括利息、特许权使用费等形式。

（三）基地公司为保险公司

跨国公司可以通过组建内部保险公司来转移利润。所谓内部保险公司，是指由一个公司集团投资建立的、专门用于向其母公司或关联公司提供保险服务以替代外部保险市场的一种保险公司。利用内部保险公司可以进行跨国税务筹划。具体做法是，在一个无税或低税的国家建立内部保险公司，然后母公司和子公司以支付保险费的方式把利润大量转出居住国，使公司集团的一部分利润长期滞留在避税地的内部保险公司账上。内部保险公司在当地不用就该笔利润纳税，而这笔利润由于不汇回母公司，公司居住国也不对其课税。

此外，内部保险公司还可以减少跨国公司要缴纳的保险费，并且内部保险公司可以承担第三方保险公司所不能承担的损失甚至全部损失，而且可以从外部保险市场上取得足够的补偿。在国际避税地中，有巴哈马、百慕大、中国香港、荷属安得列斯群岛和巴拿马等，其中百慕大是内部保险公司最集中的地方。

（四）基地公司为海运公司

随着国际海运的发展，虚设船舶营业地也成为许多跨国公司和海运企业用来规避国际税收负担的一个重要手段。虚设船舶营业地是指国际海运企业和跨国公司将避税地作为船舶公司的招牌营业地，以规避其实际营业地的税收。

对海运企业而言，其所有权与经营权无须在同一国内，注册地又可以是第三国。正是利用这一点，国际海运企业在某个避税地国家或地区设立一个船舶运输子公司，将船舶的所在国虚设为该避税地，这样该企业的船舶就可以挂上避税地的招牌。不管船舶企业的所有权、经营权和注册地在什么地方，其实际营业地都在船舶上，这些船舶往来穿梭于各个国家之间，如果挂上某个或数个避税地国家或地区的招牌，就可以规避各有关国家对船舶运输收入的征税。

不少避税地国家或地区都乐意国际船舶运输企业挂本国或本地的招牌(形式上是挂上这些地方的旗帜)，这些国家或地区政府除了收取一部分登记费或注册费外，对挂旗船并不实行财政性或其他控制。尽管收取的费用并不高，但避税地对广大的国际船舶运输企业有足够的吸引力，使得在避税地注册的国际船舶运输企业数量相当可观，避税地国家或地区由此取得的收入也非常可观。

除了船舶运输企业可以采取基地公司规避税负以外，飞机运输企业也可以依此方法规避税负。利比里亚、百慕大、巴拿马、巴哈马、塞浦路斯和希腊等都是国际避税者乐于建立国际船舶运输公司和飞机运输公司的地方。

(五) 基地公司为信托公司

信托是指委托人将其财产所有权转给受托人，并委托受托人为其指定的受益人的受益而对财产加以保管和经营。一项信托通常是由三方面关系组成：一是委托人，又称信托人；二是受托人；三是受益人。信托可以从法律上改变资产或权益的所有人，使受托人成为该资产或权益的所有人，资产或权益原来的所有人不再是该项资产或权益的纳税主体。

信托为纳税人提供了税收筹划的可能：一是可能改变纳税主体，使高税国的纳税主体变成低税国的纳税主体；二是可能分割所得和财产，降低累进税的适用税率。这种方法是指跨国纳税人在避税地找一家信托公司或受托银行作为信托机构，将其在其他高税国的财产或其他资产虚设为这家信托机构的财产，由其处理财产的收益，这样，这部分财产的经营和所得成为信托公司的信托业务收入。虽然委托人和受益人不是避税地的居民，但由于信托财产的经营所得归于受托公司的名下，可以免于纳税或减少纳税。例如，加拿大某公司为躲避本国所得税的高税负，将其年度所得的70%转移到巴哈马群岛的某一个信托公司，由于巴哈马群岛是自由港，税率比加拿大低得多，该加拿大公司就可以通过这种所得的转移有效地规避税收负担。

跨国公司还可以运用订立各种形式的信托合同进行税收筹划。例如，一个高税国跨国公司向国外贷款，其利息所得可能要向高税国缴纳一大笔所得税，如果这个跨国公司通过与一个低税国居民银行签订信托合同，那么，只要利息所得留在低税国增值，就可能规避高税国的所得税。如果利息所得要汇回高税国，而这个高税国与利息支付国之间没有相互减征利息预提税的税收协定，若该纳税人与某个与利息支付国相互减征利息预提税的国家的居民银行签订信托合同，这笔利息的汇出也可以规避较重的利息预提税。

建立信托财产不但可以被利用来从事消极的规避所得税的活动，还可以被利用来掩盖股东在公司的股权，从事积极投资的跨国公司税收筹划活动。例如，一个高税国的跨国纳税人在低税国建立了一个持股公司，从事海外的积极投资，由于该纳税人在持股公司的股份是“大量”的，因此公司的全部所得或部分所得还是可能被高税国视为该纳税人的所得而进行征税。这时纳税人可以把持股公司信托给一个低税国银行或信托公司进行管理。这样，持股公司的股权就合法地归银行或信托公司所有，持股公司的所得也不再被视为高税国纳税人的所得。实际上，持股公司财务利益的真正所有者仍是信托人兼受益人的高税国纳税人。这是一种典型的“虚构避税地信托财产”的跨国公司税收筹划方法。

案例7-5

受益于 iPhone 在全球的畅销，目前苹果公司是全球利润最高的公司之一，2012 年利润达 417 亿美元，是仅次于埃克森美孚公司的全球市值第二高的公司。其中在海外获得 368 亿美元营业利润缴纳了 7.13 亿美元公司所得税，税率为 1.9%。2009—2012 年，苹果公司利用美国对海外企业在税收方面的漏洞，规避了应对 440 亿美元海外收入征税的税务支出（几乎相当于每年 100 亿美元）。这一漏洞主要是指企业海外所得延迟纳税制度，即美国企业在海外的获利无须纳税，但是利润汇回美国之后，则需支付最高达 35%的税款。其中，苹果公司在 2011 年规避了至少 35 亿美元联邦企业所得税，2012 年避税至少 90 亿美元。

很早之前，苹果公司就将负责欧洲、中东、印度、非洲、亚洲及太平洋地区业务子公司的注册地定在爱尔兰的科克（Cork），根据爱尔兰税法，只有在本地管理与控制的企业才被视为爱尔兰企业，这使得苹果公司在爱尔兰的子公司几乎无须纳税。2009—2012 年，苹果国际销售公司（Apple Sales International，ASI）的 740 亿美元销售额几乎没有缴纳任何税款。而 2011 年，该公司 220 亿美元的利润也只缴纳了 1 000 万美元税款，相当于只承担了 0.05%税负。另一家爱尔兰子公司——苹果国际运营公司（Apple Operations International，AOI）2009—2012 年的利润为 300 亿美元，占苹果全球净利润的 30%，却没有向美国或爱尔兰当中的任何一个国家提交过所得税申报表。

截至 2013 年 4 月，苹果公司拥有 1 020 亿美元的离岸现金、现金等价物及有价证券，但是苹果公司的 9 位高管表示，公司无意将这些现金汇回美国，除非美国修改相关的税法和税率。同年，苹果公司发行了 170 亿美元的债券用于美国业务的开展，却拒绝将海外资金汇回美国，而选择将这些资金投资于其他业务或作为股东分红，避免或减少了向美国财政部缴税。

苹果公司的避税结构采取的是“双层爱尔兰夹荷兰三明治”的模式，

它的主要避税路径是将公司的海外业务利润经由爱尔兰⟶荷兰⟶爱尔兰⟶最终转至避税港——英属维尔京群岛。具体分成以下三步：

第一步，在爱尔兰设立两个子公司——ASI 和 AOI，注册地在爱尔兰，但总部均在英属维尔京群岛。因为爱尔兰的企业所得税非常低，只有12.5%，远低于美国和其他欧盟国家。ASI 负责接收除美国以外地区的所有销售收入，享受爱尔兰的低所得税税率。根据爱尔兰税法，即使是在爱尔兰注册的公司，只要其母公司或总部设在外国，就被认定为外国公司，所以 ASI 与 AOI 均被爱尔兰认定为外国公司，把收入从 AOI 汇到总部不需要向爱尔兰缴税，几乎是零成本。

第二步，在荷兰设立欧洲运营公司（AOE），其注册地在荷兰，根据荷兰以公司注册地而不是总部所在地来认定公司国籍的规定，欧洲运营公司被荷兰认定为居民企业，且三家子公司均被荷兰认定为欧盟的公司。由于爱尔兰和荷兰同属于欧盟国家，根据协议，欧盟成员国之间的交易免交所得税。

第三步，选择知识产权作为交易媒介。当美国以外的用户在公司享受付费服务时，美国总公司就把其所拥有的知识产权资产转移到 AOI 去，而用户所支付的现金则进入 ASI 的账户。由于实现这一销售必须用到知识产权资产，所以 ASI 便可以通过向爱尔兰运营公司支付知识产权专利使用费的形式将利润转移至在英属维尔京群岛的总部。

第五节　利用转让定价

收入或成本的迁移是国际上流动避税筹划法中最常用的方法，号称“避税的魔术”。错综复杂的各国税制和千千万万不同的税收优惠政策，为跨国公司采用收入成本转移法进行避税带来了大量的机会。跨国公司收入成本转移最主要的方法就是转让定价法。

一、转让定价

转让定价是在国际税收事务中，关联企业各方之间在交易往来中人为确定价格，而不按照独立企业正常交易原则确定价格。所谓关联企业，是指与其他企业之间在资金、经营、购销等方面存在直接或间接控制关系，或者直接、间接地同为第三者或其他在利益上有影响关系的企业所拥有或控制。转让定价筹划法是指纳税人为达到转移利润、躲避税负的目的，按高于或低于正常市场价确定的内部价格成交。跨国公司进行国际经济活动，因其经营活动涉及面极宽，跨国公司通过自身结构的安排会使关联交易不易被发现，这为跨国公司减轻税负提供了广阔的天地。转让定价法也应用于国内，但在跨国公司之间运用得更广泛，其原因在于：第一，国与国之间的税收差别比国内行业、部门间的差异大，而且这种较大的差异在各个方面都可以显现出来；第二，母公司与子公司，总公司与分公司，或总机构与驻外常设机构之间相对独立的形式及彼此之间业务、财务联系的广泛性，使它们有较大的余地实现产品转让定价。

跨国公司利用转让定价筹划方法降低纳税负担，其根本原因在于各国税制设计的差异。只有在国与国之间税负水平高低不等的前提下，跨国纳税人才有将利润进行国际转移的必要，而跨国关联厂商内部交易的转让定价又使这种利润的转移成为可能。一般而言，跨国公司的转让定价是利用关联公司间的内部定价，将收入由高税国向低税国转移，或者将费用由低税国向高税国转移，从而减轻税负。

案例7-6

（1）基本案情

美嘉和利嘉是跨国关联公司，美嘉公司所在国的公司所得税税率为25%，利嘉公司所在国的公司所得税税率为40%。在某一纳税年度，美嘉公司生产集成电路板10万张，每张生产成本为8美元，全部出售给关联的利嘉公司，再由利嘉公司向外销售。如果美嘉公司按照每张12美元的价格将这批集成电路板出售给利嘉公司，利嘉公司然后再按每张20美元的市场价格将这批集成电路板出售给一个非关联的客户，则美嘉、利嘉两企业的纳税总额为42万美元［=(12−8)×10×25%+(20−12)×10×40%］，税后利润78万美元（假定不考虑其他成本）。

（2）税收筹划思路

转让定价可以让利润留在低税率国家，降低企业整体缴纳的税收。如果是低税率国家向高税率国家转让定价，那么低税率国家应该提高售价，将利润留在低税率国家。

（3）税收筹划方案

如果美嘉公司按每张16美元的价格向利嘉公司出售这批产品，则美嘉公司的销售利润会增加40万美元，利嘉公司的销售利润则会相应下降40万美元。由于美嘉公司位于低税国，而利嘉公司位于高税国，因此美嘉公司提高对利嘉公司的转让价格会使两个公司的纳税总额下降6万美元［=40×(40%−25%)］，税后利润总额则从原来的78万美元增加到84万美元，相应也提高了6万美元。

转让定价也可以用以代替公司内部的其他资金流动（如股息的支付），从而达到避税的目的。如美国某子公司本应从当年税后利润中向境外母公司支付股息100万美元，美国的股息预提税税率为30%。为了避免这笔预提税，子公司不是直接向母公司支付股息，而是将一批为母公司生产的价值300万美元的配件仅以200万美元价格卖给母公司，以低价供货来代替支付股息。

二、转让定价税收筹划的主要方式

一般来说，跨国公司通过转让定价进行税收筹划主要有以下几种方式。

（一）货物购销的转让定价筹划

通过在关联企业之间的原材料供应和销售产品实行“低进高出”或“高进低出”的办法，把收入尽量转移到低税负的企业中去，而把费用尽量转移到高税负的企业中去，从而达到避税的目的。例如，中国台湾某服装生产公司利用位于国际避税地巴哈马群岛的贸易中介基地公司，通过自己的销售网络向加拿大销售产品。如果该公司利用转让定价的原理，对位于巴哈马群岛的贸易中介基地公司采用“低进高出”的办法，使得公司利润被人为地集中在巴哈马群岛贸易基地公司的账上，而加拿大和中国台湾却对它征收不到任何税收，就能减少整个跨国集团的税收负担。

跨国公司可以通过控制零部件和原材料的进出口价格来影响产品的成本。例如，由母公司向子公司低价供应零部件产品，或者由子公司高价向母公司出售零部件产品，以此降低子公司的产品成本，使子公司获得较高的利润。反之，通过母公司向子公司高价出售零部件产品，或由子公司向母公司低价供应零部件产品来提高子公司的产品成本，这就减少了子公司的利润。

案例7–7

（1）基本案情

跨国集团捷安公司主要生产制造安达牌自行车，该产品的生产有三道工序，第一道工序完成后，单位生产成本为200元，第二道工序完成后，单位生产成本为450元，第三道工序结束后，完工产品单位成本为500元。该品牌自行车产品平均售价每辆800元，2020年销售该产品28万辆。甲企业适用所得税税率为25%，其他有关数据如下：产品销售收入22 400万元；产品销售成本14 000万元；产品销售税金及附加220万元；管理费用、财务费用、销售费用合计2 300万元；利润总额5 880万元；应纳所得税额1 470万元。

（2）税收筹划思路

通过转让定价，可以将利润留在低税率国家。因此，该公司可以在低税率国家设立子公司。只要设立子公司的国家税率低于25%，那么该集团就可以利用转让定价的方式将利润留在低税率的子公司。

（3）税收筹划方案

该公司对产品生产的各个工序进行分析，发现第三道工序增加的成本很少，仅为50元，而产品是在这道工序完成后对外销售的。于是公司财务人员设想，如果在低税率国家或地区投资设立一全资子公司（以下简称“S公司”），适用的企业所得税税率为10%。捷安公司将安达牌自行车的第二道工序作为产成品，并按单位成本450元加价20%后，以540元的售价销售给S公司，由S公司负责完成该产品的第三道工序。假设捷安公司的管理费用、财务费用、销售费用、税金及附加中的10%转移给S公司，S公司除增加捷安公司转移过来的费用及税金外，由于新建立公司，另增加管理成本100万元。则：

捷安公司：

$$销售收入=28\times540=15\ 120（万元）$$

$$销售成本=28\times450=12\ 600（万元）$$

$$销售税金及附加=220\times90\%=198（万元）$$

$$三项费用合计=2\ 300\times90\%=2\ 070（万元）$$

则利润总额为252万元，应纳所得税额为63万元。

S公司：

$$销售收入=28\times800=22\ 400（万元）$$

$$销售成本=28\times(540+50)=16\ 520（万元）$$

$$销售税金及附加=220\times10\%=22（万元）$$

$$三项费用合计=2\ 300\times10\%+100=330（万元）$$

则利润总额为5 528万元，应纳所得税额为552.8万元。

由于S公司是捷安公司的全资子公司，所以，如果S公司保留盈余不分配，捷安公司也就无须按税率之差补缴所得税。捷安公司通过在低税率国家或地区设立子公司，节省所得税额为854.2万元（=1 470－63－552.8）。

（4）若干思考

由于各国税率的差别，跨国公司可以通过从高税国向低税国以较低的内部转让定价销售货物，或者从低税国向高税国以较高的内部转让定价销售货物，都将导致整个跨国集团关联企业的整体税负减轻，从而增强集团整体的竞争力。

（二）固定资产购置与租赁的转让定价筹划

跨国公司可以通过调整子公司固定资产的出售价格或使用年限来影响子公司的产品成本。母公司向子公司提供的固定资产的价格直接影响着摊入子公司的产品成本。母公司对子公司规定的固定资产折旧期也会影响折旧额的提取与分摊。若多提取折旧，则必然会加大子公司的当期税前可扣除成本；若少计提折旧，则会减少子公司的当期税前可扣除成本，而成本的高低从反方向上影响着利润的多少。

跨国关联企业之间还会经常发生固定资产的租赁行为，其租金率的高低也直接影响集团内各关联企业的利润水平。跨国关联企业之间通过租赁业务进行筹划主要有三种方法：①利用自定租金进行筹划，如在高税国的母公司借资金购买机器设备，以最低价格租给低税国的子公司，后者再以高价租给另一个高税国的子公司，获取较高利润；②利用售后回租筹划，将投产不久的设备先出售再租回使用，由于购进设备投入生产后即可提取折旧，这样买卖双方对同一设备可以享受首年折旧抵税额，租用设备的承租方还可享受在利润中扣除设备租金的好处；③利用多个国家不同的折旧政策进行筹划，比如，英联邦国家按机器设备的法定所有权计提折旧；有的国家（如美国）规定按机器设备的经济所有权计提折旧；两个处于不同规定下的国家的关联公司就可以利用设备租赁业务，计提两次折旧。

案例7–8

（1）基本案情

某跨国集团欧洲子公司拥有一套新生产流水线，价值为 1 500 万元。现有两个方案：方案一是欧洲子公司将该套生产流水线以售价 2 500 万元出售给集团内部亚洲子公司，该套流水线生产产品的年利润为 500 万元；方案二是欧洲子公司将该套生产流水线以租赁的形式出租给亚洲子公司，年租金为250万元。设欧洲子公司和亚洲子公司的所得税税率分别为30%和20%。

(2) 税收筹划思路

不同公司之间的固定资产租金价格会影响集团的整体税负，可以通过调整固定资产的价格来降低集团的整体税负。

(3) 税收筹划方案

我们试比较两种方案对该跨国集团的税负影响情况（不考虑其他因素）。

方案一：

若欧洲子公司将生产流水线出售给亚洲子公司，则跨国集团整体应纳税额为：

$$(2\,500-1\,500)\times30\%+500\times20\%=400\text{（万元）}$$

方案二：

若欧洲子公司将生产流水线出租给亚洲子公司，则跨国集团整体应纳税额为：

$$250\times30\%+(500-250)\times20\%=125\text{（万元）}$$

从上述计算可以看出，租赁可使集团整体税负减轻275万元（=400−125）。

(三) 无形资产的转让定价筹划

无形资产是指长期使用而没有实物形态的资产，一般是指企业拥有的商标、商誉、专利权、非专利技术、著作权、土地使用权等。由于无形资产具有单一性和专有性的特点，转让价格没有统一的市场价格标准可以参照，比其他转让定价更方便，这使得跨国公司可以通过无形资产安排转让定价，以追求税收负担最小化。例如，某公司将其生产配方、生产工艺技术、商标和特许使用权无偿或低价提供给一些关联企业，其报酬不通过技术转让收入核算，而是从对方的企业留利中获得好处，这样便可以减少应纳税款。

跨国公司还可以通过在避税地国家建立一个专利持有子公司（专利基地公司），专门从事专利的取得、利用或使用特许权等活动。母公司向专利基地公司授予全权，开展专利使用权的转让业务。转让对象可以是联合集团内部从事生产活动的子公司，也可以是位于外国管辖区的集团外独立公司。利用海外的专利公司可以有效地减少转让专利或其他知识产权而取得的费用的税收，同时还可以得到附带的利益。

例如，一家拥有专利的跨国公司在避税地建立一家专利公司，并把专利转让给这家公司，这家公司再把专利的使用权转让给一个国外分公司。通过向避税地的专利持有公司支付专利使用费，就把国外分公司的利润有效地转移给避税地的专利公司。专利公司在收到专利使用费时，只要缴纳一点税，甚至不用缴税。如果在避税地建立公司，并通过把各种知识产权（如商标、版权、技术窍门）再转让给在各国的其他公司，就可以在获得转让费时不用缴纳预提所得税和公司所得税。

（四）劳务费的转让定价筹划

劳务涉及的范围很广，包括设计、维修、广告研发、咨询等，甚至总部管理费用的分摊也可看作广义的劳务活动。在跨国集团关联企业之间经常发生内部相互提供劳务的业务，按什么标准收取劳务费，直接影响到关联企业的利润水平。通过劳务转让定价进行税收筹划的方法表现为，跨国公司集团内部关联企业之间通过相互提供劳务时多收或少收甚至不收劳务费用，使关联企业之间的利润根据需要进行转移。此外，为了使处于高税地的盈利子公司既能多收回利润，又能减少纳税，母公司往往向子公司索取较高的管理费用，或将母公司的某些与子公司活动关系不大的管理费额外摊入子公司的产品成本中，如母公司把管理人员的补贴和退休年金统摊入子公司的管理费等，以此变相地将子公司的利润转移到母公司。

（五）借贷业务的转让定价筹划

作为跨国关联企业之间的一种投资形式，贷款比参股有更大的灵活性。关联企业中的子公司以股息形式偿还母公司的投资报酬，在纳税时不能作为费用扣除，而支付的利息可以作为费用在税前扣除，因此，关联企业间可以通过贷款中的转让定价方式来转移利润。例如，关联企业的一方为了增加关联企业另一方的盈利，可以通过提供贷款，少收或不收利息，减少另一方的财务费用，以达到盈利的目的；相反，为了造成关联方亏损或微利，可以以较高的利率收取贷款利息，提高其成本。也有些跨国公司的母公司资金比较宽裕或利润较多或贷款比较通畅，由于其税负较重，往往采用无偿提供贷款或采取预付款的方式给子公司使用，这样，这部分资金所支付的利息全部由提供资金的母公司来负担，增加了成本，减少了税负。

案例7-9

星巴克自1998年在英国开业以来，在英国的销售收入超过30亿英镑，其在2011年一年的营业额就达4亿英镑（约合6.4亿美元），但2009—2011年，星巴克却未向英国政府缴纳任何税收，进入英国的14年里总共也才纳税860万英镑（约合1 376万美元）。

2009—2011的三年里，星巴克在英国的财务报告一直是亏损的，没有利润，也没有支付所得税。而它的市场分析师又对外宣称星巴克在英国的业务是“可盈利的”。尽管连续十几年星巴克英国的账面显示一直处在持续亏损的状态，但星巴克却告诉投资者们销售在持续增长。星巴克是一家庞大的集团公司，旗下有很多子公司和分公司（即关联公司），分布在世界各地。星巴克集团公司之间巧妙的资金运作主要有以下三个方面：

（1）向总部支付昂贵的知识产权费。星巴克集团公司美国总部规定，在英国及所有海外经管的星巴克每年需要向“星巴克”品牌支付年销售额6%的知识产权费。在英国，与同类产业的知识产权费比起来相对较高，这一笔支出就减少了星巴克英国公司的应纳税所得额。与此同时，星巴克集团公司又把征收所得的知识产权费用转移到税率很低的国家，纳入该国的星巴克公司应纳税所得额，以支付相对较低的税费。

（2）昂贵的咖啡豆采购。英国星巴克公司所用的咖啡豆都是来自星巴克在瑞士的星巴克咖啡贸易有限公司，在咖啡豆运抵英国前又需经过星巴克在荷兰阿姆斯特丹设立的烘焙公司进行烘焙加工。在此过程中，英国星巴克会支付超额的费用给瑞士和荷兰两家公司，这样就降低了星巴克在英国的应纳税所得额。

（3）集团公司间的借款安排。星巴克英国公司 2011 年的财务报告显示，其所有的经费几乎都来自借款，并且支付了星巴克集团旗下公司 200 万英镑的利息。星巴克英国利用公司间借贷，把利润转移到低税率国家来避税。这种公司间借贷给跨国公司带来了税收方面的双重利益：其一，借款人可以设定任何有利于降低自己应纳税所得的借款利息；其二，债权人可以是任何一个设在不用征利息税的所在地的公司。

三、转让定价筹划应注意的问题

跨国公司在进行转让定价安排的时候主要考虑两方面的问题。一是跨国公司在安排关联企业的交易价格时，不仅要考虑有关国家的公司所得税税率，还要考虑进口企业所在国的关税。如果进口国的关税税率过高，那么，以很高的转让价格向该国的关联企业出售产品就不一定有利。二是跨国公司集团的母公司一般都设在税率较高的发达国家，而跨国公司集团中的关联子公司则有许多设在无税或低税的避税地，母公司为了避税，会把公司集团的利润尽可能多地向避税地子公司转移。在这种情况下，跨国公司能否利用转让定价进行国际避税，关键取决于母公司所在的居住国是否对母公司的海外利润实行延期课税。

所谓延期课税，是指奉行属人主义原则，实行居民管辖权的国家对国外子公司取得的所得，在子公司没有以股息等形式汇回母公司之前，对母公司不就其外国子公司的所得征税，一直到该项所得汇回该国母公司才予以征税。这就为该国纳税人合法避税创造了条件。母公司可以无限期地将应由子公司支付的所得滞留在子公司账上作为资本积累，也可挪作他用，以长期规避这部分所得的应纳税款，达到避税的目的。

跨国公司在进行转让定价安排时，还会面临一些来自集团内部的限制。首先，跨国公司操纵转移价格时，需要考虑诸多因素，组织人力、物力对国际转让价格方法进行集中计划管理，并需要根据环境的变化进行及时调整，这样必然会引起跨国公司内部管理成本的上升，在跨国公司规模较大、关联企业众多时，这种情况更为突出。其次，对跨国集团内部子公司来说，由于各个成员公司也各有自身利益，因而也有难以协调之处，特别是分布于不同国家的子公司，由于有当地公司管理部门和当地股东的存在，使得通过转让价格减少子公司利润的做法会侵害当地股东和管理阶层的利益，最终会影响公司在当地的事业，并引起子公司之间、子公司与母公司之间的矛盾。最后，跨国公司操纵转让价格会使子公司的经营状况与其盈利状况脱节，不利于激励子公司的管理人员和生产服务人员，同时也不利于考察各个利润中心管理者的经营业绩和工作成果。

此外，对那些以避税为目的运用转让定价的跨国公司，很多国家的税务部门都制定了一系列严格的转让定价审核和调整方法。因此，跨国公司在采用转让定价进行避税时，应充分考虑政府部门在政策上的限制，在制定转让价格时尽量采用能够得到税务部门认可的方法。

2008 年 1 月 1 日，我国正式实施的《企业所得税法》统一了内外资企业所得税，并用了很大篇幅对转移定价问题做出了相关规定，其核心思想就是对关联方之间不正常的定价进行调整。一是引入了“独立交易原则”，即关联方之间的交易应符合独立发生在类似情况下从事类似交易时可能建立的商业和财务关系；二是明确了企业及相关方提供资料的义务，纳税人应在关联交易发生的同时准备证明其符合独立交易原则的资料，在税务机关调查时，纳税人及相关方承担协助义务并证明其关联交易的合理性；三是适时补充一般反避税规则，如“成本分摊协议”和防止资本弱化等限制性条款，强化企业所得税的征管工作。跨国公司在进行转让定价筹划时，应特别注意这些转让定价的税收法规。

第六节 跨国公司的其他税收筹划方法

在国际税收实践中，跨国公司的税收筹划方法千差万别，涉及的范围也极广泛，并且越来越具备隐蔽性。对各国税法研究得越细的跨国公司，其税收筹划方法也越多。但是不论其税收筹划方法如何变化，究其根本，还是以纳税人或征税对象的来源能在不同国家税收管辖权范围之间得到转移为宗旨。由于世界各国都存在居民管辖权和地域管辖权两种税收管辖权，一个跨国公司要避免成为税收管辖权的管辖对象，只有避免这两种税收管辖权的约束，才能利用有关国家税收制度的差异，将自己的纳税义务从高税国转移到低税国，进而达到国际税收筹划的避税目的。

一、公司居所避税

目前，许多国家在税收上都实行居民管辖权，这些国家往往对居民纳税人的全球范围所得征税，而对非居民仅就其来源于本国的所得征税。通过纳税人的流动，即通过改变其居民身份或避免成为某国纳税人的方式，可以避免一国税收的管辖。跨国公司可以通过公司居所的迁移，将自己的居所从一国迁出，以避免这个国家的居民身份。居所是一国居民税收管辖权的根本依据，跨国公司通过将居所迁出，就可以使自己的居民身份落在国外，达到避税的目的。

然而，对自然人来说，居所迁移是很容易办到的，但对跨国公司而言，则存在不可行之处。因为公司居所的迁移，厂房、地皮、机器设备的搬迁绝非易事，其规避的税收也许抵不上搬迁的代价。这些因素遏制了高税国的居民公司通过居所的整体迁移进行避税活动。因此，跨国公司往往采取居所避免的方法进行税收筹划。居所避免是指跨国纳税人不移动自己的居所，而移动自己的居民身份来避免成为原居住国的居民，从而减轻纳税义务。居所避免是大量发生的，自然人和法人都可以做到。对跨国公司而言，就是通过将其居民身份落在一个低税国而达到减轻税收负担的目的。

一般而言，判断公司居民身份的标准，有注册登记所在地标准和管理控制中心所在地标准。对于采用注册登记所在地标准的国家，跨国公司可以通过改变注册登记所在国的办法，将公司注册在低税国或无税国，从而成为低税国或无税国的居民公司。对于采用管理控制中心所在地标准的国家，跨国公司税收筹划的核心就是消除使其母国或行为发生国成为主要控制和管理地点的所有实际特征，实现公司居所“虚无化”，比如，虚假迁移就是跨国公司常用的方法。虚假迁移是指纳税人法律上已迁出了高税国，但实际上并没有在其他任何国家取得住所。如果一个高税国的企业纳税人有足够证据证明它不是这个国家的居民，而是另一个国家的居民，那么，尽管实际上它是这个国家的居民，它的纳税义务还是可以减轻甚至消除。利用这种手法达到减轻税负的目的有时并不难，因为各个国家关于住所或居所的法律规定并不一样，法律解释也不相同，这使得企业纳税人利用居所的虚假迁移进行跨国公司税收筹划成为可能，尽管一些国家的税法或税收协定也会对这种方法制定严格的反避税措施。比如，跨国公司可以改变董事会或管理决策会议开会地点，将会议地点从高税国转移到低税国，并在低税国做出各种会议报告；高税国的股东不参与管理活动，其股份与影响管理的权力分离，只保留他们的财权；将高税国的主要决策人的住所转移到低税国；或者将账册、档案、会议材料及报告从高税国转移到低税国等。

案例7–10

设在英国的法国司弗尔钢铁股份有限公司为了进行国际避税，采取下列手段和方式避免在英国具有法人居民资格：①该公司中的英国股东不允许参加管理活动，英国股东的股份和控制公司管理权力的股份分开，他们只享有收取股息、参与分红等权利。②选用非英国居民担任公司的管理经理。③不在英国召开董事会或股东大会，所有与公司有关的会议、材料、报告等均在英国领土外进行，档案也不放在英国国内。④所有有关公司经营管理的指示指令，都不以英国电报、电讯等有关方式发布。⑤为应付紧急情况或附带发生的交易行为等特殊需要，该公司在英国境内设立一个单独的服务性公司，并按照核定的利润率缴纳公司税，以免引起英国政府的仇恨。经过这一系列的安排，从1973年到1985年这12年期间，该公司成功地规避了英国应纳税款8 137万美元。

二、避免成为常设机构

对于跨国纳税人的营业利润和一些其他所得，国际上已经明确了以常设机构为标准作为对非居民公司征税的依据，并相应明确了常设机构的范围。常设机构一般是指企业进行全部或部分经营活动的固定经营场所。按照常设机构原则，各国对跨国纳税人来自本国的所得征税，应仅限于在本国设立了常设机构，除了常设机构以外的非固定机构的所得不得征税。这就为跨国公司在一国或数国设立一些非常设机构避税提供了方便。跨国公司在这些国家建立一些不属于常设机构的场所，将货物、劳务、资金转移过来，可以规避公司所在国的税收；同时，由于非常设机构是免税机构，其经营活动的所得也无须缴纳所得来源地的税收。

在经合组织和联合国分别制定的《经合组织范本》和《联合国范本》中，常设机构的判别标准如下：①它是企业进行全部或部分营业的固定场所；②当对非居民在一国内利用代理人从事活动，而该代理人（不论是否具有独立地位）有代表该非居民经常签订合同、接受订单的权利，就可以由此认定该非居民在该国有常设机构。在根据第一条难以确定时，此条作为前者的补充和法律参考。

各国之间签订的税收协定，许多是按以上标准来定义常设机构的，这样，跨国纳税人就可以根据所从事的一项或多项免税活动或利用服务公司来规避纳税义务。例如，我国分别与美国、加拿大、比利时、丹麦、泰国、新加坡等国签订的《关于对所得避免双重征税和防止偷漏税的协定》中明确规定，对下列内容不能视为常设机构：①以专为储存、陈列或者交付本企业货物或者商品的目的而使用的设施；②以专为储存、陈列或者交付的目的而保存本企业货物或者商品的仓库；③以专为由另一企业加工为目的而保存本企业货物或者商品的仓库；④以专为本企业采购货物或商品或搜集情报为目的所设的固定营业场所；⑤以专为本企业进行其他准备性或辅助性活动为目的所设的固定营业场所；⑥专为第一项和第五项所述活动的结合所设的固定营业场所，如果由于这种结合使该固定营业场所全部活动属于准备性质或辅助性质。

依据上述协定，当我国某毛皮加工公司想了解北欧、北美国家关于裘皮服装行业对毛皮的需求情况并寻求合作伙伴时，就可在丹麦、加拿大分别设立一专门为该公司搜集北欧和北美国家裘皮服装信息的机构。根据上述协定第四条，毛皮加工公司可利用设在丹麦、加拿大两国的机构来承担与相关企业订货合同的、除代表本公司签字之外的全部谈判协商任务，从而成功地规避这两国的税收管辖权，以达到减轻税负的目的。

案例7–11

加拿大公司C在多伦多生产自己的产品，公司在对美国市场研究后得出的结论是，公司的产品在美国市场的销售有一定的潜力，特别是中西部地区，于是公司通过广告公司在美国的商业杂志上进行广告宣传。不久，公司C便得到了来自印第安纳、伊利诺依、明尼苏达和俄亥俄的订货单，加拿大公司以FOB（指离岸价格，即装运港船上交货）的条件装运自己的产品，并签发运单，尔后又收到中西部买方寄来的支付账单。而公司C始终没有在美国设立任何代表处。按照美国的法律，外国公司只要不在美国境内直接从事贸易活动，就不承担美国的税收义务。加拿大公司C的贸易活动完全适用美国的法律规定，因此，它向美国公司出售产品的所得不必向美国政府缴纳所得税。

由于不需要设置常设机构的经营活动越来越多，再加上技术水平的提高和产品生产期的缩短，相当一部分企业可以在政府规定的免税期内实现其经营活动，并获得相当可观的收入。比如中东、拉美一些国家规定，非居民公司在半年（183 天）以内获得的收入可以免税，海外建筑承包公司利用这一规定，设法在半年（183 天）内完成其建筑工程，免缴这些国家的收入所得税。

案例7-12

日本在 20 世纪 70 年代初就兴建了许多海上流动工厂车间，这些工厂车间全部设置在船上，可以流动作业，它们曾先后到亚洲、非洲、南美洲等地进行流动作业。“海上工厂”每到一国，就地收购原材料、就地加工、就地出售，整个生产周期仅为一两个月。加工、出售完毕后，开船就走，不须缴纳税款。仅税款一项，海上工厂就获得了不少的收益。这方面的数据资料日本从未公布过，估计从 20 世纪 70 年代到 80 年代末，日本海上工厂规避各国税款达数亿美元之巨。1981 年，日本一公司到我国收购花生，该公司派出它的一个海上流动车间在我国港口停留 27 天，把收购的花生加工成花生米，把花生壳压碎后制成板又卖给我国，结果我国从日本公司获得的出售花生米的收入有 64%又返还给了日本，而且日本公司获得的花生壳制板收入未缴纳任何税款。这种现象产生的直接原因就是我国和其他许多国家都对非居民公司的停留时间做了规定，如我国规定非居民公司只在停留时间超过半年后才负有纳税义务，实际上就是对暂时在境内从事经营活动的非常设机构所得免税。日本公司就是利用这种规定来合理避税，而收入来源国却没有办法对其收入征税。

三、精心选择国外经营方式

当一个跨国企业法人决定在国外投资和从事经营活动时，可以在设立常设机构或组建子公司两种主要方式中选择一种。从跨国公司税收筹划的角度，如何在分支机构与子公司这两种经营方式之间做出选择，需要考虑对企业盈利或亏损所做的预测、有关国家最新企业开办期的优惠政策、确定税基范围的大小、适用税率的高低、税收协定的影响等。实践中，从税务角度分析，分支机构与子公司各有利弊。分支机构相对于子公司，其利弊条件可简述如下：首先，有利的方面包括登记注册简单、快捷，可以不缴纳资本注册税和相应的印花税，同时不利的方面是在东道国没有独立的法人地位，无资格享受当地政府向当地法人企业提供的免税期或其他投资鼓励措施。其次，有利的方面包括将利润汇回总公司无须纳税，避免对利息、股息和特许权使用费征收的预提税。但不利的方面就是，一旦取得利润，总机构在同一纳税年度要就这些境外利润向其居住国纳税，当国外税率低于居住国税率时，无法获得延期课税的好处。再次，有利的方面是费用和亏损可以冲抵总公司的利润，但不利的方面是总机构应承担国外分支机构的所有义务。最后，有利的方面是有可能利用避免国际双重纳税中最有利的形式——免税法，而不利的方面为分支机构假如在今后转变成子公司，可能要对此产生的资本利得纳税等。子公司与分支机构恰好利弊相反，但税率发生的变化可能改变上述有利条件或不利条件中的某一项。当外国税率提高到与居住国税率相近或更高时，跨国纳税人通过在国外子公司保留利润所获得延期课税的好处便消失了。此外，由于各国的具体规定不同，分支机构或子公司的有利和不利条件在各国也不尽相同，跨国纳税人往往要反复权衡利弊，才能做出有利的选择。高税居住国跨国纳税人一种常见的选择方案是，在国外经营初期以分支机构形式从事经营活动，因为产生的亏损可以及时冲抵总机构的利润，以减少在居住国的纳税；当分支机构由亏损转为盈利之后，再适时转变为子公司，从而享受延期课税的好处。

四、利用资本弱化

资本弱化是指跨国纳税人为了减少应纳税额，采用债权方式替代股权方式进行的投资或融资。一个跨国纳税人的国际投资回报可选择股权收益和债权收益。各国对股息和利息的税收政策通常不同：对企业支付利息往往允许其作为费用扣除，而对企业分配股息则作为企业所得，不允许其扣除；对企业汇出利息的预提税税率往往较低，而对企业汇出股息的预提税税率往往较高。这样，在同样多的投资和同样高的回报率的情况下，被投资国关联企业的资本弱化可能会减少跨国企业法人的纳税义务。

思考题

1. 跨国公司税收筹划产生的原因有哪些？
2. 跨国公司如何规避国际重复征税？
3. 如何利用国际税收协定进行税收筹划？
4. 如何利用避税地进行税收筹划？
5. 如何利用转让定价方式进行税收筹划？

主要参考文献

［1］盖地，丁芸．税务筹划［M］.5 版．北京：首都经济贸易大学出版社，2019.

［2］梁俊娇，王怡璞，王文静．税收筹划［M］.8 版．北京：中国人民大学出版社，2019.

［3］应小陆，姜雅净．税收筹划［M］．上海：上海财经大学出版社，2018.

［4］王韬，刘芳．企业税收筹划［M］.3 版．北京：科学出版社，2015.

［5］盖地，孙莉．税务筹划学［M］.6 版．北京：中国人民大学出版社，2018.